2023年度湖南省社会科学成果评审委员会课题（编号XSP2023JYC153）
"高职教育'1+X'证书制度的生成逻辑与优化路径研究"成果

U0747738

高职"双证书"

互融互通研究

易洁 ⊙ 著

GAOZHI " SHUANGZHENGSHU "
HURONGHUTONG YANJIU

中南大学出版社
www.csupress.com.cn
·长沙·

前 言
PREFACE

　　本书是湖南省社会科学成果评审委员会课题（编号 XSP2023JYC153）"高职教育'1+X'证书制度的生成逻辑与优化路径研究"的理论成果。

　　自 2019 年国务院印发的《国家职业教育改革实施方案》首次系统提出"1+X"证书制度以来，该制度试点工作开展得如火如荼。"1+X"证书制度是职业教育作为类型教育的一种自觉制度创新，是职业教育类型的重要标志之一。如果说"1+X"证书制度是以学历证书和若干职业技能等级证书为标志的制度体系，那么，可以说"双证书"制度是其渊薮。"1+X"证书制度涉及教学领域的改革创新，是在"双证书"制度基础上的改进、完善、提升与创新。为进一步推动"1+X"证书试点工作开展，作者结合自己多年的教学与研究成果撰写《高职"双证书"互融互通研究》一书。

　　本书系统总结"双证书"制度的发展历程、实施状况，阐述"双证融通"的内涵、实质，分析"双证融通"改革概况，聚焦高职教育"双证融通"人才培养模式，课程体系设计方法以及"双证融通"在教师、教材、教法上的改革，研究保证实施效果的质量保障措施。本书是开展高职教育"双证融通"改革实践的重要辅导用书，也可为职业教育研究人员从事"双证融通""1+X"证书制度下的"书证融合"和国家资格框架体系研究提供参考。

　　全书共分为八章。第一章梳理"双证书"制度演变进程，并分析职业资格证书对职业教育的影响。第二章从高等职业教育理论、职业资格考试理论、职业教育"跨界"理论等多视角，阐述"双证书"的基础理论。第三章借鉴国际实践经验，探讨如何构建稳定、可持续发展的"双证书"校企合作长效机制。第四章研究高职"双证书"课程改革，借鉴国外学历教育与职业培训课程融合经验，提出"双证书"课程内容有效衔接途径。第五章研究"双证书"师资培养，借鉴德国"双元制"职业教育，提出"四以"师资培养有效途径。第六章研究基于高职"双证书"教育"升级"教材以推动教材改革，探索高职"双证书"教育下教材在开发、建设和管理上的新举措。第七章探讨高职"双证书"教学方法，"激活"教法以推动教学改革，分析理实一体化教学法、行动导向教学法和混合式教学法。第八章研究高职"双证书"演进创新，探索职业资格清单外高职专业教育质量保障体系的构建，以及三位一体的"1+X"证书制度试行路径。

本书的少数章节引用了公开发表和会议交流的有关文献资料，这些文献资料的引用为本书提供了坚实的基础，在此，对其作者深表谢意。书后参考文献若有遗漏之处，谨致歉意。行文撰写过程中，得到了湖南大众传媒职业技术学院领导、老师的支持和帮助，在此表示感谢。始生之物，其形必丑。由于作者水平有限，在本书的理论构建和内容展开上或有不妥之处，敬请专家同行和广大读者批评指正。

易洁

2023 年 3 月于长沙

目 录
CONTENTS

第一章 高职"双证书"制度发展历程

职业教育的经济属性决定了其与社会经济的发展关系密切。改革开放以后我国经济迅速发展，技术人才供需矛盾突出，为推动职业教育发展创造了良好的外部环境。"双证书"制度作为促进职业教育发展的重要政策措施，随着我国社会主义市场经济体制的逐步深入而不断完善。

第一节 "双证书"制度演变进程

从"双证书"制度的政策发展演变历程来看，"双证书"制度经历了由注重单一学历向学历与资格并重发展的过程，"学历文凭和职业资格证书并重的制度""建立职业技能鉴定所(站)"等关键信息凸显出职业教育从"双证书"制度向"双证融通"制度的演变。

一、单一学历向学历证书和职业资格证书并重演变

(一)"双证书"制度萌芽阶段

改革开放以来，随着我国经济社会的发展和产业结构、技术结构及职业结构的变化，人才需要呈现多层次多样化特点，不但需要高级技术人才、专家，而且迫切需要千百万受过良好职业技术教育的初/中级技术人员、管理人员、技工和其他受过良好职业培训的城乡劳动者。如果没有这样一支劳动技术大军，先进的科学技术和设备就不能成为现实的生产力，而职业技术教育恰恰是

当时整个教育事业最薄弱的环节。为改变这种不利局面，1985 年 5 月中共中央颁布的《中共中央关于教育体制改革的决定》，明确提出要简政放权，扩大办学自主权，大力发展职业教育，在全党和全社会进行教育，树立"行行出状元"的观念，树立劳动就业必须有一定的政治文化和技能准备的观念。在改革教育体制的同时改革有关的劳动人事制度，实行"先培训，后就业"，企业招收工人"应当在专业和工种对口的原则下，对各种职业技术学校的毕业生择优录用"；从业人员"必须取得考核合格证书才能走上工作岗位"，并要求有关部门制定法规"逐步实行这种制度"。1987 年国务院办公厅转发的《国务院办公厅转发国家教育委员会等部门关于全国职业技术教育工作会议情况报告的通知》又进一步指出，各职业培训实体应深入贯彻"先培训，后就业"原则。1991 年国家开始在城市中推行这一制度，之后在各技术工种内推行。"先培训，后就业"原则是执行职业资格证书制度的重要保证，在此原则下，在职业院校学习技术，考取技术等级证书，成为劳动者获取工作的一条重要途径，一定程度上促进了职业教育发展。

《中共中央关于教育体制改革的决定》为职业教育推行技术等级考核做好了政策准备，它至少包含两层意思：一是明确了工人技术等级考核制度对促进教育培训事业和劳动就业工作发展的作用。把职业教育发展与企业用工制度结合起来，劳动者必须经过培训才能上岗，成为推动"双证书"制度产生的重要力量。二是为我国技术等级考核制度进一步改革和发展提供了依据。在此基础上，1987 年由国务院办公厅批准并转发的国家教育委员会、国家计划委员会、国家经济委员会、劳动人事部《关于全国职业技术教育工作会议情况的报告》，对职业学校提出"逐步做到对技工学校和职业高中毕业生，经过技术等级考核，按实际达到的水平发给相应的证书"的要求。当时的等级证书制度主要是为了促进技术工人提高专业技术水平、安心做好本职工作；职业学校（不包括当时的中等专业学校）实施证书制度更多地是为了提高学生的学习积极性。

（二）"双证书"制度提出阶段

1993 年 11 月中国共产党第十四届中央委员会第三次全体会议通过的《中共中央关于建立社会主义市场经济体制若干问题的决定》指出，社会主义市场经济体制的建立和现代化的实现，最终取决于国民素质的提高和人才的培养。随着我国对经济体制改革实践的不断发展和认识的逐步深化，从根本上解除了把计划经济和市场经济看作属于社会基本制度范畴的思想束缚，确立建立了适应和促进我国生产力发展的社会主义市场经济体制的目标。通过价格杠杆和竞争机制，把资源配置到效益较好的环节，更新发展思路，实现经济增长方式从粗放型向集约型的转变，给企业以压力和动力，实现优胜劣汰。经济建设从主要依靠增加投入、铺新摊子、追求数量，转到主要依靠科技进步和提高劳动者素质上来，并以经济效益为中心，促使企业重视和培育优秀人才，提高产品质量，优化组织结构，增进经济效益。

1990 年 6 月《工人考核条例》颁布后，各地区、各部委的劳动人事部门积极按照条例的要求，把考核工作与企、事业单位的劳动、工资、保险福利制度改革紧密结合起来，工人考核制度逐步与各级各类教育培训工作联系，有力推动了各类职业培训机构实施毕（结）业生毕（结）业证书和技术等级证书制度。1991 年 10 月国务院颁布《关于大力发展职业技术教育的决定》，第一次明确提出实施"双证书"制度，"凡进行技术等级考核的工种，逐步实行'双证书'（即毕业证书和技术等级或岗位合格证书）制度"，并要求"把技术等级证书或岗位合格证书作为择优录用和上岗确定工资待遇的重要依据"。由于当时企业技术工人考核工作刚恢复不久，工人技术等级标准和岗位规范主要是作为工人培训与考核、确定工人工资待遇的重要依据，技术考核的社会化管理体制还没有建立起来，因而"双证书"制度在一定程度上还只是一种企业内部行为。考工制度是工资制度的延伸，是为了进行工资分配而在企业内实施的层次评定。再加上中等专业学校毕业生分配制度和企业用工制度还停留在计划经济的模式下，虽然中等职业学校对技术等级考核的认识有所提高，部分学校已开始试点，但作为一项制度仍受到观念、体制、机制、渠道等多方制约，还没有得到真正实施。[①]

(三)"双证书"制度实施阶段

社会主义市场经济体制的建立对职业教育提出了新的任务和要求，职业技术教育的规模和水平直接影响着产品质量、经济效益和发展速度，是工业化和生产社会化、现代化的重要支柱。要解决职业教育发展与经济发展对职业教育

---

① 刘爱青.职业教育推进"双证书"衔接政策的执行问题研究[D].上海：同济大学，2006.

人才需求不匹配的问题，必须改变原来"重知识、轻技能"的错误导向，切实提高质量，使职业教育的发展更好地与社会主义市场经济发展相适应。

1.国家从法律层面为"双证书"制度的实施提供依据和保障

党中央、国务院于1993年从体制建设和政策导向上扭转了长期以来中国教育培训事业存在的单纯追求学历、文凭的倾向，力求解决教育培训事业不适应社会经济发展要求的矛盾，提出"推行学历文凭、技术等级证书、岗位资格证书并重的制度"；党的十四届三中全会通过的《中共中央关于建立社会主义市场经济体制若干问题的决定》明确提出"要把人才培养和合理使用结合起来""制订各种职业的资格标准和录用标准，实行学历文凭和职业资格两种证书制度"。在1995年召开的全国教育工作会议上，党和国家领导人都强调要大力发展职业教育，推行职业资格证书制度。其后国务院发布的关于《中国教育改革和发展纲要》的实施意见也强调要"在全社会实行学历文凭和职业资格证书并重的制度"。1996年颁布的《中华人民共和国职业教育法》规定：实施职业教育应根据实际需要，同国家制定的职业分类和职业资格证书制度等级标准相适应，实行学历证书、培训证书和职业资格证书制度。

2.建立全国技能鉴定体系

原劳动部在政策法规、组织制度和运行管理等基础建设方面都对传统体制中存在的弊端进行了改革，在劳动就业工作上提出了一个重大改革举措，就是推行国家职业资格证书制度。1993年7月，原劳动部颁布的《职业技能鉴定规定》指出，要建立和完善一个政府指导下的职业技能鉴定社会化管理体系。1994年3月，原劳动部、人事部联合颁发《职业资格证书规定》，这是新中国成立以来劳动人事部门正式颁布的第一个关于建立职业资格证书制度的文件，进一步促进了工人考核工作向国家职业资格证书制度的转轨。

（1）建立职业技能鉴定技术支持体系

1995年6月，原劳动部颁布《从事技术工种劳动者就业上岗前必须培训的规定》，中央机构编制委员会办公室批准成立原劳动部职业技能鉴定中心，确定了首批实行"先培训，后上岗"的50个技术复杂、通用性强，涉及人身和财产安全及消费者利益的工种作为实行国家职业技能鉴定的试点工种。1996年11月，在总结多年来技术管理工作经验的基础上，原劳动部职业技能开发司和原劳动部职业技能鉴定中心颁布《职业技能鉴定工作规则》。1997年4月，原劳动部下达《职业技能鉴定国家题库网络建设工作方案》，按照统一标准，由国家题库原劳动部总库、国家题库行业分库和国家题库地方分库三大部分组成的国家题库网络进入了全面开发阶段，并在此基础上颁布了我国第一部《国家职业技能鉴定命题技术标准》。1999年5月劳动和社会保障部等有关部门颁布《中华人民共和国职业分类大典》，系统地对职业进行了科学分类，建立了具有国家标准性质的职业分类大典。该大典将我国职业归纳为8个大类，66个中类，413个小类，1838个细类（职业），并确定66个职业目录实行就业准入。1997年7月开发完成近50个通用职业（工种）的职业技能鉴定国家题库，于2000年3月正式运行。2000年7月至2006年4月，国家劳动和社会保障部已制定和颁布了西式面点师、美发师等526个国家职业标准。

（2）加强职业资格证书质量管理

2007年12月国务院办公厅下发《国务院办公厅关于清理规范各类职业资格证相关活动的通知》，授权国务院人事、劳动保障部门牵头，对职业资格证设置、考试鉴定、证书制发和培训收费等进行规范，切实维护公共利益和社会秩序，维护专业技术人员和技能人员的合法权益，加强监管人才队伍建设，确保职业资格证书制度顺利实施。

2014年颁布的《国务院关于加快发展现代职业教育的决定》再次指出，要"认真执行就业准入制度，对从事涉及公共安全、人身健康、生命财产安全等特殊工种的劳动者，必须从取得相应学历证书或职业培训合格证书并获得相应职业资格证书的人员中录用"。从业者进入国家规定的90个实行就业准入的职业，必须持有国家职业资格证书。

十八大以来，顺应中央供给侧改革布局，按照国务院"放管服"相关要求，结合国内职业资格现状，国家先后分7批次，取消了434项职业资格，削减职业资格的比例高达70%。2017年5月，李克强总理在国务院常务会议上提出设立国家职业资格目录，要求各地区、各部门未经批准不得在清单目录之外自行设置国家职业资格。

从1993年开始，经过多年的努力，国家职业资格证书制度初步实现了由计划体制形态向市场体制形态的转轨，由企业内部考核形式向国家政策法规指导下社会化管理体制的转型。职业资格证书制度越来越受到社会重视，并与各种社会管理制度建立紧密联系，逐步成为劳动力市场就业的"通行证"。

3. 推动"双证书"制度实施全面铺开

1998年3月原国家教委、国家经贸委、劳动部在《关于实施〈职业教育法〉加快发展职业教育的若干意见》中对职业学校实施"双证书"制度做出了相应规定："对职业学校和职业培训机构毕(结)业生，要按照国家制定的职业分类和职业等级、职业技能标准，开展职业技能考核鉴定，考核合格的，按照国家有关规定，发给职业资格证书。学历证书、培训证书和职业资格证书作为从事相应职业的凭证。"2000年，原劳动和社会保障部出台《关于大力推进职业资格证书制度建设的若干意见》，进一步强调推行国家职业资格证书制度、实行学历证书和职业资格证书并重的重要性和紧迫性，要求推动职业资格证书制度与职业教育和职业培训相结合，与劳动力市场建设相衔接，不断提高劳动者的就业能力、创业能力，直接有效地为社会保障事业和社会经济发展服务。2002年8月国务院下发的《国务院关于大力推进职业教育改革与发展的决定》指出："严格实施劳动就业准入制度。完善学历证书、培训证书和职业资格证书制度。部分教学质量高、社会声誉好的中等职业学校和高等职业学校开设的主体专业，经劳动保障和教育行政部门认定，其毕业生在获得学历证书的同时，可视同职业技能鉴定合格，取得相应的职业资格证书。各地劳动保障、人事或相关部门要统筹规划，注意发挥和利用职业学校的优势，优先在具备条件的职业学校设立职业技能鉴定站(所)或职业资格考试机构。"2002年11月，原劳动和社会保障部、教育部、人事部三部委联合发出《关于进一步推动职业学校实施职业资格证书制度的意见》，提出在部分有条件的高等职业院校的主体专业，推行学生获得毕业证书的同时，直接取得职业资格证书的试点，正式拉开实施"双证书"制度的序幕，使高职院校进入"双证书"教育改革的全面实施阶段。但由于受当时国家计划分配的影响，普通中等专业学校实行"双证书"制度相对较晚。

4. 为"双证书"制度实施提供保障

1999年6月，中共中央、国务院发布《关于深化教育改革全面推进素质教育的决定》，明确相关部门的职责，要求地方政府教育部门与人事、劳动和社会保障部门共同协调，在全社会实行学历证书、职业资格证书并重的制度。1996年颁布的《中华人民共和国职业教育法》(以下简称《职业教育法》)第一章第八条规定："实施职业教育应当根据实际需要，同国家制定的职业分类和职业等级标准相适应，实行学历证书、培训证书和职业资格证书制度。"《职业教育法》的出台，进一步明确了职业教育与职业资格证书制度紧密相连的关系，为在职业教育中实施学历证书与职业资格证书并重的"双证书"制度奠定了法律基础。《中华人民共和国劳动法》从法律上对国家职业资格证书制度给予认可："国家确定职业分类，对规定的职业制定职业技能标准，实行职业资格证书制度，由经备案的考核鉴定机构负责对劳动者实施职业技能考核鉴定。"

中国加入WTO后，劳动力市场与国际市场接轨的一个重要标志就是实行就业准入制度。1999年6月，国务院办公厅转发劳动保障部、教育部、人事部、原国家计委、国家经贸委、原国家工商总局《关于积极推进劳动预备制度加快提高劳动者素质的意见》，强调从事国家和地方政府以及行业有特殊规定职业（工种）的，在取得职业学校毕业证书或职业培训合格证书的同时，必须取得相应的职业资格证书。

以上一系列国家法律法规政策的颁布，一方面表明推行国家职业资格证书制度，实行学历文凭和职业资格证书并重制度的重要性和紧迫性；另一方面表明了国家政府对这项工作的高度重视，社会各界对这项工作的广泛关注。

5.推动职业教育人才培养向"双证书"方向发展

这一阶段主要要求受教育者在接受职业学历教育期间获取学历证书和职业资格证书两张证书。获取"双证书"的途径如图1-1所示①，即学习者在完成学校课程后，若要获得"双证书"，还要参加职业技术鉴定机构（或受委托的院校）举办的培训和考试。主要目的是改变职业教育传统的以学科为导向的不良倾向，明确以就业为导向的定位，提高其直接为经济服务的能力。

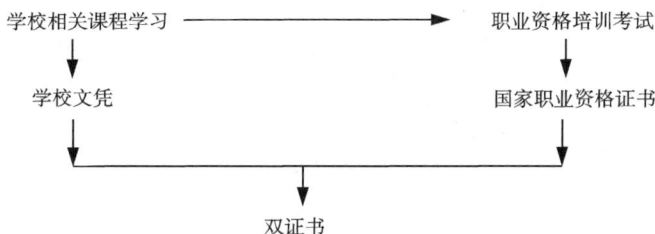

图 1-1 早期"双证书"获取途径

---

① 龚雯.职业教育"双证书"课程开发论［M］.北京：北京师范大学出版社，2011.

至此,在我国运行了 20 年之久的企业工人技术等级制度被社会化管理的国家职业资格制度替代,创造了"双证书"制度的实施条件。

二、"双证书"制度向"双证融通"制度的演变

这一阶段是实施"双证书"制度的新阶段。这一阶段从提高职业教育的效率和终身教育的角度出发,不但要求受教育者获取"双证书",而且将职业资格鉴定内容有机地融入高职院校的课程设置、教学内容、教学评价、师资队伍建设等方面,节省职业教育的时间和成本,即向"双证融通"制度演变。

(一)"双证融通"概述

1."双证融通"内涵

双证融通,即职业资格证书与学历证书经过专业教学标准与职业标准的有机融合,专业教学过程与岗位真实情境的有机融合,以及学校学业评价与职业技能鉴定的有机融合,实现学历教育与职业培训的互通与互认,使毕业生获得"双证"(即学历证书与职业资格证书)。

2."双证融通"与"双证制"的关系

"双证融通"是"双证制"的延伸和发展。在"双证制"关注学生学习结果的基础上,"双证融通"更加关注实现该结果的体制机制创建,注重过程的管理和规范化操作。"双证制"是"双证融通"的基础,使毕业生既获得学历证书又获得职业资格证书,是"双证制"与"双证融通"的共同点,也是实现由"双证制"向"双证融通"过渡的支点。

"双证融通"与"双证制"在原初性、结果性方面有着一定的相似之处,但是"双证融通"又有别于"双证制",前者在某种意义上是对后者进行的改革,"双证制"的内涵经过改革发展之后,更丰富,更具张力,具有一些专属于"双证融通"的特征。[①]

---

① 范心忆.中等职业教育"双证融通"内涵反思[J].职教论坛,2013(13):63.

（二）职业院校实施"双证融通"教学改革

2002 年以来，国家关于职业院校实施职业资格证书制度相关政策的几个关键信息显示了"双证书"制度向"双证融通"的演变。例如："双证书制度""学历文凭和职业资格证书并重的制度""其毕业生在获得学历证书的同时，可视同职业技能鉴定合格，取得相应的职业资格证书""职业资格认证免试""具备条件的职业院校建立职业技能鉴定所（站）"。这实际上也是职业院校在国家政策的号召下从引入职业资格证书实施"双证书"制度，到开始尝试实施"双证融通"的历史演变过程。

为推动职业教育发展，2002 年 8 月《国务院关于大力推进职业教育改革与发展的决定》对"双证书"衔接提出实施方案："职业学校毕业生申请与所学专业相关的中级以下（含中级）职业技能鉴定时，只进行操作技能考核。部分教学质量高、社会声誉好的中等职业学校和高等职业学校开设的主体专业，经劳动保障和教育行政部门认定，其毕业生在获得学历证书的同时，可视同职业技能鉴定合格，取得相应的职业资格证书。"同年 8 月原劳动和社会保障部、教育部、人事部《关于进一步推动职业学校实施职业资格证书制度的意见》也提出相应要求："各地教育和劳动保障行政部门要积极推动职业学校深化教育教学改革，引导职业学校进一步转变观念，努力使职业学校的专业设置与劳动力市场需求紧密结合，教学内容与国家职业标准相衔接。"

2004 年 4 月《教育部关于以就业为导向深化高等职业教育改革的若干意见》（已废止）对高职院校做出具体要求："要依照国家职业分类标准及对学生就业有实际帮助的相关职业证书的要求，调整教学内容和课程体系，把职业资格证书课程纳入教学计划之中，将证书课程考试大纲与专业教学大纲相衔接，改进人才培养方案，创新人才培养模式，强化学生技能训练，使学生在获得学历证书的同时，顺利获得相应的职业资格证书，增强毕业生的就业竞争能力。"2004 年 9 月《教育部等七部门关于进一步加强职业教育工作的若干意见》提出："要做好职业资格认证与职业院校专业设置的对接服务，加强专业教育相关课程内容与职业标准的相互沟通与衔接，教学内容能够覆盖国家职业资格标准要求的专业，学生技能鉴定可与学校教学考核结合起来，避免重复考核。"

2005 年 10 月《国务院关于大力发展职业教育的决定》进一步要求："到2010 年，省级以上重点中等职业学校和有条件的高等职业院校都要建立职业技能鉴定机构，开展职业技能鉴定工作，其学生考核合格后，可同时获得学历证书和相应的职业资格证书。"2006年《教育部关于全面提高高等职业教育教学质量的若干意见》对证书提出了要求："逐步构建专业认证体系，与劳动、人事及相关行业部门密切合作，使有条件的高等职业院校都建立职业技能鉴定机构，开展职业技能鉴定工作，推行'双证书'制度，强化学生职业能力的培养，使有职业资格证书专业的毕业生取得'双证书'的人数达到80%以上。"2014年国务院印发的《国务院关于加快发展现代职业教育的决定》作为引导全国职业教育发展的纲领性文件，文件在"提高人才培养质量"部分，首先提出要"推进人才培养模式创新"，其中"积极推进学历证书和职业资格证书'双证书'制度"是"推进人才培养模式创新"的重要举措。这些要求在微观层面为高职院校实施职业资格证书制度、进行课程改革指明了方向。

2009年教育部、中国轻工业联合会在高等职业教育食品工程与生物技术专业、玩具设计与制造专业实施了直通车式"双证书"制度，即上述专业毕业生在取得学历证书的同时，还可获得由人力资源和社会保障部颁发的国家职业资格中（高）级证书，并由中国轻工业联合会验印。这种"双证书"课程的特征在于，国家职业资格证书的获取不需要再单独通过劳动部门的考核。从严格意义上讲，这是我国第一个真正实施"双证书"制度的范例，标志着高职院校"双证书"制度的实施迈出了实质性的步伐。①

三、职业资格证书制度的规范

（一）《中华人民共和国职业分类大典》全面修订与国家职业技能标准统一编制

2010年人力资源和社会保障部、国家质量监督检验检疫总局、国家统计局共同颁发《关于做好国家职业分类大典修订工作的通知》，随后各行业主管部门开始了对国家职业分类大典的修订工作。2012年人力资源和社会保障部印发的《关于印发国家职业技能标准编制技术规程的通知》，对国家职业技能标准的编制流程做出统一规定，标志着我国职业技能标准编制进入一个新的层次。

① 龚雯.职业教育"双证书"课程开发论[M].北京：北京师范大学出版社，2011.

2015 年 7 月完成修订并颁布的 2015 年版《中华人民共和国职业分类大典》(以下简称"《大典》")，凸显我国社会职业的构成和内涵产生了诸多变化。"十三五"以来，随着经济社会发展和科学技术的进步及产业的调整，劳动者的观念发生转变，新职业不断涌现，人力资源和社会保障部于 2021 年 4 月 27 日在北京召开国家职业分类大典修订工作启动会，启动修订 2015 年版《大典》，实施职业分类动态调整。

(二)职业资格证书的清理

2007 年，为规范职业资格证书制度，国务院办公厅下发《国务院办公厅关于清理规范各类职业资格相关活动的通知》，将职业资格证书分为"行政许可类职业资格"和"非行政许可类职业资格"，并要求对各类职业资格的设置、考试、鉴定、培训、收费等活动进行清理和规范，以及改革完善职业证书制度。随后人力资源和社会保障部等七部委联合下发《人力资源社会保障部关于贯彻〈国务院办公厅关于清理规范各类职业资格相关活动的通知〉的通知》，并于 2012 年公告了第一批被清理规范的 36 项职业准入类、229 项职业水平评价类职业资格。从 2013 年开始，国务院就拉开了政府"简政放权"的改革大幕，2014 年《人力资源社会保障部关于减少职业资格许可和认定有关问题的通知》指出："到 2015 年基本完成减少职业资格许可和认定工作。争取到 2017 年初步形成科学设置、规范运行、依法监管的职业资格管理体系。"

2014 年 8 月国务院印发的《国务院关于取消和调整一批行政审批项目等事项的决定》，取消了房地产经纪人、注册资产评估师等 11 项职业资格许可和认定事项。在这之后，国务院先后分 7 批共取消了 434 项国务院部门设置的职业资格许可和认定事项。人力资源和社会保障部在 2017 年 1 月 5 日发布的《人力资源社会保障部关于印发〈进一步减少和规范职业资格许可和认定事项的改革方案〉的通知》中，强调实施国家职业资格目录清单管理，并提出清单之外一律不得许可和认定职业资格。

一系列关于高等职业教育与职业资格证书制度衔接研究的政策都有力地推动了职业资格证书制度在职业教育系统中的实施，也为"双证书"制度的实施提供了法律依据和政策保证。从"双证书"制度的政策发展历程可以看出其经历了从无到有、从初步实施到逐步深入、从相对独立到互融互通的发展过程；其实施目标也从最初的促进职业教育发展，到引导职业教育明确定位，再到提高职业教育效率的层层递进过程①。

第二节　职业资格证书对职业教育影响分析

关于高职"双证书"制度的设计，一方面，职业资格证书被视为职业教育的"指挥棒"，因其对外能够显示从业人员的能力素质，发挥了支撑职业教育的作用；对内能够指导专业学生的能力培养，发挥了指导职业教育的作用。另一方面，职业资格证书制度的不完善及其调整也对职业教育专业设置、课程与教学的安排、评估指标的设计、教师队伍建设及实训基地的改善等方面产生一定的负面影响。

一、职业资格证书研究综述

（一）职业资格证书制度的产生

1853 年，英国科学工艺部建立了职业技术学科考试制度，对合格者颁发技术员资格证书，标志着职业资格证书制度的建立。国内学者多将新中国成立初期我国工人考核制度作为我国职业资格证书制度的起源。Kathleen Thelen 详细比较了德国、英国、美国、日本的技能评定体系演化过程，指出由于德国在早期工业化背景下政府与行会权力较大，导致传统手工业部门与现代工业部门争夺政府所给予的资格认证特权，对职业资格证书十分重视。Maurice 认为德国的"双元制"导致就业资格的高度标准化，雇主完全相信职业资格证书，因此将德国称为"资格空间"。沃尔特·穆勒与约西·沙威特进一步研究发现，在其他条件等同的情况下，职业培训越呈行业技术倾向（如德国），行业人才市场越盛行，培训越具体，职业资格对就业者的影响就越大。

（二）职业资格证书制度的功能

Pauly 和 Satterthwaite 通过对医疗卫生市场的研究指出，当服务提供者较多

---

① 刘爱青. 职业教育推进"双证书"衔接政策的执行问题研究［D］. 上海：同济大学，2006.

时，消费者面临信息赤字，往往难以找到合适的服务提供者，职业资格证书可以给消费者提供明确信号。Morris M. Kleiner 的研究表明，就业准入让弱势群体丧失改变命运的机会。苏中兴等分析了国家职业资格证书、工人技能水平与收入效应的关系，认为职业资格证书等级存在显著的收入效应。Lawrence Shepard 的实证研究表明，规制主体会通过许可设置竞争障碍，然后系统性地提高收费以增加自身收入。Alex Maurizi 则直接指出职业规制增进了被规制者的利益而不是公共利益。

(三)职业资格证书制度的影响

关于职业资格证书制度对职业教育的影响，马叔平指出，就业准入制度中职业标准、职业资格证书等要素对于职业教育人才培养及就业具有指导意义，而职业教育的发展是就业准入制度推进的基础。刑晖总结了我国职业教育与职业资格证书制度衔接互动的 10 个实践特征，并指出要推动二者的良性互动。刘春兰认为追求职业资格证书有可能造成强调具体操作技能的培养而忽视技术应用能力的培养。王霞晖认为有可能造成学生综合素质的缺失，并将职业教育演变成新的"应试教育"的危险。

(四)部分职业资格证书的取消

张枫逸认为全面取消没有法律法规依据的准入类职业资格，厘清了权力的边界，一方面可以发挥"无形之手"的调节作用，激发市场活力，促进人才流动；另一方面政府也能集中力量做好本职工作，把该管的职业资格许可管实管好。罗瑞明指出对于不必要的资格证书应挖其源，断其根，要靠法律制约，从立法上进行规范；对有必要保留的必须进行公开公示，接受公众的监督。刘秋民认为取消职业资格证书，各高职院校都必须重新调整培养模式、课程体系及教育观念，打破原来唯"证书论"的观念。胡中应分析了职业资格证书的取消对国际贸易专业学生和外贸企业的影响，并提出了职业资格证书取消后国际贸易专业课程体系改革的思路。

二、职业资格证书制度对职业教育的支撑作用

(一)社会分层与技术技能型人才升迁渠道的开辟

社会分层理论认为,社会成员、社会群体会因社会资源占有不同而产生层化或差异现象,尤其是指建立在法律、法规基础上的制度化的社会差异体系。[①]帕金(Frank Parkin)指出,职业资格证书制度是现代社会分层的基本制度之一,在决定社会分层和阶级结构方面,它与财产制度具有同样重要的意义。[②] 职业资格证书记载了两个方面信息,即持证者的能力和劳动力市场的要求。对能力的记载提升了持证者就业的优势,对劳动力市场要求的记载则深入地影响了职业教育内部。职业资格证书制度的社会分层作用为技术技能型人才提供了社会地位的参照标准,有技术便有地位,而且随着证书等级的提升,持证者的待遇和社会地位也会相应提升,为其开辟了升迁渠道。此外,由于从入门到最高级别往往需要终身的学习与实践,证书实际上关联了技术技能型人才的整个职业生涯发展。国家实施职业资格清单目录管理,目录清单内仅保留184项职业资格许可和认证事项。在职业教育失去参考标准和评价指标后,高职专业教育应主动对接行业职业的能力标准,校企协同创新,更好地培养学生职业能力。

(二)市场规制与持证者就业优势的保证

国家职业资格证书制度是一种典型的市场规制,即政府运用法律、规章、制度等手段对职业加以控制和限制的行为。国家职业资格证书分职业许可和职业认证[③]两种。市场机制的局限性和市场失灵是政府或公共机构进行规制的前提,政府或公共机构需要设计出相应的规章制度来调控市场,约束和规范经济主体的行为,以保证市场规范有序地运行。政府为了避免市场失灵,基于公共利益,实行国家职业资格证书制度,某种程度上能够提高职业资格的认可度与

---

① 李强.社会分层十讲[M].北京:社会科学文献出版社,2011:111.

② Parkin F. Marxism and Class Theory:A Bourgeois Critique[M]. New York:Columbia University Press,1979:44-45.

③ Kleiner M M, Krueger A B. The Prevalence and Effects of Occupational Licensing [J]. British Journal of Industrial Relations,2010(12):24.

含金量，从而推动某一类职业及其所在的行业健康发展，比如律师职业资格、教师职业资格、医师职业资格等。国家职业资格证书制度认证、许可的职业范围扩大化，甚至泛滥化，则是政府权责边界不清的一种外在体现，甚至会导致腐败寻租行为的出现。

(三)"跨界"属性与职业教育的边界突围

教育部职业技术教育中心研究所研究员姜大源认为，无论是外延还是内涵，职业教育已经跨越了传统的普通教育范畴，跨越了职业与教育、企业与学校、工作与学习的界限，跨越了经济与教育的界限。校企协同创新是职业教育跨越学校和企业，在结合彼此的环境、资源、理念方面，联合培养社会需求的人力资源的一种模式。首先，职业资格证书制度产生于社会分工，直接反映劳动力市场的职业更新与技能需求。证书本质上是携带劳动力市场信息的载体，因此职业资格证书制度可以作为职业院校了解劳动力市场需求及其变化的窗口。其次，职业教育的"跨界性"要求职业教育要加强与劳动力市场的沟通。考虑到经济成本及经费、师资、实训基地的短缺，为了让学生顺利获得职业资格证书，职业院校必将更加积极地加强与企业的交流，通过利用其资源提高自身人才培养能力。最后，国家职业分类、职业标准的制订，以及职业技能鉴定的开展需要各个部门的配合，同时也需要职业院校的积极参与。在这个制度体系内可以实现职业教育与行业、企业及各部门的交流与合作，是实现职业教育跨界的重要途径。[①]

三、职业资格证书制度对职业教育内部指导作用

(一)为职业教育教学改革提供参考

科学、动态的职业分类和职业标准能够反映劳动力市场中职业更新情况及其对职业能力的具体要求。职业教育正是在参考职业分类和职业标准基础上设置专业和安排课程与教学内容。《中华人民共和国职业教育法》第八条明确规定："实施职业教育应当根据实际需要，同国家制定的职业分类和职业等级标

---

① 肖鹏程.我国职业资格证书制度演变对职业教育的影响研究[D].上海：上海师范大学，2015.

准相适应。"但是长期以来，由于没有建立起系统科学的职业分类体系和职业标准体系，我国职业院校办学特色不鲜明，往往照搬普通高等教育模式，按照学科而不是职业逻辑开展教育活动，导致职业教育脱离生产实际。职业分类与职业标准制定之后，职业院校有了办学参考，能够根据职业标准合理设置课程与教学标准，有利于人才培养质量的提升。[①]

（二）为职业教育评价提供指标

职业资格证书的获取需要参加职业技能鉴定考核，以国家统一制定的职业技能标准作为评价标准，试题主要取自国家题库，其评价结果具有高度的权威性和公正性。职业资格证书制度在学校和教育系统之外形成了一个独立的职业教育评价体系，同时独立于职业院校与企业机构的第三方认证机制[②]，可以作为评判职业院校的人才培养质量的一个指标。我国职业教育质量的传统评价方式以学校自我评价为主。这种评价方式存在两个弊端：一是缺乏统一、客观、权威的评价标准；二是教育部门的自我评价标准往往难以及时反映劳动力市场和用人单位对人才职业素质的真实要求。社会化的职业技能鉴定制度的建立，在学校和教育系统之外形成了一个独立的职业教育质量评价体系，较好地去除了上述弊端。从现行的职业院校标准来看，"双证书"获取率已经成为职业院校评估的一项重要指标。

（三）为职业教育师资队伍和实习实训基地发展提供动力

实现学校职业教育与职业资格证书的沟通，需要两种关键资源的强力支持，即"双师型"教师队伍和现代化的实训基地。与高职教育人才培养强调学生拥有学历证书加资格证书的"双证书"类似，高职教育在教师队伍建设上要求教师具备教师资格和职业资格，注重打造"双师型"教师队伍。一是让行业企业选派优秀的员工，到高职院校从事高职教育教学活动。二是高职院校投入专项资金，分层分级培养专任教师。三是校企共建"双师型"教师培训基地，让教师有机会到企业参加顶岗实践。四是高职院校组织教师暑期专业培训及专任教师暑期企业实践。通过校企协同，教师职业技能有所提高，教育教学改革、课程思

---

① 肖鹏程. 我国职业资格证书制度演变对职业教育的影响研究 [D]. 上海：上海师范大学，2015.

② 陈宇. 我国职业资格证书制度的回顾与前瞻 [J]. 教育与职业，2004(1)：18.

政建设、教学方法改进等得到推进并落实。

四、职业资格证书制度可能对职业教育产生的消极影响

(一)职业资格证书制度不完善直接影响职业教育质量

职业资格证书制度作为一项国际通行的行业制度，不仅是我国劳动就业制度的重要组成要素，也是一种特殊的国家考试制度。目前在我国该制度包括从业资格与执业资格两种，从低到高划分为初级技能、中级技能、高级技能、技师、高级技师五个等级，具备准入性、评价性、激励性、选拔性、保障性等特点，但在执行中存在职业资格标准滞后于社会的发展等问题。[①] 部分领域职业标准涉及面小且滞后，缺口甚多，而且注重技能型、操作型工作岗位，服务和技术复合型职业岗位、文科管理类岗位考试较少。由于资源投入不足，目前尚未形成国家职业资格标准体系，不能适应社会职业迅速发展的趋势。德国在职业资格证书标准的制订上实行与社会职业发展"动态"衔接，而我国有些职业资格标准确定后，长期得不到修正与调整。另外，职业资格证书管理的混乱，造成其社会认可度不如学历证书，"含金量"进一步下降。比如，职业资格证书的五花八门凸显的"证出多门"问题；又如，职业资格证书考试过程中的不严谨凸显的证书真实性问题。[②]

(二)部分职业资格证书取消直接影响职业教育的发展

2013年以来，国务院分7批取消了434项国务院部门设置的职业资格许可和认定事项。目前，国家职业资格目录清单内仅保留72项职业资格许可和认定事项。李克强总理在国务院常务会议上，要求相关部门抓紧建立职业资格目录清单，并向社会公布。人力资源和社会保障部在2017年1月5日发布的《人力资源社会保障部关于印发〈进一步减少和规范职业资格许可和认定事项的改革方案〉的通知》中，强调实施国家职业资格目录清单管理，并提出清单之外一律不得许可和认定职业资格。在高职"双证书"制度的设计中，职业资格证书被视为职业教育的"指挥棒"，对外能够显示从业人员的能力素质，发挥支撑职业

---

① 刘岩艳.我国职业资格证书制度的发展与建议[J].中国职工教育，2014(16)：15.

② 易洁.三位一体的高职"双证书"制度构建对策分析[J].职业技术教育，2015(14)：31.

教育的作用；对内能够指导专业学生的能力培养，发挥指导职业教育的作用。

我国职业资格证书制度实行过程中出现了"证出多门"、过多过滥等情况，一方面降低了职业资格证书制度的职业规制作用，另一方面受到李克强总理点名批评的某些职业资格认定如美甲师等还起到了限制就业、创业的负面作用。大部分高职专业对应的职业资格证书都已经取消，"双证书"制度缺一而行，职业资格证书有形"指挥棒"的缺失，使之前学历证书与资格证书相衔接的清单外高职专业教育质量无法保障。

(三) 职业资格证书制度有可能造成另一种"应试教育"

在国家职业资格证书制度实行清单管理之前，由政府负责职业资格证书制度的管理。政府对企业中某些岗位从业人员提出了持证上岗的要求。求职者获得职业资格证书，代表其具备了相应岗位的从业能力。因此，企业只要求求职者具备职业资格证书即可，相当于职业资格证书由政府背书，提供了高职人才培养质量的保障证明。而高职教育在国家职业资格证书制度的体系中，也将原本的与企业对接共同制订人才职业标准、共同提升人才培养质量的合作机制，转变为简单地与政府实施的国家职业资格证书制度对接，并作为确保人才培养质量的教育模式。国家职业资格证书制度的实施，并不能完全、真实地反映人才的职业素养。尤其是某些政府部门不顾行业、企业需求，只从自身管理方便，甚至是从部门利益出发，不合理地设置职业资格认证种类，降低报考门槛，造成国家职业资格认证与应用型技能人才职业素养能力之间不对等。大多数学生认为现在的职业资格证书考试不能反映其真实的能力和水平，学生们应试而考，并没有真正学到多少技能。追求职业资格证书有可能造成强调具体操作技能的培养而忽视技术应用能力的培养，可能造成学生综合素质的缺失，有将职业教育演变成新的"应试教育"的危险。

第二章　高职"双证书"基础理论

高职教育是培养面向生产、服务和管理第一线的高技能人才。单一的学历文凭证书，不但妨碍和限制了人才在不同层次和方向上的发展，而且造成职业教育培训工作存在重视理论知识、轻视操作技能，重视学历文凭、轻视职业经验的倾向。推行"双证书"制度，是高职教育主动适应劳动就业准入制度的需要，是以就业为导向构建高职人才培养模式、提高人才培养质量、突出高职办学特色、落实科教兴国战略的重要标志。

第一节　"双证书"相关概念

作为国家高技能人才培养基地的高职院校，必须在开展素质教育、创新教育理念的指导下，科学有效地实施对学生的素质、知识、能力、技能及创新教育，使培养的毕业生真正成为生产、建设、管理、服务等领域需要的应用型专门人才。而"双证书"正是顺应这一要求，对学生专业知识、职业技能、职业道德实施科学有效培养的重要手段和途径。

一、高等职业教育

（一）高等职业教育

根据《教育大辞典》中的定义，高等职业教育（higher vocational education）即高等职业技术教育，是由高等教育机构实施的，旨在培养适应生产、建设、管理、服务第一线需要的高级技术应用型人才的教育。包括进行科学、技术学科理论和相关技能学习的技术教育以及着重技能训练和相关理论学习的职业教育，其完整内涵应该包括高等技术教育、职业教育与培训。[①]

我国高等职业教育兴起于 20 世纪 80 年代初，崛起于 20 世纪 90 年代，发展于 20 世纪 90 年代末和 21 世纪初。就整个教育体系而言，高等职业教育是一类新型教育，历史相对较短，体系不够完备（目前只有专科层次），理论探索不够成熟，对高职的认识不一致。因此，更需要了解国际上对高职教育的相关定位和做法。联合国教科文组织制定的"国际教育标准分类（简称 ISCED）"是一个在国际上能够得到较为普遍公认的标准。[②] "国际教育标准分类"把高职教育定位为 5B 类教育，属于培养高技能应用型人才的专科层次高等教育。

新版 ISCED 的教育层次分类方案[③]如图 2-1 所示。

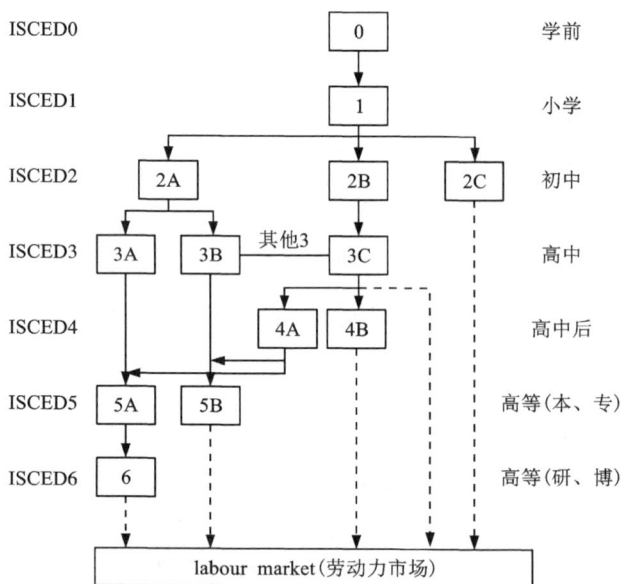

图 2-1　新版 ISCED 教育层次分类方案

---

① 顾明远.教育大辞典［H］.上海：上海教育出版社，1998：227.

② 董步学.从"国际教育标准分类"理解我国"高等职业教育"内涵［J］.职业教育研究，2005（5）：6.

③ United Nations Educational, Scientific and Cultural Organization. International Standard Classification of Education (ISCED)1997, 151EX/8, Annex Ⅱ, Original：English, March 1997.

由图 2-1 可见，完成 5B 学业的学生一般具有进入劳动力市场的资格和能力。5B 教育以具有高中文化程度或相当于高中文化程度的人员作为培养对象。在课程设置上主要针对某个特定的职业或职业群所必须具备的实际的、专门的技术，显然这类课程只有在侧重职业导向的课程中才能实现。

对照新版 ISCED 教育层次分类方案，国内目前比较一致的看法是，把人才分为学术型人才、工程型人才、技术型人才和技能型人才四类。人才类型与教育对应关系[1]，如表 2-1 所示。

表 2-1 人才类型与教育对应关系表

性质	学术型	工程型	技术型	技能型
教育内容	系统科学 （包括应用科学）	工程学（包括基础工程学）	生产、管理技术	技术型
培养目标	科学研究人员、科学家	工程师	高素质技术人才	技术工人
目的任务	揭示客观规律	开发、设计、规划、决策	解决生产技术问题（含管理、维修等）	生产
培养机构	文科、理科大学	工科大学	高等职业学校	中等及初等职业学校
教育层次	本科及以上层次	本科及以上层次	专科及以上层次	中专及以上层次

从表中可以看出：技术型人才以解决生产技术问题为目的，岗位针对性很强，目标更加贴近岗位的实际需要；同时它比中等职业学校培养的技能型人才水平更高，因此又称为高技能人才，是我国高职教育所要培养的。

（二）高技能人才

原劳动和社会保障部下发的（〔2007〕10 号）文件对高技能人才[2]的解释如下：

---

① 刘彦文. 高等职业教育原理与教学研究［M］. 北京：中国轻工业出版社，2009：81.

② 中华人民共和国劳动和社会保障部. 高技能人才培养体系建设"十一五"规划纲要（2006 年—2010 年）［EB/OL］.（2007-04-25）［2022-02-21］. http://www.gov.cn/zwgk/2007-04/25/content_595574.htm.

在生产、运输和服务等领域岗位一线的从业者中，具备精湛专业技能，关键环节发挥作用，能够解决生产操作难题的人员；主要包括技能劳动者中取得高级技工、技师和高级技师职业资格及相应职级的人员，可分为技术技能型、复合技能型、知识技能型三类人员。主要分布在第一、二、三产业中技能含量较高的岗位上(《中华人民共和国职业分类大典》中第二至第六大类)。

技术技能型人才：技术技能型人才是在企业生产加工一线中从事技术操作，具有较高技能水平，能够解决操作性难题的人员。主要分布在加工、制造、服务等职业领域。比如高级钳工、中式烹调师等。

复合技能型人才：复合技能型人才是在企业生产加工一线中掌握一门以上操作技能，能够在生产中从事多工种、多岗位的复杂劳动，解决生产操作难题的人员。比如机电一体化人才，综合服务一体化人才，以及新兴的创意和操作一体化的人才等。

知识技能型人才：知识技能型人才是既具备较高的专业理论知识水平，又具备较高的操作技能水平的人员，其能够将所掌握的理论知识用于指导生产实践，创造性地开展工作。主要分布在高新技术产业和新兴职业领域。①

二、双证书

(一)"双证书"制度

"双证书"是指学历文凭和职业资格证书。高职院校实行"双证书"制度，即高职院校按照国家制定的职业技能标准或任职资格条件，对接受高等职业教育的学生开展职业技能鉴定，使学生毕业时能同时获得相应的学历证书和职业资格证书。在教育部2011年发布的《教育部关于充分发挥行业指导作用推进职业教育改革发展的意见》中，提出"将相关课程考试考核与职业技能鉴定合并进行，使学生在取得毕业证书的同时，获得相关专业的职业资格证书和行业岗位职业能力证书"。它可以作为我国职业教育"双证书"制度内涵的标准化解释。

(二)"双证书"教育

"双证书"教育模式是顺应高等职业教育教学改革的发展而提出的一种新

---

① 易洁. 高职院校实施"双证书"教育的理性反思[D]. 长沙：中南大学，2011.

的教育模式，它是指学历证书与职业资格证书的教育。其运行思路是对某一职业或岗位(群)在诠释其具体的知识、能力结构和职业素质要求的基础上，确定职业岗位所需要的职业能力，将培养目标与质量评价具体化，使职业教育的过程与职业活动保持一致性。即将学校的教学计划和国家职业资格标准有机结合起来，在新的课程系统中嵌入职业标准和职业资格证书的要求。

(三)校企协同

校企协同是高校创新型人才培养模式，是指校企双方各为独立主体，基于各自或共同的目标需求指向所进行的信息、资源整合及合作活动，以期实现功能优势互补和资源共享。

三、学历证书

(一)学历的内涵

学历是个人求学的经历，包括曾在某种类型与等级的学校肄业或毕业，并获得某种学位或证书。学历是衡量一个人能力和知识水平的标准之一。

(二)学历证书的基本内容

学历证书通常是指一个人在国民教育系列中所接受的某一层次教育的证明，是受教育者综合文化素质和教育水平的反映。在普通教育中，它是文化程度的凭证。在职业教育中，它是文化程度及职业能力水平的标志，也是从业的基本条件之一。

四、职业资格证书

(一)职业和职业分类

1. 职业

职业即个人在社会生活中所从事的作为主要生活来源的工作。[①] 近现代社会之前，社会经济发展缓慢，劳动分工较为单一，职业种类不多；进入近现代

---

① 　辞海编辑委员会.辞海[Z].上海：上海辞书出版社，1989.

社会以来，随着生产力的不断发展，社会经济活动日益复杂，职业分工越来越细，逐渐需要通过职业资格评定来促进人们对于某一类职业从业者的了解与认知，避免消费者与从业者之间存在的信息不对称，以构建两者之间较为和谐的关系，进而维护整个社会的公共利益。比如医生执业资格的认证，是对从医应具备的专业知识和基本技能的认定，要求医生在从业过程中注意某些流行疾病可能带来的疫情隐患，加以早期防控，避免疫病泛滥。

2. 职业分类

职业分类是采用一定的标准和方法，依据一定的分类原则，对从业人员所从事的各种专门化的社会职业进行的全面、系统的划分与归类。[①] 自 20 世纪 50 年代以来，我国先后制定了《职业分类与代码》(GB/T 6565—1999)、《中华人民共和国工种分类目录》，根据社会经济发展的需要修订了《职业分类与代码》(GB/T 6565—2009)，并在此基础上，组织编制了《中华人民共和国职业分类大典》，使得我国的职业分类实践进入一个新的历史发展时期。1999 年颁布的第一部《中华人民共和国职业分类大典》(以下简称《大典》)将我国社会职业划分为 8 个大类、66 个中类、413 个小类、1838 个细类，具体种类和数目如表 2-2 所示。《大典》填补了我国职业分类的空白，标志着适应我国国情的国家职业分类体系基本建立。

表 2-2　国家职业分类　　　　　　　　　　　单位: 个

大类名称	中类数目	小类数目	细类数目
国家机关、党群组织、企业、事业单位负责人	5	16	25
专业技术人员	14	115	379
办事人员和有关人员	4	12	45
商业、服务业人员	8	43	147
农、林、渔、水利生产人员	6	30	121
生产、运输设备操作人员及有关人员	27	195	1119
军人	1	1	1
不便分类的其他从业人员	1	1	1

---

① 劳动和社会保障部培训就业司, 中国就业培训技术指导中心. 职业指导应用基础[M]. 北京: 中国劳动社会保障出版社, 1999: 57.

随着经济社会的发展，科技的进步，产业结构的升级，我国的社会构成和内涵发生了很大变化。一是一些传统职业开始衰落甚至消失，如"餐具清洗保管员""唱片工""拷贝字幕员"等。二是一些新的职业不断涌现并迅速发展，如"信息通信信息化系统管理员""基金发行员""期货交易员""光伏组件制造工"等。三是由于社会发展和科技进步等原因，一些职业为适应行业发展形势开始调整和转化，如"光盘复制工""市话测量员""话务员"等职业，相应调整和转化为"音像制品复制工""信息通信网络测量员""呼叫中心服务员"。为适应发展需要，2010年底，人力资源和社会保障部会同国家质检总局、国家统计局牵头成立了国家职业分类大典修订工作委员会，启动修订工作，历时五年，形成2015年版的《中华人民共和国职业分类大典》。新修订的《大典》将我国社会职业分为8个大类、75个中类、434个小类、1481个职业。与1999年版相比，保持8个大类不变，增加了9个中类和21个小类，减少357个职业。目前《大典》已广泛应用于经济社会活动和人力资源开发管理等领域，为开展劳动力需求预测和规划、进行就业人口结构和发展趋势的调查统计与研究、引导职业教育培训、开展就业指导等提供了基础性依据。

"十三五"以来，我国经济实力、科技实力、综合国力跃上新台阶，新经济增长点不断涌现，劳动者就业观念发生转变，职业变迁出现加速趋势，2015年版《大典》已无法准确客观地反映当前职业领域情况。为此，人力资源和社会保障部会同国家市场监督管理总局、国家统计局，组织有关部门、行业组织和企业等，于2021年4月27日正式启动对2015年版《大典》的修订工作。修订工作将坚持统一性和灵活性相结合，在保持职业分类原则、原大类结构基本不变的基础上，对中类、小类、细类（职业）等进行适当调整，力求做到与时俱进，全面、准确、科学、客观地反映现阶段我国社会职业的发展变化。

3. 职业与专业的区别

①性质不同：专业注重的是知识技能的学术性，职业强调的则是适用性。如：土木工程专业的大学生对于整栋房屋的设计和修筑是了如指掌的，但不如以砌墙修筑为职业的民工那般能砌砖筑墙。专业的理论知识是一回事，然而理论在现实中的应用就是另一回事了。

②概念不同：在两者性质不同的前提条件下，专业所呈现出来的东西大多是抽象化的，职业却是直观可视化的。

③发展方向不同：相对职业而言，专业有庞大的理论知识体系，学习者需要接受长时间的专业化训练，一般以是否接受过高等教育为标志；专业的特点是提供独特、明确、必要的社会服务与贡献，需要学习者不断地更新知识，不断地进修并创新。而职业主要是通过个人体验和个人经验总结形成的谋生技能，这种以直观化社会活动的方式所呈现出来的工匠式的行业标本，一旦掌握即可不断重复且无须创新。

(二)新职业提供更多人生出彩的机会

为充分适应和反映人力资源管理需求，促进劳动者就业创业，人力资源和社会保障部建立了新职业发布制度，实施职业分类动态调整。自2015年版《中华人民共和国职业分类大典》颁布以来，人社部等部门已陆续向社会分四批次发布了56个新职业，越来越多的新职业走进公众的视野。

1.首批13个新职业发布

2019年4月，人力资源和社会保障部、国家市场监管总局、国家统计局正式向社会发布了13个新职业信息。这是《中华人民共和国职业分类大典》(2015年版)颁布以来发布的首批新职业，13个新职业分别为：人工智能工程技术人员、物联网工程技术人员、大数据工程技术人员、云计算工程技术人员、数字化管理师、建筑信息模型技术员、电子竞技运营师、电子竞技员、无人机驾驶员、农业经理人、物联网安装调试员、工业机器人系统操作员和工业机器人系统运维员。

2.第二批16个新职业发布

2020年3月，人力资源和社会保障部与国家市场监管总局、国家统计局联合向社会发布了16个新职业。这是《中华人民共和国职业分类大典》(2015年版)颁布以来发布的第二批新职业，16个新职业分别为：智能制造工程技术人员、工业互联网工程技术人员、虚拟现实工程技术人员、连锁经营管理师、供应链管理师、网约配送员、人工智能训练师、电气电子产品环保检测员、全媒体运营师、健康照护师、呼吸治疗师、出生缺陷防控咨询师、康复辅助技术咨询师、无人机装调检修工、铁路综合维修工和装配式建筑施工员。

3. 第三批9个新职业发布

2020年7月，人力资源和社会保障部与国家市场监管总局、国家统计局联合向社会发布了9个新职业。这是《中华人民共和国职业分类大典》(2015年版)颁布以来发布的第三批新职业，发布的9个新职业分别为：区块链工程技术人员、城市管理网格员、互联网营销师、信息安全测试员、区块链应用操作员、在线学习服务师、社群健康助理员、老年人能力评估师、增材制造设备操作员。

此次还发布了"直播销售员""互联网信息审核员"等5个工种，同时将"公共卫生辅助服务员"职业下的"防疫员""消毒员""公共场所卫生管理员"3个工种上升为职业。

4. 第四批18个新职业发布

2021年3月，人力资源和社会保障部与国家市场监督管理总局、国家统计局联合向社会发布了18个新职业。这是《中华人民共和国职业分类大典》(2015年版)颁布以来发布的第四批新职业，18个新职业分别为：集成电路工程技术人员、企业合规师、公司金融顾问、易货师、二手车经纪人、汽车救援员、调饮师、食品安全管理师、服务机器人应用技术员、电子数据取证分析师、职业培训师、密码技术应用员、建筑幕墙设计师、碳排放管理员、管廊运维员、酒体设计师、智能硬件装调员、工业视觉系统运维员。

新职业不是凭空出现的，而是应运而生。新职业不断涌现，折射出的是社会变迁和时代发展。近年来，互联网、云计算、大数据、人工智能等与实体经济深度融合，人们对美好生活的追求越来越丰富。新职业为个人成长提供更多可能。除了不同以往的工作体验，新职业还意味着更广阔的就业空间、更多元的职业转型机会。三百六十行，行行出状元。在机遇面前，谁能率先把握住，谁就有可能成为"弄潮儿"。当今职业选择呈现多元化、个性化趋势，越来越多的年轻人摒弃传统的择业观，大胆尝试新生事物，勇于应对变化挑战，通过掌握新技能、学习新本领，个人价值得到充分发挥，拓宽了自己的人生舞台。新职业为经济社会发展增添更多动力。一个新职业接续而生的社会，其经济脉动必然强劲有力。细数近年诞生的新职业，不难发现，其主要集中于高新技术产业、新兴产业和现代服务业领域，许多还与数字经济紧密关联。以上领域，恰恰是中国经济提质升级的新动能所在。一系列新职业迅速壮大，支撑起一批批新产业、新业态、新模式的蓬勃发展，推动着经济社会发展迈向更高质量和水平。[1]

(三)什么样的新职业可以得到国家"认证"

随着我国新职业发布的不断加速，什么样的职业能够得到国家"认证"，被纳入《中华人民共和国职业分类大典》呢？一般来说，一个新职业在确立的时候有一套严格的技术流程。新职业评分表[2]，见表2-3。

表 2-3　新职业评分表

评价要素	是不是新职业	目的性	规范性	社会性				稳定性			群体性		技术性/独特性			
序号	1	2	3	4	5	6	7	8	9	10	11	12	13	14	15	
评价因素	已录入《中华人民共和国职业分类大典》	职业活动以获得现金或实物等报酬为目的	职业活动须符合国家法律和社会道德	对社会或经济影响程度	劳动力市场需求状况	区域分布的广泛程度	职业的组织化程度	群体稳定程度	职业活动内容及对象稳定程度	劳动组织稳定程度	现有从业人员规模	职业未来发展趋势	职业(核心)技术的独特程度	职业技术(可)统一规范程度	院校相关专业设置的状况	分数合计
要素分值				30				20			10		40			100
得分																

说明：在《新职业评分表》中，有4个项目的评分分类。其中技术性/独特性一项分值最高，这代表职业是否新，是否反映了新产业、新业态的出现；其次分值较高的是社会性，反映了新职业是否能更好地带动劳动力就业，更有市场前景；职业稳定性一项评判的是劳动者在新职业中的就业环境和发展空间；职业的群体性考量了这个新职业现有的从业人员规模和未来发展是否有活力。

---

[1]　史志鹏. 新职业提供更多人生出彩机会[N]. 人民日报社海外版, 2021-04-12.

[2]　新浪财经. 人社部等三部门正式发布18个新职业　调饮师等在内[EB/OL]. (2021-03-14)[2021-04-25]. https://finance.sina.com.cn/wm/2021-03-24/doc-ikkntiam7538764.shtml.

(四)职业资格

职业资格是对从事某一职业所必备的学识、技术和能力的基本要求,是劳动者从事某种职业必须达到的最低要求,即起点要求。职业资格从性质来看分为准入类和水平评价类两种职业资格。

准入类职业资格是对涉及公共安全、人身健康、生命财产安全等特殊职业,依据有关法律、行政法规或国务院决定设置的,是指对从事一些比较复杂或特殊技术工种的劳动者,包括职业院校毕业生,必须经过培训,并取得职业资格证书后,方可就业上岗。如建造师、医生、导游资格等。

水平评价类职业资格是对社会通用性强、技能专业性强、技能要求高的职业,根据经济社会发展的需要而设置的非行政许可类职业资格制度。如税务师、资产评估师、会计专业技术资格等。

2019 年 1 月,人社部网站发布的国家职业资格涉及司法、经济、建设、机械、化工等国家行业领域,共计 139 项;包括专业技术人员职业资格 58 项,其中准入类 35 项,水平评价类 23 项;技能人员职业资格 81 项,其中准入类 5 项,水平评价类 76 项。

(五)职业资格证书

职业资格证书是劳动就业制度的一项重要内容,也是一种特殊形式的国家考试制度。它是指按照国家制定的职业标准或任职资格条件,通过政府认定的考核鉴定机构,对劳动者的技能水平或职业资格进行客观公正、科学规范的评价和鉴定,对合格者授予相应的国家职业资格证书。职业资格证书包括职业资格(技能职业资格)与专业技术人员职业资格,分为从业资格(水平评价类资格)与执业资格(行政许可类资格)两类。国家职业资格证书分为五个等级:国家职业资格一级(高级技师)、国家职业资格二级(技师)、国家职业资格三级(高级工)、国家职业资格四级(中级工)、国家职业资格五级(初级工)。[①]

---

① 中华人民共和国劳动和社会保障部. 高技能人才培养体系建设"十一五"规划纲要(2006 年—2010 年)[EB/OL].(2007 - 04 - 25)[2022 - 02 - 21]. http://www. gov. cn/zwgk/2007 - 04/25/content_595574. htm.

(六)职业资格证书制度

职业资格证书制度是国际上通行的一种对技能人才的资格认证制度。职业资格证书制度是国家对各行各业从业人员规定的职业准入标准,是劳动就业、用人制度的一项重要内容,也是一种特殊形式的国家考试制度。它是按照国家制定的职业标准或任职资格条件,通过政府认定的鉴定评价机构,对劳动者的技能水平或职业资格进行客观公正、科学规范的评价和鉴定,对合格者授予相应的国家职业资格证书的政策规定和实施办法。①

(七)职业资格证书的功能

1.评价功能

任何一种职业资格都要求劳动者具备一定的知识、技术和能力。劳动者通过政府或其他授权机构举办的考核、鉴定获得某种资格,取得相应的职业资格证书,这是社会对劳动者的学识、技能达到某一基准的肯定,是社会对劳动者个人的鉴定性的评价。

2.激励功能

激励功能表现在两方面。一方面申请人可以凭职业资格证书到社会上谋职,以获得工作权利和工资福利。因此,职业资格证书对劳动者具有极大的吸引力,激励他们靠自己的真才实学在社会上谋得一席之地。另一方面资格的层次性激励劳动者不断进取。不同层次资格的劳动者有不同的权利和义务,其社会地位不同,收入也不同。这为劳动者树立了不同的奋斗目标,激励劳动者不断努力进取以获得更高层次的职业资格。

3.招聘功能

实行职业资格证书制度,是"优胜劣汰"的具体体现。通过考核鉴定,有真才实学的技能人才获得了相应的从业资格,学识能力不够者遭淘汰,为社会、

---

① 曹正义,孙玉华.职业资格证书制度的政策研究[J].职教论坛,2007(9):49.

用人单位提供了招聘真正有用人才的途径。

4.保障功能

从业人员素质的高低直接关系到国家财产和人民生命的安全。通过严格的资格审查和考核鉴定,品行不端者、学识能力达不到标准者都被拒之于资格的门外,保证了资格的获得者在德、才方面的素质能达到某一基准,为保证国家和人民生命财产的安全奠定了基础。①

(八)职业资格证书教育的特点

随着职业资格证书制度的实施,人们逐渐认识到在人力资源开发活动中,学历教育与职业资格教育是人力资源开发中的两大支柱。与学历教育相比,职业资格教育有以下特点。

1.层次的多级性

国家把职业资格分为初级、中级、高级、技师、高级技师五个级别。因此,完善的国家职业资格证书教育,应当是包含这五个级别的完整体系的教育。

2.对象的广泛性

职业资格教育的对象包括全社会以技能为主的广大劳动者,涵盖了职前与职后人员,潜在与现实的劳动力,以及各行各业的从业人员,初、中、高级不同层次的人员,对象十分广泛。

3.目标的明确性

职业资格证书教育的目标是达到国家职业技能标准,而国家职业技能标准是以职业活动为中心、以职业技能为导向、以职业功能分析为基础来确定的。这对初、中、高级不同层次人员的知识、技能要求非常明确,由此确定的培养目标也十分明确。

---

① 王会莉.双证融通在我国高等职业院校的实施[D].上海:华东师范大学,2006.

31

4.内容的针对性

国家根据不同职业的功能、性质、作用和特点进行职业分类，并对在各类职业岗位上从业的人员提出了相应的知识、技能、能力和职业道德要求。不同的职业同一级别的要求不一样，同一职业不同级别的要求也不一样。因此，职业资格证书教育内容的针对性很强。

5.形式的多样性

实施职业资格证书教育的形式灵活多样，理论学习可以通过学校教育、函授教育、自学考试进行；技能可以采用学校训练、岗位练兵、师带徒等，或半工半读、边工边学的方式获得。不管什么形式，只要有利于达到国家职业标准的要求均可采纳。

6.入学的灵活性

职业技能鉴定是标准参照考试。因此，职业资格教育不进行入学考试，只按照国家职业资格级别相应的要求进行入学资格审查。职业资格教育不像学历教育分春秋两学期，有固定的入学放假时间和固定的考试录取时间，它的入学时间、入学方式、办学地点都比较灵活，人们只要符合相应资格就可入学，经过培训鉴定达到合格要求的获得职业资格证书。

7.取证的严肃性

要获得职业资格证书，必须先进行职业资格审查，按相应职业、相应等级国家标准的要求，进行先培训、后鉴定。鉴定合格后，按规定程序填表、上报、审批、办证。对弄虚作假、徇私舞弊、骗取证书的，按规定将证书作废，并根据情节轻重进行必要的行政处罚、经济罚款，甚至追究刑事责任。①

五、高职教育与职业资格证书制度异同

相同点：高职教育与职业资格证书制度的根本方向和目的是相同的，都是

---

① 王会莉.双证融通在我国高等职业院校的实施[D].上海：华东师范大学，2006.

以就业为导向，为就业创造条件，促进就业和再就业。在培养过程中，两者都以能力为出发点，把职业能力作为核心。两者都以需求为目标，都把职业岗位、工作现场的生产、服务和经营管理活动作为工作和活动的内容。

不同点：高职教育是学历教育，以学科划分，拥有学科教育标准；职业资格证书制度以职业分类，拥有职业资格标准。与职业密切相关的概念是工种岗位，通常一个职业包括一个或几个工种，一个工种又包括一个或几个岗位。因此，高职教育与职业资格证书制度在职业、工种方面不是一一对应关系，一个专业包含了一个或几个甚至几十个工种。两者的考核考评也存在不同，职业资格证书的特征之一是标准参照考试，即以国家有关部门颁布的职业标准来命题；高职教育作为一种学历教育，是以课程大纲要求为标准进行命题考试，不具有国家标准意义的针对性和统一性。另外，高职教育与职业资格证书制度在体系、内容、要求、教学方法以及考核评价方法等方面存在不同点。

第二节 高职"双证书"理论依据

高等职业教育的性质决定了它的人才定位目标必须是培养以职业岗位能力为主的人才。即接受高等职业教育的受教育者，除了掌握高等职业教育应有的专业知识和专业素养以外，还必须掌握相应的岗位技能。"双证书"可体现其掌握的高等职业教育知识和素质以及职业岗位技能。

一、职业教育理论

职业教育理论是揭示职业教育本质与发展规律的知识体系，主要包括职业教育本质理论、职业教育课程理论、职业教育教学理论、职业教育德育理论、职业教育管理理论等方面的内容。其中，职业教育本质理论揭示了职业教育的内涵、特征、功能，是职业教育理论的核心内容。

"双证书"教育作为一种使受教育者获得从事某种职业所需要的职业知识、职业技能和职业道德，成为社会生产、建设、管理、服务第一线所需要的应用型技术技能人才的特殊类型的教育，其人才培养的目标决定了其具有一系列不同于普通教育的特征。

(一)知识、能力的职业性

职业教育是按照社会生产、建设、管理、服务等一线职业岗位对从业者知识、技能、态度的要求来培养技术技能型人才的教育,职业性是职业教育的一大本质特征。职业教育培养目标的确定、专业课程的设置、教学方式的选择都必须坚持以职业岗位的实际需要为导向。"双证书"教育是对学生进行某一特定职业岗位技术技能和管理知识的教育,它根据某一职业或某一岗位群的实际需要安排教学计划,在对工作岗位进行职业分析的基础上,确定具体的人才培养目标。"双证书"教育在课程设置上,严格按照国家职业标准界定的工作要求和基本要求,结合当地区域的职业发展水平,保证了职业能力培养的需要。在课程内容的选择上,以国家职业标准规定的从业人员应具备的知识和技能为依据,以各等级不同的职业能力要求梯度为框架。在专业课程设置上,紧密结合劳动力市场,根据职业岗位需要进行教学计划开发,在分析职业岗位的基础上,确定培养目标和人才规格,明确学生应具备的职业道德、知识和能力,注重对学生社会能力的培养。在教学的各个环节中,融入职业素养培养内容,体现职业对从业人员技术和素养的全方位要求。学历与职业岗位没有直接的联系:拥有学历证书并不能直接进入职业市场,要进入职业市场,必须获取职业资格;只有获得了职业资格,才可以直接进入职业市场。可见,职业资格才是职业市场的入口,职业资格证书才是职业市场的通行证。

以俄罗斯的技术专科学校和高等专科学校的冶金专业群为例,冶金专业群是8个相近专业的组合,即黑色金属冶炼、有色金属冶炼、黑色金属和有色金属锻造、金属热处理、金属压力加工、粉末冶金与复合材料、金属表面处理、质量检测与金属焊接。[①] 设置冶金专业群的目的主要是为学生今后从事冶金行业方面的工作及从事相关职业打好扎实基础。在教学过程中,学校安排一定时间的企业实践和顶岗实习,使学生熟悉将来的工作环境,了解职业工作要求,锻炼和提升职业能力,在实践中培养职业素质。

(二)人才类型的技术性

"双证书"教育的培养目标是培养面向生产第一线的高技能型人才。它不

---

① 吴雪萍.基础与应用:高等职业教育政策研究[M].杭州:浙江教育出版社,2007:51.

同于普通高等教育培养学术型、工程型人才目标，也不同于中等职业教育培养的单纯的技能型人才目标。因此职业教育的办学必须密切结合社会经济发展和生产服务实践的需要，及时与社会经济结构和产业结构的调整相适应；必须广泛动员社会企事业单位参与办学，走产教结合、校企结合的发展之路，把技能、技艺的操作培训视为培养目标。毕业生不仅要掌握某一专业的基础理论，同时要具备某一岗位群所需要的生产操作和组织能力，能在生产现场进行技术指导和组织管理，指导设备、工艺和产品的改造，解决生产中遇到的实际问题，通过自己的知识技能和不懈努力将技术意图或工程图纸转化为物质实体。

如在复杂零部件的机械加工领域，数控机床代替了普通机床，要求从业人员在掌握机床加工技术的基础上，还要掌握数控加工技术。因此他们是一种专业理论扎实、生产技术操作熟练和组织能力强的复合型人才。

高等教育的学历教育，与职业市场没有直接的联系，要进入职业市场，必须经过一定的转化，将学历教育获得的知识能力转化为职业能力。职业技能鉴定的主要内容包括职业知识、操作技能和职业道德三个方面。通过职业技能鉴定考试，合格者被授予相应的职业资格证书。职业院校的专业设置、培养目标和课程内容是根据社会需要并在职业分析的基础上确定的，学生所学专业知识和操作技能对应社会职业所需的知识和技能，职业院校专业对应相应或相关的职业和职业资格，毕业证书对应职业资格证书。

（三）人才培养的应用性

职业教育的人才培养目标是为社会培养"手脑并用""学做合一"的技术技能型人才，强调实践教学和动手能力的培养是职业教育的重要特征。职业教育为学生的职业生涯做准备，培养未来合格的职业者。要成为合格的职业者，获得职业资格是必要的前提，没有职业资格，不具备职业能力，就谈不上能够胜任职业岗位。"双证书"教育的定位应瞄准生产一线，根据社会经济发展的需要，制订新岗位的职业标准，在对企业、学校和学生进行细致调查研究的基础上，将学校教学计划和国家职业资格标准有机结合，改革教学内容，改进教学方法，使职业教育过程与职业活动保持一致，以满足社会和个人发展需要。理论转化为实践需要一定的时间，对于即将走上工作岗位的高职院校毕业生来说，就业竞争力大幅度减小。因此将岗位所需的理论知识和就业所需的职业资格要求直接进行融通和整合，有利于两者进行最有效的相互促进，而高等职业教育就具备这种先天优势。高职院校的学生相对而言基础知识比较宽厚,后劲非常充足,只要经过适当的职业资格训练,完全能够发挥出最大的潜能,成为真正的复合型高技能人才。从长远的角度来看,高职院校的学生不仅不亚于学历教育的人才,而且有着更大的潜力。

我国的高等职业教育人才培养目标经历了多次的转换和嬗变。2004 年 6 月教育部原部长周济在全国职业教育工作会议上,首次对高等职业院校提出了明确的人才培养目标,指出"高等职业学校的任务是培养数以千万计的高技能人才"。2004 年 7 月,在《教育部关于以就业为导向,深化高等职业教育改革的若干意见》(教高〔2004〕1 号)中也明确提出高等职业教育要"坚持培养面向生产、建设、管理、服务第一线需要的'下得去、留得住、用得上',实践能力强、具有良好职业道德的高技能人才"。① 综上所述,"双证书"教育的培养目标与高等职业教育的培养目标是一致的,是高职教育本质的体现。

为体现人才培养的应用性,在职业教育教学过程中强化职业能力的培养,澳大利亚国家培训局委托国家行业培训顾问机构开发了多种"培训包"。所谓"培训包"其实就是国家对某一行业、工种的职业标准体系,由国家与行业权威部门制订,是高职学校职业教育和培训的依据。② "培训包"涵盖了全国大部分实用性岗位及一系列职业资格的培训标准,"培训包"培训获得的证书包括 I 级至 Ⅳ 级证书,以及毕业文凭和高级毕业文凭。同时"培训包"版本与时俱进,三年进行一次升级调整。高职院校根据"培训包"要求制订每个专业的教学计划,包括专业培训大纲和培训计划。学生根据教学计划的要求进行实践锻炼,能很快适应所从事的岗位工作,具有较强的动手能力。"培训包"由行业制订并为行业服务,实现了培训与就业的"无缝对接"。

二、职业资格考试理论

就业准入制度的核心内容是职业资格证书制度,而职业资格证书制度建立和运行的理论基础就是职业资格考试理论。

---

① 中华人民共和国教育部. 教育部关于以就业为导向深化高等职业教育改革的若干意见(已废止)[EB/OL]. (2004 - 04 - 06)[2009 - 06 - 31]. http://www. moe. gov. cn/srcsite/A07/s7055/200404/t20040406_79654. html.

② 王淑文. 澳大利亚职业教育的特点及启示[J]. 职业技术教育,2006(26):98.

职业资格考试是国家或行业组织对劳动者完成特定职业的工作目标和任务所必备的学识、技术和能力水平进行测量与认证的活动。在我国，专业技术资格考试、执业资格考试、职业技能鉴定考试等均属于职业资格考试的范畴。

职业资格考试具有以下三个基本特点。

1.属于标准参照考试

职业资格考试是以某种既定的标准作为参照来对考生能力进行考试，考试成绩具有绝对性。

2.以职业为导向

职业资格考试是以职业岗位对从业者知识、技能、能力、态度等职业素养的要求为标准，考核和评估应试者是否具有从事相应职业岗位工作应具备的职业能力和素质，是以职业岗位要求为导向的考试。

3.第三方认证

职业资格考试一般是由独立于劳动力的供给方和需求方的第三方机构组织实施，具有客观公正、标准统一、科学权威的特点。

三、职业教育"跨界"理论

国内学者姜大源最早提出职业教育是一种"跨界的教育"。他认为，跨界是职业教育的本质和特征，职业教育所强调的校企合作、工学结合是对跨界教育的最好诠释。以工学结合为例，其"跨界"属性表现在：学生在高职院校以受教育者身份，根据专业教学要求接受以理论知识为主的教育；在企业岗位或校内工厂则以"职业人"的身份参加相关实践工作，这要求职业教育发展必须打破单纯企业培训或学校教育的思维定式，形成系统集成思维模式。之后也有众多学者对职业教育的"跨界"理论做了补充和完善，如崔永华和张旭翔引入组织边界理论分析职业教育的"界"，指出职业教育需要跨越物理边界、社会边界、心理边界，并提出了从宏观层面加强职业教育立法和顶层设计，中观层面发挥职教集团整合院校、企业、行业协会、研究机构及中介机构的优势，微观层面院校和企业主动实现边界突围的建议。①

"双证书"教育是职业教育跨越学校和企业的界限,高校和企业在结合彼此的环境、资源、理念的基础上,联合培养社会需求的人力资源的一种模式。一方面,"跨界"理论为职业教育发展提供了广阔时空,职业教育可借鉴更多的跨界资源。职业教育是技工教育和高等教育的融合。在行业企业调研的基础上,基于逆向逻辑而产生课程体系和课程内容,以做中学为主线,教师是教练,起引领、示范、答疑作用,学生在实训室、车间、机器旁,在真实企业环境中学习职业规范和职业文化。基于上述职业教育转型特征,在课程教学方面,职业教育教学主要采取教学做合一和行动导向教学模式。另一方面,"跨界"也对职业教育提出了挑战,须在管理和立法等方面进行改革,以满足职业教育"跨界"发展的需求。完善的职业资格证书制度是职业教育跨界的着力点。

四、社会分层理论

关于社会分层的理论很多,其中差异主要体现在社会分层的标准上,主要有以下十种:生产资料的占有或剥削与被剥削、收入、市场地位、职业、政治权力、文化资源、社会资源、社会声望资源、民权资源、人力资源或人力资本的分配。关于技术的社会分层作用,比较成熟的有赖特提出的"新中间阶级"理论,以及帕金提出的社会屏蔽与社会排他理论。二者虽然分属新马克思主义和新韦伯主义两个流派,但都将技术作为社会分层的一个指标。

社会分层是社会学这门学科的根基所在,是指社会成员、社会群体因社会资源占有不同而产生的分层化或差异现象,尤其是指建立在法律、法规基础上的制度化的社会差异体系。② 职业资格证书记载了两个方面的信息,即持证者的能力和劳动力市场的要求。对能力的记载提升了就业者的优势,对劳动力市场要求的记载则深入地影响了职业教育内部。国家实施职业资格清单目录管理,目录清单内仅保留184项职业资格许可和认证事项。在职业教育失去了参考标准和评价指标后,高职专业教育应主动对接行业职业的能力标准,校企协同创新,以更好地培养学生的职业能力。

---

① 崔永华,张旭翔.论职业教育的"跨界"属性[J].教育发展研究,2010(17):43.
② 李强.社会分层十讲(第二版)[M].北京:社会科学文献出版社,2011:8.

五、市场规制理论

规制是指政府运用法律、规章、制度等手段对经济和社会加以控制和限制，可以被类分为直接规制与间接规制。[①] 直接规制是指由政府行政部门对经济活动直接进行的约束和管制，如以法律手段直接介入经济主体决策，参与其定价、投资决策、产品销售、原材料选择等经济决策过程。间接规制是指在维护市场经济主体自由决策的前提下，对某些阻碍市场机制效能发挥的行为加以管制，是依照反垄断法、商法、民法等以制约不公平竞争行为为目的的规制。如实行反垄断政策、反不正当竞争政策、发布市场信息政策等。

市场规制理论主要研究在市场经济体制下的政府或公共机构，如何依据一定的法律、法规对市场微观经济行为进行制约、干预或管理。[②] 由于市场中存在自然垄断、人为垄断（行政垄断）、外部性、信息不对称等现象，经常会出现市场失灵的情况，政府需要对其进行一定的规制。但政府也经常出现管控失灵的情况，所以可能导致更为严重的调控失灵，效率可能更为低下。市场规制理论研究的问题是如何使得失灵最小。

市场机制的局限性和市场失灵是政府或公共机构进行规制的前提，政府或公共机构需要设计出相应的规定制度来调控市场，约束和规范经济主体的行为，以保证市场规范有序地运行。市场规制理论主要研究政府如何运用法律、规章、制度等手段对经济和社会加以控制和限制。校企协同创新因协同主体的利益诉求各不相同，可能导致双方出现零和博弈的尴尬局面。这就需要政府部门的引导和协助，从制度层面上规范和推动校企协同的发展。但政府在规制过程中由于规制者寻租、被产业俘虏等原因，容易形成"政府失灵"。可以认为国家职业资格目录清单的推出，是政府对之前市场规制失灵的一种救赎行为。

六、利益相关者理论

利益相关者理论属于经济学范畴，是指影响组织目标实现，或者在组织目标实现过程中被影响的任何个人和群体。[③] 利益相关者最早由经济学家伊戈

① 高景芳，高默嵩.职业许可的法经济学解释[J].石家庄学院学报，2014(4)：51.

② 王万山.市场规制理论研究述评[J].江苏社会科学，2004(6)：113.

③ 蒋春洋.制度分析视角下我国高等职业教育发展研究[D].长春：东北师范大学，2013.

尔·安索夫于 1965 年提出。他认为要实现企业目标,就必须平衡好与其他利益相关者的利益冲突。1984 年在全球经济一体化进程日益加快的背景下,各国经济合作交流日益加深,经济学家们对利益相关者理论的认识不断深化。1984年,美国经济学家爱德华·弗里曼对利益相关者给出了更广义的定义:"利益相关者是那些能够影响企业目标实现,或者能够被企业实现目标的过程影响的任何个人和群体。"[①]他把影响组织目标实现或组织目标实现被影响的个人或群体定义为利益相关者,认为利益相关者之间的利害关系既有内在联系,又存在显著差异。[②] "双证书"制度构建的是一项极为复杂的跨系统合作的工程,因此,需要明确"双证书"制度系统的利益主体构成,明确各利益主体的核心利益以及利益实现障碍,以找出破解之道。

利益相关者理论为校企合作利益平衡机制的构建提供了理论基础。利益相关者理论于 1984 年由美国学者弗里曼在《战略管理:利益相关者管理的分析方法》中首次提出,是企业的经营管理者为综合平衡各个利益相关者的利益要求而进行的管理活动。

校企合作是职业教育最基本的办学模式。根据利益相关者理论,与企业开展合作育人的职业教育最典型的主要利益相关者有行业、企业、政府、学生及家长等,他们能够影响职业学校教育目标的实现。因此为使不同利益相关者不发生冲突,须综合平衡好各方利益关系并进行必要的管理。调整职业教育的办学模式使其适应不同利益相关者的诉求,并将这些不同的需求转变成整体反映的过程就是职业教育要解决的关键问题。利益相关者理论应用于职业院校办学模式的改革是一个非常复杂的过程。

开展校企合作就是为了使职业教育与利益相关者进行利益协调。利益协调,主要是指人们为了达到某种协调目标而对利益观念、行为和相互关系进行自觉的、有意识的调整的过程。作为人们对利益关系的有意识的调整过程,利益协调具有两个方面的基本特征。

1. 目的性

任何利益协调归根结底是为了达到一定的协调目标,目标不同,具体的协

---

① 王琛. 基于利益相关者视角农业转移人口市民化研究[D]. 北京:中共中央党校,2014:13.

② 徐明祥,王艳梅. 开放大学:学术还是应用[J]. 开放教育研究,2018(6):39-48.

调方法也会各异。就此而言,当我们在后一种意义上使用利益协调一词时,利益协调的第一种含义实际上已经作为利益协调的目标被包括其中。

2. 变动性

利益协调作为一种调整过程,显然是对原有的利益状态进行改变。从职业教育的利益主体参与职业教育的行为动机进行分析,则是在高职院校推行学历文凭和职业资格并重的一种制度,这一制度的建立为完善职业能力培养体系铺平了道路。高职院校贯彻落实"双证书"制度的关键就是要将学校教学计划和国家职业标准有机结合起来,用职业标准推动学校培养模式和教学内容改革,在课程系统中嵌入职业标准和职业资格证书的要求。为确保制度的贯彻执行,应推动国家行业主管部门与地方政府共建高职院校。即国家行业主管部门将学校建设纳入行业发展的统筹规划,对学校在人才培养和毕业生就业、学科建设、科学研究、教材建设等方面给予支持和指导;地方政府将学校作为地方高等教育建设的重点,纳入地方经济建设和社会发展的总体规划,加大对学校在政策、经费投入等方面的支持力度。高职院校在共建中能得到地方政府与行业主管部门的双重支持,将进一步加强高职院校、企业、地方三方的联系,有利于搭建交流互动、资源共享、互惠互利的共赢平台,进一步推动高职院校相关专业的建设和发展,提高人才培养的质量和水平。

第三章 高职"双证书"校企合作

校企合作是高职院校技能人才培养的常见模式。我国近代的实业教育就强调工学并进；国际上，德国模式，英国模式和澳大利亚模式是较为典型的校企合作成功模式。

第一节 高职"双证书"校企合作现状及困境分析

校企合作是高职院校培养应用型人才的重要途径，是高职院校发展的必经之路。我国职业教育校企合作的研究和实践起步较晚，近年来，在"双证书"教育制度下的校企合作取得了长足的进步，但尚存一些问题。

一、校企合作

（一）校企合作内涵

校企合作又称校企合作教育，它有别于传统的课堂教育，是一种将教育与生产劳动紧密结合的教育模式，是职业教育的根本途径和基本模式。其本质是职业教育机构和社会实践机构基于产学结合的教育理念和各自的资源优势，为培养适应市场需求的应用型人才，共同兴办职业教育并参与人才培养过程，实现课堂教学与实际工作实践有机结合的办学模式。其根本目标是增强学生的现场工作经验与技能，培养适应市场需要的应用型人才。[1]

---

[1] 吴建新.职业教育校企合作长效机制研究[M].北京：科学出版社，2016：12.

(二)校企合作特征

高等职业教育以培养应用型技能人才为任务,行业企业通过使用应用型技能人才促进发展。前者培养人才,后者使用人才,两者之间本身有着协同创新共促教育质量提升的天然联系。我国职业教育校企合作是企业与职业教育领域之间的合作,必然涉及学校和企业双方的合作内容、合作时间、合作层次和合作效果,因此校企合作具有广泛性、深入性、持久性和有效性四个基本属性。

广泛性是指职业教育校企合作所涉的范围,包括合作主体的广泛性、合作内容的全面性和合作受众的普遍性。

深入性是指职业教育校企合作由低级阶段向高级阶段发展的程度,包括校企合作基础、校企合作资源相互交流的程度以及合作中企业的地位和作用。

持久性是指校企合作持续的时间,包括校企合作的长期性、校企合作的稳定性以及校企合作机制。

有效性是指校企合作产生的实际效果,包括校企合作教育目标、企业目标、公共目标。

(三)校企合作方式

校企合作方式有很多。就办学形式而言,有企业办职校、职校办企业、订单教育、职校与企业联合办学、职业教育集团化等;就师资队伍建设而言,有聘请企事业单位工程技术人员、管理人员和有特殊技能的人员到职业学校担任兼职教师,职校教师到企业社会实践、蹲点调查等;就教学而言,最常见的是"请进来""走出去"等。不同的方式,各有所长,重要的是因"地"制宜,重在"结合"。因"地"制宜,即根据学校条件、专业要求来决定校企结合形式。目前,最佳的方式是高校与企业进行"产、学、研"的合作。

二、"双证书"教育校企合作现实背景

职业资格教育同劳动就业紧密联系,是劳动工作的重要组成部分,介于教育和经济部门之间,兼具教育和经济功能。实施"双证书"教育应是多方参与的合作管理机制,即以企业为主和以学校为主的合作管理机制,重视合作管理的法治化和合作管理的协同化,以保证"双证书"教育管理的融通。反观目前"双证书"教育实践,校企合作因政府对市场准入制度执法不严,行政部门间分立

和校企合作的一头热，多表现为学校方面的一厢情愿。目前我国学校与企业合作还停留在将学生送到企业去实习这样的简单认识上，因此"双证书"教育仅仅依靠以学校为主体的教育部门的参与是无法实现的。无论是职业分类和职业技能标准的确立，还是职业资格证书的鉴定，都无法在职业学校的教室和书本上完成，只有借助社会服务平台和企业资源优势才能真正有效地实施。

（一）政府对市场准入制度执法不严

大部分高职院校都把是否获得"双证书"作为学生毕业的条件，然而在学生实际就业过程中，单位并不看重学生是否取得了职业资格证书。考归考、证归证，用人单位不买账，用工还是沿袭老一套。不少用人单位选择学生时更多地看重学历文凭，证书只是一种参考。造成这种状况的原因当然是多方面的，其中重要的一个原因就是就业准入控制不严，没有建立相应的员工就业准入标准和考核标准，没有建立对新进职工"双证书"含金量的评估标准。即人为因素影响就业准入，缺乏就业准入的公平性。由于就业准入制度不严，造成对一些新兴的或本不需要就业准入控制的行业实施准入控制。如有的地方部门随意扩大就业准入控制的实施范围，最为典型的就是对擦皮鞋工作者也要实行就业准入控制，规定一年须缴纳900元的"准入费"，这种做法完全是受利益所驱使。

就业准入制度不严，一方面是因为我国还没有建立起完整的、可操作的《就业准入法》；另一方面是因为我国目前的职业资格证书体系还不完善。我国目前实施的职业技能鉴定标准和职业资格证书未能包括社会的全部职业。[①] 具体而言，一是职业资格的设置等方面缺少必要的协调与统一。由于国家宣布实行就业准入制度的职业涉及的岗位数量远远大于全社会职业资格证书的存量，因此目前不具备大范围实行就业准入控制的条件，导致就业准入控制执行不力，职业资格证书权威性削弱，在实施上存在着较大的差异。二是部分领域中职业标准涉及面小且滞后，缺口甚多，而且主要侧重技能型、操作型工作岗位，服务型、技术复合型职业岗位以及文科管理类岗位考证项目较少。有的职业标准滞后于实际，如农林牧渔类行业从业人员数量比例较高，职业多种多样，但只有动物检疫病防治员、动物检疫检验员和沼气生产工三种证书。三是目前的

---

① 高奇.关于职业资格证书制度和劳动预备制度的若干思考[J].中国职业技术教育，2001（10）：37.

资源投入不足,尚未形成国家职业资格标准体系,不能适应社会职业迅速发展的趋势。1999 年 5 月颁布的《中华人民共和国职业分类大典》将我国社会职业归为 8 个大类,66 个中类,413 个小类,1838 个职业;2005 年增补本又收录了77 个新增职业,共计近 2000 种职业,而实行职业资格标准的职业数量与之相差甚远,这也是我国职业标准滞后的一个重要原因。

(二)行政部门间分立

高职学历教育由高职学院承担,高职学院归教育部门管理;职业资格认证由劳动部门管理;职业资格认证培训和职业资格鉴定由劳动部门认可的培训鉴定机构承担。各培训鉴定机构从各自需要出发实施专门培训,并发放各自行业的岗位培训证书。这种部门间的分立、"证出多门"的现象,导致现有的各类职业培训证书缺乏有效的沟通与协调,不同颁证部门彼此互不承认对方教学成果,造成教育内容重叠,教育资源严重浪费,劳民伤财;同时导致培训机构短期培训与职业院校全日制系统教育界限不清,名为共同管理,实际上哪个部门都管理不到位,相互之间难以沟通与协商,更谈不上相互承认。证书管理混乱,导致考生有时要考几个部门的同一证件。据统计,仅计算机考试就有 5 个部门 12 种不同名称的资格证考试。如教育系统不仅举行高教系统的计算机水平考试,也举行全国计算机等级考试;经济系统也举行计算机程序员考试,其他系统也举行计算机专业资格考试;甚至不论拿到相应多高等级的证书,要想申报职称,人事系统一概不认同,必须重新参加人事部门举办的计算机职称考试。

(三)校企合作的一头热

1.校企合作层次低

许多高职院校为了解决学生的实习问题,往往依靠私人关系联系实习地点,使得企业与学校之间呈现出一种极不稳定的关系。虽有契约,但契约本身的质量和执行情况并不理想。在各项合作中,除"顶岗实习指导"是以校企合作双方共同主导的方式以外,其他如人才培养、专业建设、课程建设、师资建设、教材建设、实习基地建设等都是以学校为主体。高职院校一厢情愿地推进校企合作,出现一种"单相思化"倾向。

2. 校企合作效果不理想

目前高职学院办学的一个突出问题就是实践教学不足。职业教育与普通教育最大的不同在于要培养学生的职业技能，尤其是在职业学校推行职业资格证书后，技能培养必须依照国家标准进行。这就要求学校为实习实训基地投入大量的设备、原材料，以及水、电等必需费用。因此相对普通教育而言，职业学校的经费要求较高，需要政府在制定公共财政政策时，考虑职教经费投入的特殊增长机制，确保职教投入不低于普教教育的投入。从校企合作成果看，高职学生在合作企业参加毕业顶岗的人数非常少，实习基本处于分散和"放羊"状态。

3. 校企合作持续性和稳定性差

"双证书"教育注重的是解决学生实际工作能力问题，职业技能的培养不能仅仅依靠学校的课堂、实验室。面向市场的高职院校希望与企业加强合作，扩大合作，获得企业的支持，期望合作是真诚、平等互惠双赢的。但企业不是政府、公益机构，企业是以营利为目的的，因而企业在校企合作方面的投入是有限的。在合作期内，企业和学校在专业建设和课程建设、接受教师实践等方面的合作频率较低，合作持续的时间短，不足以保证教学的稳定性和职业人才培养的质量。

4. 政府介入的校企合作长效机制没有建立

企业希望使用成熟的应用型技能人才，认为自身没有义务承担应用型技能人才的培养责任。高职教育虽然希望通过与企业合作，采用工学结合的方式，培养成熟的应用型技能人才，但企业的积极性难以调动。究其原因，企业与学校的合作关系缺乏法律、法规的保障和约束。一是没有立法确立职业学校与企业之间的关系。1996 年颁布的《中华人民共和国职业教育法》第二十二条规定："联合举办职业学校、职业培训机构，举办者应当签订联合办学合同，政府主管部门、行业组织、企业、事业单位组织委托学校、职业培训机构实施职业教育的，应当签订委托合同。"尽管职业教育法规定了行业组织和企业组织应当依法履行实施职业教育的义务，但彼此间是通过委托合同来确定二者间的法律关系。目前我国职业教育与企业合作，只有"订单教育"的培养模式。职业学校和企业只有签订委托合同，企业与职业学校才会受到法律保护，任何一方违反合同，都可以向另一方提出经济赔偿要求，企业和学校的权利才能够得到保障。二是没有立法提供资金保障。我国的职业教育法对参与职业教育的企业和职业学校间关系并没有设立限制性和规定性的条款，所以就无法用法律明确学校和企业间的关系。三是企业和学校人事权分立。企业和学校由于组织结构的不同，导致人事权分立，协同起来有一定的难度。

第二节　国外典型"双证"模式校企合作经验及启示

高等职业教育的一个重要特点是它的培养过程需要企业的直接参与，需要学校与企业建立起亲密的合作伙伴关系。校企合作管理，即在为社会培养和培训合格的劳动者这一目标指引下，开展职业院校与企业、行业、服务部门等校外机构之间的合作，将学生的理论学习和实际操作或训练紧密结合起来，以提高高职教育的质量和学生的素质，增强企业与毕业生之间双向选择的可能性，最终促进经济社会的发展。[①]　全球一些职业教育起步较早的发达国家，在职业教育校企合作方面有很多成功经验，通过借鉴这些国家在管理体制中的成功经验，可以为创新我国高职"双证书"教育校企合作长效机制提供有力的决策参考。

一、德国：企业主导的校企合作长效机制

在德国，1969 年 8 月 4 日公布的《联邦职业教育法》是最基本、最具权威性的法规，并且是"双元制"的主要法律依据。[②]《联邦职业教育法》明确规定了企业和职业学校是实施职业教育的地点。此外，德国的职业教育法还包含师资与培训企业的资格确定，培训合同、培训与考核的相关要求，企业和学徒应承担的责任和应履行的义务及相关监督管理部门的职责等。在《联邦职业教育法》的基础上，德国还制定了与企业培训相配套的法规，如《手工业条例》《青少年

① 黄亚妮.高职教育校企合作模式的国际比较[J].高教探索，2004(4)：70.

② Clarke, Linda, et al. Politico-Economic Aspects of Vocational Education：The Federal Republic of Germany and Great Britain Compared[J]. Zeitschrift Fur Padagogik, 1994(3)：374-375.

劳动保护法》《企业法》《联邦劳动促进法》以及国家认可培训专业的《职业培训条例》，以保证学徒培训的顺利实施。另外，根据《联邦德国基本法》的规定，各州都制定了州一级的《教育法》《义务教育法》；对 18 岁以下，已完成普通义务教育而未进普通高级中学就读的青年实行义务职业教育，原则上不允许一个青年人不经过正规的职业培训就开始职业生涯。[①] 如《联邦劳动促进法》第五十条规定，德国联邦劳动局可向各种职业教育机构和设施提供资助或津贴，用于建造和扩建各种跨企业、跨行业的职业教学设施，其目的在于促使各职业教育机构在教学场所和教学设备方面不断适应劳务市场的变化和职业技术的更新。[②] 在这些法规政策下，形成了颇具特色的行业企业主导的职业教育校企合作机制。"双元制"职教模式如图 3-1 所示。

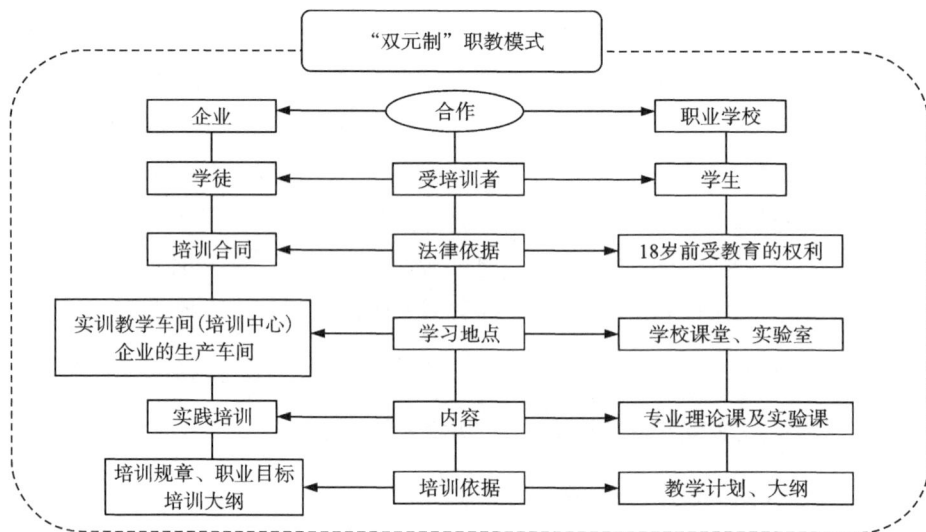

图 3-1 "双元制"职教模式

① 徐文辉. 德国高等职业教育管理的经验与启示[D]. 沈阳：东北大学, 2008.

② The European Centre for the Development of Vocational Training. The Material and Social Standing of Yong People During Transition from School to Work in the Federal Republic of Germany[M]. Berlin Press, 1990：78.

(一)行业协会通过职业教育委员会对职业教育校企合作进行管理和监督

德国共建立了81个行业组织,分布于各州,分别对应着相关的行业企业,联结着相应的职业学校和培训机构。《联邦职业教育法》第七十七条规定,在各行业协会的主要管理机构中均设立职业教育委员会,由"6名雇主代表、6名学校代表及6名职业学校教师组成"。职业教育委员会的主要任务是对企业职业教育进行管理以及处理相关的考试和合同事宜。[①] 根据《联邦职业教育法》第七十九条的规定,职业教育委员会是行业企业主管关于职业教育的决议机构,所有涉及职业教育的重要事宜,均须报告职业教育委员会并听取意见,职业教育委员会应在其职务范围内致力于提高职业教育质量。

(二)行业内企业成为职业教育主体

德国职业学院的培养目标与我国高职院校大致相当,学制也是三年,学校以"双元制"为基本模式,合作管理贯穿于办学过程的始终。所谓"双元制"职业教育,一方面是指接受教育的年轻人要在职业教育企业或跨企业的培训机构里学习相应职业的实践性知识,培养从业能力;另一方面要在公立职业学校接受普通文化教育和职业专业理论教育。[②] 学员在企业接受技能训练的时间一般占总学时的70%,在职业学校接受理论教学的时间占总学时的30%。即约1/3的时间在学校里学习"为什么这样做"的理论知识,2/3的时间在企业里按规章进行技能操作的培训,以了解"怎样做"的问题。

(三)行业协会负责监管校企合作教育质量

"双元制"职业教育能成为德国经济振兴的"秘密武器"与企业紧密地配合学校是分不开的。为保证职业教育质量,政府建立了"行业协会监管、考核分离、过程监督、标准监控"的质量评估体系。政府赋予行业协会对职业教育行使监督职责,行业协会通过职业培训委员会对职业教育进行监督和考核验收。

---

① Lehmann W. "I'm still scrubbing the floors": Experiencing youth apprenticeships in Canada and Germany [J]. Work, Employment and Society, 2005(1): 107-129.

② 姜大源,吴全全.当代德国职业教育主流教学思想研究:理论、实践与创新[M].北京:清华大学出版社,2007:220.

企业和学校是培训的两个互补机构，职业教育坚持以企业为主、学校为辅。职业学院的学生是由企业招收的具有主体中学或实体中学（相当于我国的初中）学历的学徒工。学徒与企业签订培训合同，企业根据联邦教科部和有关专业部共同颁布的培训条例培训学徒，培训和考试内容完全来源于企业的需要。培训与考核分离，制度严格，质量标准控制有力。学校从企业的实际需求出发，开设企业需要的专业技能和实践课程，为一般性的职业技能培训、专业技术培训和生产实习提供师资、设备和场地方面的保证。教学和课程的安排分两个阶段，每个阶段均实行国家考试；通过考试的学徒工可以得到国家承认的考试证书、学历证书和培训证书，成为该岗位合格的技工。

（四）在政府和企业间建立了职业教育经费分担机制

德国职业教育的经费由国家、州政府、企业三方面分担。企业、政府共同承担职业教育，并且受到相关行业协会的监督。学生在企业的培训费用完全由企业自己承担，培训学生是企业应尽的责任。此外，国家在职业教育法规中直接规定职业技术教育经费拨款问题，并且以法律形式对职业教育各种相关工作给予长期支持和帮助。因此德国企业把职业教育作为分内之事在做，并将其培训投入作为对企业未来的投资。企业除负担培训设施、器材等费用外，同时必须支付学徒工在整个培训期间的津贴和实训教师的工资，企业培训的费用完全由企业承担，职业学校的经费则由国家和州政府负担。除此之外，政府所采取的优惠政策或规定性政策，鼓励和促进了社会各方积极支持并参与职业教育。

（五）适当引进竞争激励机制，建立合作企业资格准入制度

德国政府适当引入竞争机制，通过对企业实施职业教育资格准入制度来加强企业间的竞争。即不是所有的德国企业都是职业教育的办学主体，只有那些通过相关行业协会的资格审查并获得认定的企业，才有资格承担职业教育的培训。[①]《联邦职业教育法》规定，培训企业必须符合以下两个条件：企业培训场

① CEDEFOP（2014）. On the way to 2020：Data for vocational education and training policies［M］. County statistical overviews，Update 2013. Luxembourg ：Publications Office of the European Union. Retrieved form http：//www. cedefop. europa. eu/EN/Files/3066_en. pdf.

所的类型和设备适合于职业培训;培训教师与培训岗位数和企业专业人员数应当保持规定的比例。德国的企业如果想要招生进行职业教育培训,必须有能力独立,或是借助其他企业,或是跨企业培训场所,提供补充性培训措施来传授国家培训条例所规定的培训内容及要求,并具有所培训职业的条例和框架计划及总体计划,这就从职业教育提供者方面控制着职业教育质量。

二、英国:以国家资格框架为核心的校企合作机制

英国就业部门、经济部门、雇主组织及各相关部门广泛地参与职业教育的管理和决策,以国家资格框架为核心的校企合作机制,是职业教育改革和发展的重要保证。

(一)以雇主需求为导向,建立国家职业资格框架

1.国家职业资格框架包括国家职业资格证书制度和职业资格标准体系

1986年英国政府与学校的管理机构、教育机构和雇主共同制定职业标准,实行了统一的国家专业证书(NVQ)制度和普通国家专业证书(GNVQ)制度,使职业教育进入良性循环协调发展的轨道。从1986年开始,政府要求在一定时期内,使不同年龄段的劳动者和后备劳动力按照一定比例要求达到国家职业资格的相应等级水平。这一制度的推行,为劳动力在不同职业和行业之间的流动创造了条件。此外,英国制定了覆盖面广泛的职业资格标准体系。每隔五年,NVQ标准都会进行更新,以适应社会经济结构的调整。在英国"证书就是质量"的观念已深入人心。[①] 职业资格标准体系是国家职业资格证书的核心,英国政府认为标准体系要测量的不是学习者知道什么,而是学习者能够做什么。为了达到这个效果,英国政府主张国家职业资格标准应该在国家职业资格委员会指导下,由行业、产业机构制定。行业、产业机构在国家职业资格委员会指导下,开发制定各行业各工种的国家标准,并根据生产技术的发展变化将其相关内容具体化。而从行业产业机构的构成来看,这个非政府的民间机构吸纳了业界、工会和教育机构的专业人士。自1986年以来,英国采用职业功能分析

---

① Helsby G, Knight P, Saunders M. Preparing students for the New Work Order: the Case of Advanced General National Vocational Qualification[J]. British Educational Research Journal, 1998(1): 73.

法，开发并制定了 150 多个行业数千项职业标准。

2. 职业资格标准和课程标准在雇主对技能的需求基础上制定

英国政府主导成立了多个行业组织，代表性的中介组织有"行业技术协会（SSC）"和"颁证机构"。英国职业标准由全国不同的行业专家和企业专家组成的 SSC 来制定，并由国家资格与课程委员会（QCA）核准。该标准不同于行业、岗位对知识和技能的综合要求，它与不同职业对劳动者技术的具体要求密切结合，反映了特定职业的实际工作标准和规范，以及劳动者从事这种职业所应达到的实际能力水平。职业教育的课程标准由颁证机构制定。颁证机构负责根据行业技术协会的职业标准制定各专业的课程体系、课程大纲和评估标准。英国伦敦城市行业协会（C&G）是英国最负盛名、最大的职业资格颁证机构，它已有130 多年的历史，是现今世界上规模最大的国际职业资格评审及资格颁授机构。英国前首相梅杰在竞选首相前，曾几次参加国际性权威职业资格证书机构（C&G）组织的职业资格考试，是 C&G 七级证书的获得者。按照英国 C&G 证书技能考试要求，获六级证书者可达到硕士水平，有资格担任经理等高级管理职位。前首相布莱尔也曾参加 C&G 的课程培训。可见在英国职业资格证书已深入人心，没有人可以忽视。

（二）围绕国家职业资格框架，构建职业教育校企合作两级管理体制

英国职业教育实行中央、地方两级政府管理机制，中央集权程度较高，政府通过授权机构对职业教育进行管理。具体而言，政府通过技能资助局对职业教育机构和学校进行经费支持；政府下属的学历管理与课程发展团（QCDA）主要负责开发课程，改进和组织评估、评议资格证书体系以及对考试与资格证书授予机构进行监督；具体的课程开发任务由颁证机构来完成，课程质量署对颁证机构制定的课程标准进行审查，通过之后才能实施；政府和行业企业的沟通主要通过雇主主导的全国范围内的组织，由就业与技能委员会 UKCES 管理，并通过 UKCES 得到政府的许可。

（三）建立雇主需求导向的督导评估与拨款机制

在英国所有的教育机构对职业教育的评估都依据统一的标准 NVQ。评估分为内部评估和外部评估两个部分进行：内部评估主要是对学生在学习、工作、调研等活动中积累的证据进行评估;外部评估是由颁证机构指派专门的评估人员,采取不同的评估形式对学生进行评估和打分。① 同时,评估绩效也是政府对教育拨款的主要依据。② 英国对职业教育的拨款遵循"质量导向"的原则,继续教育学院、企业、技术协会等是职业教育的主体,其办学经费70%~80%来自政府资助。在绩效评价指标体系中,培训质量是其重要指标之一,"雇主需求导向"决定了雇主的评价占据非常重要的位置。经费拨款方式有力地保障了职业教育学校与企业间的存续。

三、澳大利亚:"质量标准导向"的校企合作机制

(一)国家立法明确校企合作开展职业技术教育

1. 职业技术教育必须将脱产培训和工作场所实习相结合

1974年澳大利亚《坎甘报告》将学历教育与岗位培训相结合,使校企合作在制度上得以明确,在全国范围内开展以企业需求为导向,以经济发展为目标的政府、企业、学校参与的合作办学新形式。1995年颁布的《柯尔比报告》建立了正规的脱产培训和工作场所实习两部分结合的职业技术培训系统。

2. 企业须在员工培训、技能标准制定、技能需求预测等方面履行职业教育责任

1990年颁布的《培训保障法》规定每个销售收入在22.6万澳元以上的企业,须取其预算的1.5%用于员工培训,否则就向澳大利亚税收办公室上缴同等数量的罚款,同时要求企业所选的员工培训机构必须注册备案。该保障法强制企业必须参与校企合作,形成了校企合作外在动力机制。2003年颁布的《塑造我们的未来——澳大利亚职业教育和培训2004—2010年国家战略》(以下简称《国家战略》)提出十二条政策,其中提出要增强行业企业的预期技能需求以及在提高生产和服务来满足这种需求过程中的作用。

---

① 刘元.英国职业教育的评估体系及其对我国的启示[J].河北职业技术学院学报,2007(2):4.
② 杨善江.国际视野下职业教育校企合作中的政府角色[J].教育与职业,2013(14):11-14.

3.雇主满意是职业技术教育绩效考评的关键指标

《国家战略》把雇主的劳动力吸纳水平以及雇主对职业教育满足劳动力技能需求方面的满意度作为职业技术教育与培训的关键绩效指标。因此,企业作为消费者,职业教育对它劳动力需求的满足程度以及它对职业教育的满意度是衡量教育质量的标准。企业只有全程参与到职业教育中来,才能在技术需求、技能培养效果上做出评价。

(二)建立校企合作三级管理体制

澳大利亚职业教育管理机制体现了政府主导的特点,实行联邦、州与地方政府三级管理机制。联邦政府主要负责制定职业教育的宏观政策,确定职业教育的总体目标,通过拨款的方式影响州政府;州政府掌握着职业教育的立法和管理权;地方政府配合州政府对职业院校机构进行直接管理。1994年成立的澳大利亚国家培训局是校企合作的最高管理机构,负责职业教育与培训的管理、培训体系与标准的制定,并在国家、州或地区层面建立了产业培训顾问委员会体系,在制度上保障了行业企业对职业教育的参与以及职业教育与行业企业的有机联系。各州设有产业培训顾问委员会和职业技术教育学院服务处,专门对TAFE(Technical and Further Education,职业技术教育)学院进行管理。在政府的宏观调控下,澳大利亚职业教育主要是行业领导,学院实施。[①]

(三)建立"质量标准导向"的校企合作质量监督体系

1.澳大利亚资格框架(AQF)

澳大利亚于1995年启动实施"澳大利亚资格框架",政府经过5年努力探索,建立了一个全国性的职业教育培训框架体系。该框架体系将高中教育、职业教育培训、高等教育等不同阶段、不同类型教育的职业资格与学历证书衔接为一个统一、连贯的全国性体系。从资格证书结构来看,此框架体系中共有12个等级、14个类型;每个等级、类型的标准虽有不同,但是在内容上是可以相

---

① 吴建新.职业教育校企合作长效机制研究[M].北京:科学出版社,2016:20.

互衔接的。从资格证书的颁发来看,框架体系中资格证书不是由政府教育部门统一颁发,而是在不同阶段由不同培训机构颁发。资格证书管理方面,在国家授权下,从2008年开始澳大利亚资格框架委员会开始负责监管、保障资格框架的有效性,并负责资格证书类型的调整、增加、删减等工作,以保证资格框架的稳定与完整,应对教育改革的变化与需求。澳大利亚资格框架证书是各种注册培训机构取得政府及行业拨款的依据,同时也是企业雇员必须具备的资格,校企双方为获得这样的资格,会积极参与合作。

2. 国家培训框架(NTF)

国家培训框架的组成部分是澳大利亚认可框架和各州、领地培训机构课程的认定标准,分别对培训机构和培训课程进行质量监控。框架体系中规定,提供培训的机构必须达到拥有建立在全国行业培训包基础之上的课程体系标准。在这个过程中行业、企业共同参与完成指定培训框架,减少了校企合作的障碍。①

3. 培训包

培训包是针对不同行业的国家标准,旨在提供一致的传授职业教育与培训的方法与路径。其内容主要有三个方面:一是全国行业能力标准;二是评估标准;三是学历资格框架下的全国学历资格;还包括一些辅助性材料,如学习战略、评估材料和学习发展材料等。截至2007年,澳大利亚培训包多达140个,涉及多个行业。培训包的引入将行业技能需求与职业培训目标相结合,即将能力标准与AQF直接联系起来,规定了学生达到能力标准所需要的考核要求。

四、结论与启示

从德国、英国、澳大利亚等发达国家职业教育发展历程来看,校企合作作为保障高职教育人才培养质量和目标实现的重要举措,发挥着不可替代的作用。对于我国高职"双证书"制度的设计、运行及实施来说,学校虽然承担着制度实施的主要责任,但是,在制度的设计上,政府应该起到主导作用。政府为

---

① 郝志强,米靖.澳大利亚促进职业教育校企合作的管理机制探析[J].职教通讯,2011(9):49-55.

合作管理提供良好的外部环境,法制化、协同化的管理有利于合作的顺利进行;而这一制度的运行,离不开高职教育发展的另一主体——企业。只有政府、学校、企业和社会共同建立完善的法制化合作机制,才能保障"双证书"教育的长效性和可行性,才能共同促进高职教育和企业的发展,促进合格人才的培养,推动教育和社会经济的发展。

(一)加强法律法规建设,构建校企合作健康发展的制度环境

发达国家高等职业教育由教育部门与企业协会共同管理,走实质性的校企合作道路。行业协会组织一方面根据企业和科技发展的需要,负责确定学校人才培养规格,提出培养标准和教学要求,编写行业通用教材,与教育部门一起编制专业教学计划;另一方面担负着对职业学校学生职业资格证的考试和发放工作,检查学校毕业生的质量,推进学校教学改革。其管理上的成功经验,主要体现在以下两个方面。

1.合作管理的法制化

在高等职业教育的发展过程中,发达国家都非常重视职业教育的立法工作。有法可依,依法治教,彰显着职业技术教育的受重视程度和发展的成熟程度。不以规矩,不能成方圆,只有对职业教育加强规范化的管理和建设,才能有章可循,才能充分发挥其作用。从国际范围来看,职业教育管理法治化、规范化的主要表现如下。

首先,加强法制管理,出台与法律相互配套的规章制度。

在国家政策支持和企业积极参与的同时,完备的法律、法规是德国"双元制"职业教育成功实施的保障。企业和职业学校作为实施职业教育的学习地点在《联邦职业教育法》中有明确规定。此外,德国的职业教育法还涉及师资与培训企业的资格确定,培训合同、培训与考核的相关要求,企业和学徒应承担的责任和应履行的义务及相关监督管理部门的职责等。许多国家在职业教育法规中直接规定了职业技术教育经费拨款细节。在这方面,做得最好的是美国、日本和德国。它们以法律的形式对职业教育各种相关工作提供长期支持和帮助。以美国为例,美国政府在1862年颁布的《莫雷尔法案》中,开始首次确定联邦政府给予职业教育以经济支持;1963年至1976年,国会连续四次通过加强职业教育的法案,①即《高等教育法》《职业技术学校学生贷款保险法》《1968 年职业教育修正案》《1972 年教育修正案》。每一次颁布的法案都规定政府给予职业技术教育经费资助,并且力度逐次增加,资助范围也逐渐扩大。

其次,加强规范管理,设立合理的管理机构。

为了加强合作管理,发达国家纷纷建立起了社会监督和保障系统。许多国家成立了由教育部门与企业共同管理的机构来管理职业教育。如,德国的"双元制"职业教育模式,即企业与学校联合培养职业技术人才;这种合作既是法律规定的,也是在企业与教育部门统一协调管理下进行的。澳大利亚为解决各部门协调不力和效率不高的问题,在 1987 年把教育部和劳动部合并,成立了联邦就业、教育培训部。②

2. 合作管理的协同化

发达国家高等职业教育不再是教育管理部门专属领地,就业部门、经济部门、雇主组织及各相关部门广泛地参与教育的管理和决策。1986 年英国政府为协调沟通学校的管理机构、教育机构和雇主之间的关系,实行了统一的国家专业证书(NVQ)和普通国家专业证书(GNVQ)制度。1995 年 7 月,教育部与就业部合并成立教育与就业部,把教育、培训和就业管理置于同一部门之下,是继澳大利亚之后第二个把教育和就业合并由一个中央部门来领导的发达国家。③

我国高职教育"双证书"制度的构建,除了教育部门发挥主导作用外,还牵涉到人力资源和社会保障部门以及相关行业部门。

在国家层面,积极推进《职业教育法》《职业教育校企合作促进条例》等国家层面法规条例的修订和制定工作,为地方性法规条例的制定提供法律依据和支持;启动其他配套法律条规的制定或修订工作,加快职业教育校企合作法律体系的建立和完善。完善工作推进机制,及时总结、推广典型经验,推动校企合作工作取得实质性进展。

在地方层面,鼓励积极探索,积累经验,为国家层面的法律法规的修订或

---

① 吴畏.中国教育管理精览(六)——成人教育管理卷·职业教育管理卷[M].北京:警官教育出版社,1997:1110.

② 易洁.高职院校实施"双证书"制度的理性反思[D].长沙:中南大学,2011.

③ 乐传永.发达国家职业教育发展趋势及其启示[J].中国成人教育,2001(7):57.

制定提供实践支撑。通过政策制度体系的构建，明晰政府、行业、企业和高职院校在校企合作中的责任和权利，构建各方利益主体积极参与校企合作的政策制度环境。

（二）加强顶层设计，构建行业企业积极参与机制

德国在政府层面上建立了以行业为主导地位的组织机构，并在国家、州和地区层面建立了行业培训咨询委员会体系，在制度上保障了行业企业对职业教育的指导以及职业教育与企业的有机联系。英国政府将培训与企业委员会与继续教育基金委员会合并成学习与技能委员会（LSC），确保教育提供者、受教育者、企业雇主三方的联系。澳大利亚从联邦、州到地方政府都设有职业教育的专门管理机构，在教育管理上实行简政放权的方式。

为了提升行业企业参与度，国内职业教育应以职教集团为框架，以校企合作委员会、专业指导委员会等为抓手，增强行业企业在职业教育中的话语权，以行业标准引领职业教育发展。校企合作委员会是指为了发展与促进学校与企业、集团及相关行业的政府主管部门的科技交流与合作，调动学校与企业各方面的资源形成合力、发挥各自专长和影响，互利互惠、谋取双赢，通过合作办学、联合攻关、培训各类专业技术及管理人员等形式，实现学校服务地方经济的目标，进而增强学校、企业双方核心竞争力，促进学校和企业的共同发展的非营利组织。[①] 校企合作委员会负责组织行业协会、学校制定具有权威性，并按初、中、高层次等级分类的职业等级标准。组织行业协会、学校根据基本职业资格教育标准，确定相关专业的必选课程，包括课程名称、学习内容、学习标准及最低选修科目数量。职业教育指导会检查并指导学校职业教育工作，包括课程执行、教学质量等，并将检查结果及时向社会公布。高职院校与行业企业形成校企合作委员会，其最基本、核心的职责与作用在于制定并修订应用型技能人才的职业标准。

（三）完善评价机制，提高校企合作质量

评估是世界许多国家保障高等教育质量的有效手段，也是政府规范、调控

---

① 夏亚莉.校企合作委员会——高等工程教育校企合作的新尝试[D].上海：华东师范大学，2008.

和保障职业教育教学质量的一项基本职责。各国政府对校企合作质量评估形成了完善的评价机制，严格的质量控制是其职业教育健康发展的根本保障。

德国"双元制"实行"行会监管、考核分离、过程监督、标准监控"的质量控制体系，从制度上保证职业教育的健康发展。英国对职业院校的办学质量评估分为内部评估和外部评估两个部分进行，同时绩效评估也是政府对教育拨款的重要依据。澳大利亚的质量标准导向评估框架由资格框架、质量培训框架和培训包构成，为 TAFE 学院的发展提供了重要的保障。

当前我国还未建立起教育质量评价体系。2015 年 5 月，教育部下发的《教育部关于深入推进教育管办评分离促进政府职能转变的若干意见》指出："推进管办评分离，构建政府、学校、社会之间新型关系，是全面深化教育领域综合改革的重要内容，是全面推进依法治教的必然要求。改革开放以来，我国教育体制改革不断深化，政府、学校、社会之间关系逐步理顺，但政府管理教育还存在越位、缺位、错位的现象，学校自主发展、自我约束机制尚不健全，社会参与教育治理和评价还不充分。为进一步提高政府效能、激发学校办学活力、调动各方面发展教育事业的积极性，必须深入推进管办评分离，厘清政府、学校、社会之间的权责关系，构建三者之间良性互动机制，促进政府职能转变。"因此，借鉴国外先进经验，结合我国职业教育自身特点，构建适合我国职业教育的内部评价机制是今后努力的方向，政府在评价体系中起到至关重要的作用。

第三节　高职"双证书"校企合作长效机制建设

在高职"双证书"教育实施过程中，国家层面关于校企合作的相关法律规定较为笼统，针对性不强，还没有校企合作专门性法律。现有职教校企合作相关法律的修订与完善工作一直没有启动，国务院、教育部等虽出台过很多条例、办法，但其执行的强制性不及法律，执行效果不佳。

一、做好顶层设计

"双证书"教育虽然表面上是企业和学校之间的衔接，但是主导权特别是制度设计方面，还是要通过国家相关政策甚至是法律加以明文规定。政府要完善就业准入制度，出台操作性强的就业准入制度法规，成立国家就业准入制度领导小组,负责协调、理顺各部门的职责;联合有关部门监督检查企业用工准入制度执行情况,严格落实"先培训、后上岗"政策,并将结果及时向社会公布。职业教育指导委员会负责协调联系政府、企业、学校三方的职业教育工作,建立统一、严格的职业资格考试体系、证书管理体系和高职教育评估体系,对高职教育产品按职业标准要求进行考评;协调学校与相关企业对实习、实训基地以及实训指导教师的安排;规定劳动职业教育和资格证书教育由学校负责组织,岗位提高(或新技术)培训由劳动部门负责组织;通过顶层设计,形成"双证书"衔接的框架体系。

为贯彻《国务院关于加快发展现代职业教育的决定》,教育部等六部门在印发的《现代职业教育体系建设规划(2014—2020年)》中,完成了现代职业教育的体系框架构建,如图3-2所示。

该体系对职业教育的层次机构、终身一体、办学类型和开放沟通进行了全面规划,将普通教育体系、职业教育体系与继续教育体系衔接起来,并与人力资源市场形成对接。《现代职业教育体系建设规划(2014—2020年)》明确提出12项重点建设任务,在"完善职业人才衔接培养体系"中,强调要"强化学历、学位和职业资格衔接",并"完善职业院校合格毕业生取得相应职业资格证书的办法"。由此可见,现代职业教育体系框架体系的构建,虽然为包括高职教育在内的职业教育"双证书"制度实施指明了方向,但为了保障"双证书"的有效衔接,政府还需要通过内部协调、增强执法力度、出台实施细则等方式做好相关方面工作。

二、增进相关部委协作

高职教育"双证书"制度的构建,除了要发挥教育部门的主管作用外,还牵涉人力资源和社会保障部以及相关行业部门。从澳大利亚资格框架委员会负责监管全国职业教育培训体系框架和英国国家职业资格委员会负责指导国家职业资格标准来看,有必要设立一个相应机构,在各部门各司其职的前提下,负责做好各部委间"双证书"制度构建的协调工作。《现代职业教育体系建设规划(2014—2020年)》提出设立专家咨询委员会,可以对现代职业教育体系构建中的问题提出意见与建议。但相较于国外的相关机构,这一机构的协调能力与权威性还不足。另外,各部委的协作不仅体现在各自业务范畴内,还应该在完善"双证书"制度的法律制定与修订过程中,通过协调一致,尽快推进职业教育法治化。

教育体系基本框架示意图

| | 学术学位研究生教育 | | 专业学位研究生教育 | |

图中文字：

人力资源市场

学术学位研究生教育

专业学位研究生教育

普通本科教育

应用技术本科

高等职业专科

人力资源市场

普通高中教育

中等职业教育

初中教育

初等职业教育

小学教育

学前教育

普通教育体系　　职业教育体系　　维续教育体系

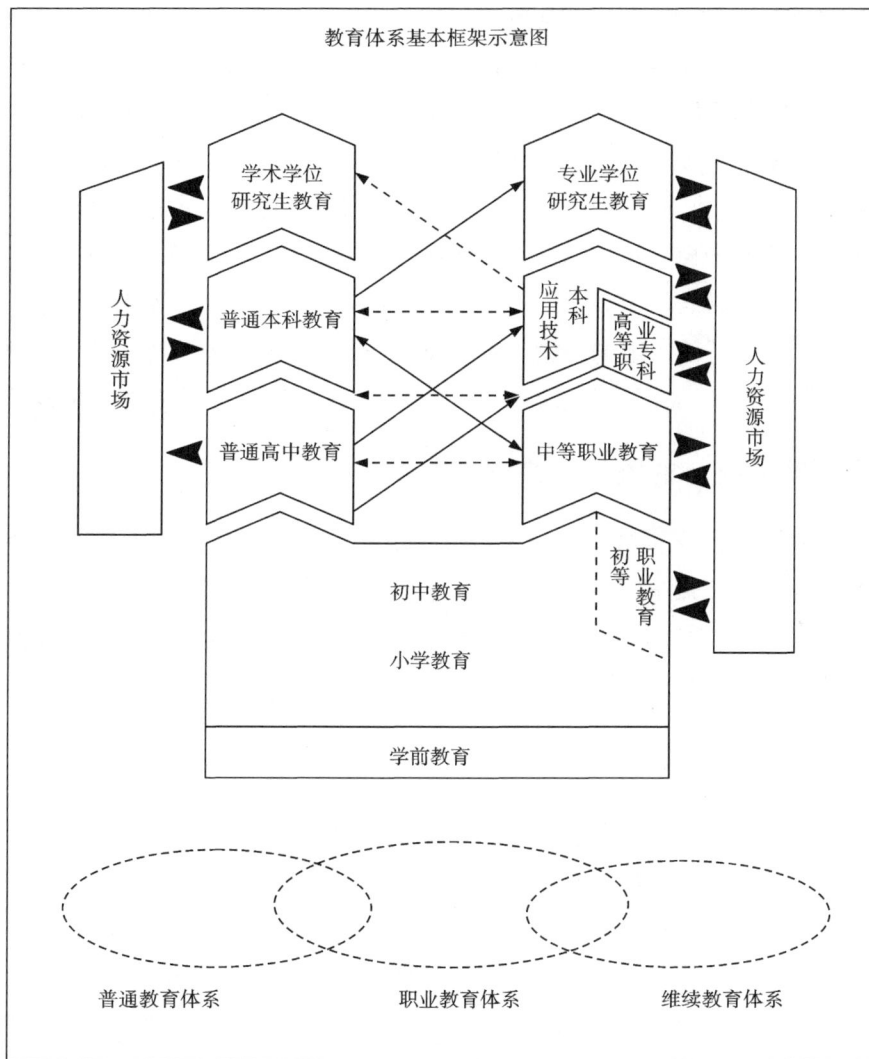

图3-2　现代职业教育体系框架

三、加强就业准入制度

随着社会分工进一步细化，每个行业中的每个职业岗位对劳动者技能要求更为专业化，没有经过专业训练取得相应资格的劳动者，在从事专业工作中发生事故的概率将大大提高。因此，我国在《中华人民共和国劳动法》《中华人民共和国职业教育法》中对"劳动准入制度"进行了明确规定，要求从事某些岗位工作的劳动从业者必须获得相应的职业资格证书，才能上岗就业。但就业准入制度的实施，还存在不少问题。首先，需要持职业资格证书准入的工种少。《中华人民共和国工种分类目录》中的职业种类有4700余种，而劳动部门《招用技术工种从业人员规定》中需要持职业资格证书上岗的工种仅为90种。其次，《招用技术工种从业人员规定》要求企业在应有职业资格证书的岗位招聘中，不得招聘未取得相应资格证书人员，否则将由县级以上人民政府劳动保障行政部门给予警告，并可处以1000元以下罚款。实际上，这一规定没有得到贯彻落实。可见，由于劳动力市场还没有对就业者普遍提出必须具有职业资格的限制要求，导致劳动者不接受职业教育或培训照样可以就业，成为非合理的现状。①

四、建立统一的国家资格框架制度

建立统一的国家资格框架是西方职业教育发达国家的通行做法，统一的国家资格框架可促进政府、企业、学校三方的高效协同。我国应借鉴德国、英国、澳大利亚等国的立法经验，建立统一的国家资格框架制度，尽快明确国家职业资格框架和行业资格框架的主体。

(一) 完善资格证书制度

首先，应建立国家职业资格证考试指导机构。目前，因职业资格证书制度的落实还很不到位，又缺少相应的立法，势必会制约"双证书"教育的发展。为此，要建立国家职业资格证考试指导机构，归口劳动部门监督与管理。在该机构的领导下，认真研究我国现行的考试标准、专业技术资格标准，开发新工种，编制各行业各级职业资格证书的考试大纲和考核标准，用国家职业标准来取代工人技术等级标准及职业技能鉴定规范，用国家证书取代部门证书。与企业和学校一起共同参与职业资格鉴定试题库的建设，参与学生职业技能培训和鉴定的过程，在互信的基础上实现统一认证，树立职业资格证书的权威性。其次，要规范职业资格考试市场。劳动部门要规范职业资格考试市场，建立教育主管部门统筹、行业部门参与的职业资格考核体系，行业机构组织的职业资格考试

---

① 王寿斌，闫志刚. 就业准入制度：为职教赢得发展空间[J]. 教育与职业，2011(10)：45.

要规范化，要有专门的法规或由教育主管部门制定权威的考试条例。同一类证书应指定唯一考证的机构，证出一门，严禁政府部门牟利。[①]

(二)建立证书互认机制

在高职教育中建立"双证书"互认机制，既能够扩展学生的就业、发展渠道，又能够在一定程度上缓解"双证书"彼此衔接不到位的问题，达到"一教两证"的目的。"双证"互通指的是职业教育中的学历教育与职业资格培训之间的一种融合、互认和互通，实质是两证书内涵的衔接与对应。[②] 从澳大利亚的经验来看，"双证"互通不仅是证书本身形式上的互认互通，还包括学分互认和课程互通。对我国而言，政府在"双证"互认互通工作中，首先，应该强调并要求学生在高职院校学籍注册时，做到同时在劳动部门注册职业技能等级培训资格，在根源上保证互认；其次，在互认互通的内容上，规定理论知识水平测试，高职院校与劳动部门考核内容应该一致，避免学生重复考试；最后，在互认互通的方式上，积极推行将高职院校学生的学分特别是技能部分学分折算为职业资格证书考试考评分。[③]

(三)制定职业资格标准

制定国家框架内不同层次的资格标准，规定不同级别、不同类型资格的职业能力和学习要求；根据国家资格框架制定行业的职业资格标准，并与职业岗位相连。根据职业资格标准，制定职业教育专业标准。

五、完善《中华人民共和国职业教育法》

进一步完善《中华人民共和国职业教育法》(以下简称《职业教育法》)，将校企合作的规定作为修订完善的重要内容。

(一)组织专家成立修订小组

在国家层面组建由职业教育各相关部门，如教育部、人社部、财政部、国

---

① 易洁.比较视域中的高职"双证书"教育管理体制创新[J].创新与创业教育,2013(1):35.

② 周继瑶,甄凯玉.高职教育"双证书"互通制度研究[J].教育与职业,2006(5):4.

③ 易洁.三位一体的高职"双证书"制度构建对策分析[J].职业技术教育,2015(14):30-31.

资委、发改委、国家级行业协会等专家组成的《职业教育法》修订工作组；充分调动各主体，特别是行业企业专家参与修订的积极性。

(二)明确校企合作各主体关系

规定行业企业参与职业教育的职责、权利和义务，强化政府对校企合作的监督、管理职责。如国家职业教育研究组织研究和制定国家职业教育专业标准，会同劳动行政部门研究机构组织制定国家资格框架；有关事业组织负责接收学生实习和教师实践，参与相关职业标准、专业标准开发工作；职业院校制订人才培养方案，组织实施教学，与行业企业开展合作教育。

(三)确定职业教育校企合作的基本制度

如实习企业、企业指导老师的评估、问责及奖励制度，校企合作优先制度，实习生权益保障制度，校企合作督导评估制度等。

六、完善职业资格制度和校企合作质量评价制度

(一)规范管理推进职业资格证书制度健康发展

一是规范岗位能力证书。针对职业资格考试太多、证书太乱的现象，国家正在进行清理与规范。十八大以来，国务院取消了 434 项没有法律、法规和国务院决定作为依据的职业资格证许可和认定的项目。二是规范职业资格市场。行业协会作为企业和政府之间联系的纽带，负责行业人才的需求预测、组织和指导行业教育与培训工作，参与行业职业技能鉴定和证书颁发工作。行业协会要制定专门的法规或权威考试条例来规范各类职业资格考试。同一类证书的颁发应指定唯一机构，证出一门，严禁政府部门牟利。规范职业资格考试(包括鉴定、考核、认证等)收费标准，提高考试的透明度，减轻学生的经济负担。

(二)建立校企合作教育质量综合评价制度

坚持把校企合作纳入地方发展的规划，统筹协调、统一思想、明确目标，完善和倡导行业企业深度参与人才培养的合作机制，与企业一同研究制定涵盖行业领域的通用标准和行业标准，实行学校教师和企业导师的"双导师"模式。完善职业教育的科学评价监督机制，需要内部与外部相结合，共同参与监督与

评估,对于监督与评估的组成人员,无论是专职还是兼职,都应当定期考核等,形成一个静态与动态、校内理论培养与企业实践培养相结合的完整的、科学的、合理的评价监督机制。

七、构建校企"双元"育人模式

2019 年,国务院印发的《国家职业教育改革实施方案》(以下简称"职教 20条"),指出借鉴"双元制"等模式,总结现代学徒制和企业新型学徒制试点经验,校企共同研究制订人才培养方案,及时将新技术、新工艺、新规范纳入教学标准和教学内容,强化学生实习实训。高职院校要组织和动员企业,共建校企"双元"育人职教模式,如图 3-3 所示。校企共同致力于人才培养计划的完善,将优秀的课程资源引入到技能人才的培养中来,加强学生对课程理论的理解和实践,强调理论联系实际;同时培育考取职业资格证书的氛围,强化学生动手能力的培养,促进专业知识和专业技能与用人单位的需求相一致,提高学生服务地方的能力。

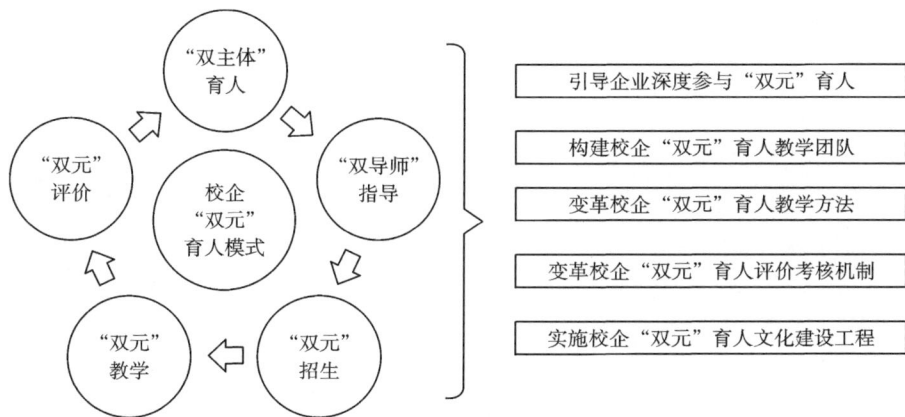

图 3-3 校企"双元"育人模式

八、建立健全校企合作激励机制

一方面,设立校企合作专项基金。该基金主要用于资助补贴参与校企合作企业,用于职校师生实践的实习实训基地建设、重点项目建设、意外伤害保险、技术创新、师资培养、表彰先进企业或个人等，建立健全校企合作成本补偿制度。另一方面，实行校企合作税收优惠政策。尽快出台相关配套实施办法，制定校企合作的企业税收、信贷优惠政策，包括实习实训成本分担、工伤保险、职工培训、实训基地建设、机器设备更新、科技创新与成果转化奖励等项目经费的税收优惠政策。

综上所述，职业教育校企合作长效机制要从国家层面开始，着力于法规的建立，通过法规明确各方的权利与责任，实现对校企合作资源的有效配置，平衡各主体的利益关系，激发行业企业参与职业教育的责任感和使命感。

第四章　高职"双证书"课程改革

课程是"双证书"教育实施的重要内容之一，这是由培养目标决定的高职教育培养模式，既反映在宏观层面的校企合作上，也反映在专业建设的职业分析、课程开发、教学实施、课程评价的教学实践等微观层面上，但最终只能通过课程这一媒介得以实现。

第一节　高等职业教育课程的发展

按照理论与实践的关系，自我国高等职业教育起步以来，其课程经历了"实践为理论服务""理论与实践并重""理论为实践服务""理论实践一体化"的改革历程。

一、理实一体化课程

对课程的界定有广义和狭义之分：狭义的课程主要指教学内容即教材；广义课程指由课程标准、教材、其他学习材料、教师和学生、教育环境等构成的一个生态系统。

(一)理实一体化课程内涵

理实一体化课程模式源于德国"双元制"，理实一体化通常是指专业课教学中将理论和实践教学融为一体，是"理论与实践有机结合"。目前教育界对理实一体化课程还没有一个权威性的定义，这里借鉴李雄杰研究成果的定义：充分利用现代教育技术，将理论、实验、实训等教学内容一体化设置；讲授、听课与实验、操作等教学形式一体化实施；教室、实验室与实训场地等教学条件一体化配置；知识、技能与素质等职业要求一体化训练；理论和实践交替进行，形象和抽象交替出现。[1] 即融知识传授、能力培养、素质教育于一体的一体化课程模式。

(二)理实一体化课程特征及内容

职业院校的理实一体化课程是由职业教育特点所决定的。首先学生的抽象思维能力较弱，如果教师进行长时间的理论知识授课，学生会接受不了，更谈不上应用；职业教育应该解构和重构知识体系，必须通过"讲练结合""做中学""教学做合一"等方法才能让学生更好地理解理论知识。其次从以能力为本位的角度出发，以突出实践在课程中的主体地位的目标来看，职业院校也应该采用理实一体化课程模式。

职业教育理实一体化课程应具备的基本特征及内容[2]如下。

①理实一体化的课程目标，即包含理论教学目标与实践教学目标，或知识教学目标与技能教学目标。

②每一教学单元的学习内容要求理实一体化。

③第一次教学内容(通常2课时或4课时)要求理实一体化，或讲练结合，教学做一体。

④若实践操作内容即学生将来的工作内容，则又属于工学结合课程。

⑤理论与实践的课程比例为1∶1左右。

⑥理实一体化学习指导书。

⑦理实一体化教材。

⑧理实一体化学习报告。

⑨理实一体化学习评价。

⑩理实一体化教学方法。

⑪理实一体化教学管理机制。

⑫理实一体化教学场所，职业氛围浓。

---

[1] 李雄杰.高职理论实践一体化课程规划与设计[J].高等工程教育研究,2010(2)：88-92.

[2] 李雄杰.职业教育理实一体化课程研究[M].北京：北京师范大学出版社,2011：16.

二、"双证书"课程

（一）"双证书"课程内涵

"双证书"课程是指在高等职业教育中，为使学生达到学历证书和职业资格证书"双证书"要求的学识和能力水平，在学校有计划、有组织的指导下，受教育者与教育情境相互作用获得有益于职业能力发展的专业教育内容，教育内容由所在地域的教育与社会经济背景决定。根据以上定义，高等职业教育中的专业技术类课程以及实习、实训类课程等，均可归类为"双证书"课程。[①]

（二）"双证书"课程特征

"双证书"课程是社会进步的必然产物。高等职业教育的"双证书"课程不同于普通高职课程，最大的特点是以国家职业资格标准作为学历教育与职业资格的联系纽带，将学校教育课程与国家职业资格标准联系在一起，把学历教育所要求的知识能力水平融入职业活动；学生在知识的前导作用下，掌握职业技能，培养职业能力，改变了单纯意义上的教学和技术培训的内容，使其内涵更加丰富。其特征表现如下。

1. 课程功能多元化

"双证书"课程不但保持了普通高职课程中的知识和技能的传授、职业素质的培训和养成等基本功能，还根据国家职业标准的要求，增加了培养创造性工作能力和获取职业资格证书两项功能。

2. 课程知识的内容和形式更加丰富

普通高职课程内容一般包括职业工作知识和理论、职业工作技能等，知识多以书面形式或现实存在的形式为表达形式。"双证书"课程摆脱了传统学科束缚，将知识传授领域扩大到职业活动的方方面面，使一些虚拟的、抽象的信息成为课程内容的一部分。

[①] 龚雯.职业教育"双证书"课程开发论[M].北京：北京师范大学出版社，2011：2.

3.将国家职业标准作为课程的价值中枢

"双证书"课程的概念为对接模式的实施提供了有力的支持。对接模式的本质是打破了"老三段"教学体系,重新建构以职业能力为主体的课程新模式。依据国家职业分类标准的要求,调整教学内容和课程体系,把职业资格证书(或行业培训证书)课程纳入教学计划中,实现证书课程考试大纲与专业教学大纲的对接,使学生在获得毕业证书的同时,顺利获得相应的职业资格证书。

4.理论性与实践性的高度统一

将双证要求融入教学计划,确保学生培养质量。即在确保职业资格证书权威性和高职院校教学质量的前提下,将职业资格证认证的要求融入相应课程,形成"双证书"课程。具体要求如下:首先,理论知识和技能训练覆盖四级(中级)、三级(高级)职业标准规定的知识、工作内容和技能要求。其次,在不延长学制、不增加课时的情况下,使毕业生既具有高职学历又全部达到国家职业资格四级水平,并获得相应证书;使部分优秀毕业生达到国家职业资格三级的水平,并获得相应证书。

5.课程开发主体的多元化

在课程开发过程中,虽然企业、学校、教师处于不同的位置,有着不同的任务,但都属于课程开发的主体。除此之外,职业技术鉴定机构也是课程开发主体,其在"双证书"课程开发中的作用、地位,决定了课程开发主体是否能得到社会的认可,也决定了学校课程能否真正实施"双证融通"。[①]

三、"双证书"课程发展背景

早在 1993 年,党的十四届三中全会通过的《中共中央关于建立社会主义市场经济体制若干问题的决定》明确提出,"要把人才培养和合理使用结合起来""要制定各种职业的资格标准和录用标准,实行学历文凭和职业资格两种证书制度"。1996 年颁布的《职业教育法》做出明确规定,"实施职业教育应当根据

---

① 龚雯.职业教育"双证书"课程开发论[M].北京:北京师范大学出版社,2011:3-4.

实际需要，同国家制定的职业分类和职业等级标准相适应，实行学历证书和职业资格证书制度"，《职业教育法》将实施"双证书"制度上升到法律层面。2002年11月，三部委联合发出《劳动部和社会保障部、教育部、人事部关于进一步推动职业学校实施职业资格证书制度的意见》，高职院校进入"双证书"教育的全面实施阶段。

背景一：人才职业化是当今社会发展的趋势。

从"双证书"教育实施的实际情况看，"双证书"教育曾一度成为最受欢迎的职业教育。因为它使学习者既能获得从业"入门证"，满足了现实需求，同时也满足了对获得大学文凭的渴望。随着中国经济的高速发展，越来越多的中国人认识到职业教育的重要性。一方面，经济的发展给职业技术岗位带来了更多的就业机会。1999年5月颁布的《中华人民共和国职业分类大典》发布了8个大类1838个职业，到2008年底职业总数达到1915个，9年间新增职业77个，平均每年都有8~9个新增职业产生。另一方面，经济的快速发展使岗位技术含量不断提高，对从业人员的职业素质能力要求也随之提高。很多职业岗位技术含量的提高已混淆了白领和蓝领的界限，白领与蓝领之间已经很难从薪金水平上区分，有技术的职业人士甚至比一般白领的收入还高。这样，职业教育在中国迎来了前所未有的蓬勃发展。

背景二：教育资源和教育技术的快速发展。

教育资源和教育技术是课程理论不断发展的助推器。从MES课程模式到CBE课程模式再到学习领域的课程等，澳大利亚TAFE学院以行业能力标准为依据进行课程设置；德国"双元制"着力培养解决问题的能力，为"双证书"课程提供了理论基础。设备技术性能水平和数量的提升，使职业教育课程做到了在真实的工作环境中实施，为"双证书"课程实施奠定了物质基础。教师知识和能力的提高，奠定了"双证书"课程实施的教学资源基础。职业院校的行政支持系统管理方式向适应职业教育发展方向的转变，奠定了"双证书"课程顺利实施的保障基础。

背景三：高职教育发展的现状与"双证书"教育的要求有一定距离。

我国高职教育的培养目标是培养适应经济社会发展需求的生产、建设、管理、服务第一线的高技能人才，"双证书"教育为高等职业教育培养高技能人才提供了良好的机遇。高职教育实施职业资格证书制度能促进高职教育的发展，但这个机遇并未得到充分把握，具体表现在：第一，职业资格证书层次低。有的高职院校对学生取得的职业资格证书的等级要求不高，对学生获得证书的类别要求宽泛,一个专业对应有若干个职业资格证书,不强调是否与专业的核心能力相对应,其实质是降低了高职毕业生技能方面的教育层次,与高职人才培养目标不相符。第二,部分高职院校虽然引进了职业资格证书,但学历教育与职业资格培训是分离的,学校只是在专业教学之余抽出一定的时间对学生进行短期职业资格证书考试培训。第三,从学校层面来看,"双证书"教育仅为学校单方面行为,还没有形成学校与企业之间的"双证"共享。

第二节　高职"双证书"课程在衔接中断裂

课程内容的有效衔接既是实施"双证书"教育的本真诉求,也是发达国家高职教育改革的经验启示。反观我国"双证书"教育实践,其课程内容在实践认知、实践课程设置和实践项目实施上出现了断裂。科学技术与教育没有国界,分析借鉴发达国家学历证书教育与职业培训课程融合的经验,可为我国"双证书"教育课程提供理论参考。

一、西方典型"双证书"模式及对职业教育的启示

(一)德国:基于终身教育的"双证"动态衔接

从国外学历证书与职业资格证书教育成功的经验,可以窥探学历证书与职业资格证书是将课程作为双证"结合点"。理论实践一体化课程的特点是课堂教学与现场教学相结合,用课程理论直接指导实践。

1.培养综合职业能力的课程目标

在信息社会,一个人终身只从事一项工作变得越来越不可能,个体无法预知自己将来从事的工作。因此如果只掌握一门固定岗位的技艺,个体的生存与发展将会受到严峻挑战。"终身教育是学习化社会的基石"[①],职业课程的目标不再局限于某种专业知识和技能的掌握,而是把知识和技能提高、能力的发展

---

① 联合国教科文组织国际教育发展委员会.学会生存——教育世界的今天和明天[M].北京:教育科学出版社,1996:223.

以及培养良好的职业道德和个性心理品质等各项目标有机地结合起来。

国外发达国家职业教育课程设置由原来的岗位技能训练转向综合职业能力培养，因此在课程内容的编制上强调综合化。即打破不同学科、不同专业的界限，使知识、技能以职业资格的标准为基准，进行整合化、综合化。职业教育课程在整合化和综合化上做得最好的是德国。德国"双元制"模式理论课程设计是由雇主集团代表、雇员工会代表、各州政府代表和政府代表组成决策机构，同时负责课程的统筹规划及协调课程的制定和修改工作。而高职院校的具体教学计划都由学院专业委员会制定，专业委员会由学校、政府和企业多方面的代表组成。多元化的主体开发以职业活动为中心选择课程内容是德国职业教育课程衔接的成功经验。以德国"双元制"课程体系[①]为例，如表4-1所示，所有的专业课都整合为三门课：专业计算、专业理论和专业制图。专业课涵盖了专业所必要的理论，具有深浅适中、知识广博、综合性强的特点，使学生分析问题和解决问题的能力得到提高。三门专业课又分为基础培训、专业培训和专长培训三个层次，每个层次的专业课围绕职业实践活动，由浅入深，由简单到复杂，以渐进的方式开展。

表4-1 德国"双元制"课程体系

课程类型	课程名称	占总学时比例/%
普通课	德语	11
	社会学	
	宗教	
	体育	
专业课	专业计算	20.4
	专业理论	
	专业制图	
实践课程	学校内实验	68.6
	学校内校办工厂实习	

---

① 借鉴德国双元制经验促进我国职业技术教育改革的研究与实验课题组. 面向未来的探索——双元制职业教育在中国的实践[M]. 北京：经济科学出版社，1998：40.

2.注重实践课程教学

许多研究表明，较强的职业能力并不是通过理论性知识的学习获得的，更多地要依赖经验知识的掌握。学生在校期间虽然通过实训课可以获得经验性知识，但这种模拟实习情景还是与真实情景不同。为培养学生的职业能力，德国、美国、日本等国家在职业教育课程的实施上从单一由学校承担转向学校与企业相结合，采用企业与学校合作，生产与教学配合进行职业教育课程实施模式。以德国金属切削技术工的课程为例，见表4-2，其课程分为理论课程和实践课程两类，实践课程占主导。

表4-2 德国金属切削技术课程表

第一学年 （每周2天在学校， 3天在企业）		第二学年 （每周2天在学校， 3天在企业）		第三学年 （每周1天在学校， 4天在企业）		第四学年 （每周1天在学校， 4天在企业）	
课程	学时	课程	学时	课程	学时	课程	学时
体育	40	经济学	40	经济学	40	经济学	20
德语	40	机床仪表	60	机床电气技术	40	机床电气技术	40
宗教	40	技术制图	60	技术制图	60	技术制图	40
政治	40	生产与检测技术	80	生产与检测技术	80	生产与检测技术	20
技术数学	40	技术数学	40	CNC技术	100	CNC技术	40
信息学	40						
13周钳工实习 33周机加工实习		6周数控基础实习，28周普通机加工专业实习（车工实习车削加工），12周普通机加工专业实习（车工实习铣削加工）		11周数控加工实习，其余在企业实习和做项目		在企业进行实际生产加工和准备毕业考试	

注：一学年52周，分为6周假期、46周学习时间。

在德国接受职业教育的人数远远大于普通教育，职业学校和普通中学的比例在 7∶3 左右。① 德国的职业教育课程注重知识与具体情境的联系,在课程设计上,理论与实践课的课时比为 3∶7,如表 4-1 所示。这与联合国教科文组织对 5B 教育在课程上的要求具有一致性。由此可以看出,德国职业教育课程更加倾向于实际工作,更加体现职业的特殊性。在课程实施上,德国职业学院的学生基本上每周都有一项实习,学生有一半时间是在企业里度过的,实践课程真正做到了培养学生实际动手的能力,如表 4-2 所示。德国的职业教育课程由学校与企业共同承担,而且学生在企业学习的时间比在学校更长,学生在不同的岗位上轮流进行实践,掌握整个生产的流程,熟悉各个生产环节,使职业教育更贴近于职业实践。德国"双元制"职业教育课程目标是培养学习者的综合职业能力和关键能力。综合职业能力是从事特定职业活动所需要的专业能力、实践能力、方法能力和社会能力的综合能力,是从业者胜任力的集中表现,是一种"硬能力"。关键能力是一种"软能力",强调当出现职业变更或职业(生产劳动)组织方式发生变化时,从业者不会因为职业或生产劳动组织方式的改变而无法适应,而是能够利用自身所具备的关键能力在变化的环境中快速获得新的职业知识与技能,并迅速适应新的变化,如图 4-1 所示。可以看出,德国"双元制"教育课程结构是"一种建立在宽厚的专业训练基础之上的、综合性的,并以职业活动为核心的课程结构"。②

3.终身教育的"双证"模式

德国"双证"一体化模式,包括职业前、职业后两个部分。在职前阶段,主要采用"职业资格证书和教育学历证书的集成模式"与"职业教育证书和普通教育证书的等值模式";在职后阶段,主要采用"职业继续教育证书和正规教育学历证书的等值模式"。

"双元制"职业教育作为职前职业资格证书和学历教育证书结合的典型代表,要求学生在培训企业和职业学校两个地点分别接受技能训练和知识传授,毕业时取得培训合格证、职业资格考试合格证、职业学校毕业证等三证。"双

---

① Idriss C M. Challenge and Change in German Vocational System since 1990 [J]. Oxford Review of Education, 2002(4): 30.

② 王根顺, 付娟.德国"双元制"职业教育课程模式的特点及启示[J].湖北职业技术学院学报, 2010 (1): 15.

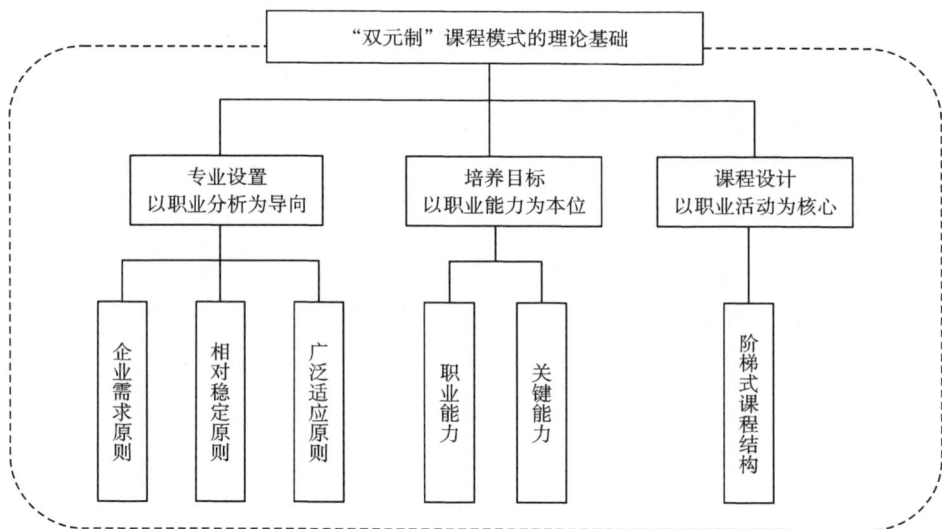

图 4-1　德国"双元制"课程模式的理论基础

资格"教育模式作为职前职业教育与普通教育证书的典型代表,具体指在同一课程体系内既提供职业资格又提供升学资格教育内容①,既提供学生双重毕业资格的教育渠道,又提高了学生升学、就业的竞争力。职后阶段的"职业能力强化模式"为职业继续教育和正规学历教育证书的代表,它充分相信职业教育毕业的学生通过行动能力的培养,可以实现与普通教育的等值。

德国在"双证"模式中,最为突出的两个特点与优势:一是基于终身教育理念,虽然德国职业教育与普通教育属于两个基本分离的子教育系统,但是通过"双证"模式,不仅可以做到各类教育间的衔接与沟通,还可以做到普通教育与职业教育之间的等值。职业教育、学历教育、职业继续教育的衔接保障体现了德国职业教育的终身性原则。二是德国职业教育的"双证"模式在执行过程中,不论是哪个阶段,注重的既不是"职业资格""毕业证书"之间的"显性"的高低,也不是学生能力之间"静态"的评价标准,而是基于不断变化的社会经济发展强调职业能力发展的"动态"需求。有学者指出:在社会动态发展的形势下,仅仅靠由人为确定的静态而精确量化的职业资格将难以应对未来动态的职业资格变

---

① 吴全全.终身教育导向的德国"双证"一体化模式分析[J].中国职业技术教育,2005(17):57.

化的速率。①

(二)澳大利亚：基于框架体系的"双证"有效衔接

澳大利亚在终身教育理念下，为促进个人与社会发展，将职业教育资格证书与高等教育学历证书纳入一个统一连贯的框架体系中，为"双证"的有效衔接提供了保障。

澳大利亚开发职业教育课程的依据是培训包，这是将政府、行业与学校紧密联系在一起的纽带。开发出来的课程必须上报给职业教育培训认证委员会，经认证后才能公布执行。在课程开发过程中，首先根据行业和企业的需求，由州行业培训咨询委员会向教育与培训部提出开发某一课程的申请，教育与培训部通过后立项拨款并责成相应的州教育服务处进行课程开发。教育服务处必须依据行业培训咨询委员会所开发并经国家培训局批准的培训包来进行课程开发，培训包里规定了各项国家资格的能力体系、能力标准和能力评估指南。其次，如果没有经国家认证确定的行业培训包，则教育服务部门必须与行业进行协商来确定相关事宜，根据协商的课程标准来开发课程。

在 AQF 框架中，职业教育与高等教育之间的衔接方式主要通过证书、学分和课程三种途径实现衔接。其中，职业教育资格证书与高等教育毕业证书之间的衔接是关键。为了做好证书之间的衔接工作，从 2013 年开始澳大利亚将职业性研究生证书和文凭从高等教育中移除，转移到职业教育类型中，使得职业教育的学历层次提升到与高等教育相等。学分衔接分为在正规教育部门之间的标准化学分衔接，以及非正规部门学习成果通过"先前学习认定"政策与正规部门学分衔接。课程衔接指澳大利亚的职业教育与高等教育之间，根据不同资格证书的内容，可以联合开发课程，也可以由高等教育院校向职业教育机构提供课程，还可以由职业教育机构向高等教育机构提供课程。

澳大利亚基于框架体系"双证"衔接的主要优势在于：首先，构建了一个完整的体系。澳大利亚较早就致力于建立职业教育与高等教育的"立体交通模式"，保障了不同类型教育之间的转化。其次，实行了资格证书的分类。澳大利亚的框架体系直到 2011 年修订后，才开始对各类资格证书进行知识、技能、

---

① 吴全全.终身教育导向的德国"双证"一体化模式分析[J].中国职业技术教育，2005(17)：57.

知识与技能应用的分类。这种分类明确了职业教育与高等教育不同资格证书的关系,有利于学生更好地选择和学习,促进职业教育与高等教育的衔接。①

(三) 英国:基于市场需求的"双证"衔接制度

从 20 世纪 80 年代开始,英国成立国家职业资格委员会,代表政府在全国建立国家职业资格制度,并先后设立了国家职业资格证书(NVQ)及普通国家职业资格证书(GNVQ)。同时,构建了职业资格与学历资格可以相互融通的资格框架,实现了职业教育与普通教育的等值,为青少年的成人成才提供了更广泛、灵活的空间,劳动力市场的水平明显提升。

国家职业资格证书、普通国家职业资格证书一起构成了英国职业资格证书的框架。借鉴英国国家职业资格证书的经验,首要的是研究与学习其核心部分——英国国家职业资格证书标准体系。英国政府认为标准体系要衡量的不是学习者知道什么,而是学习者能够做什么。为了达到这个效果,英国政府主张国家职业资格标准应该在国家职业资格委员会指导下,由行业、产业机构制定。行业、产业机构在国家职业资格委员会指导下,开发制定各行业、各工种的国家标准,并根据生产技术的发展变化将其相关内容具体化。从行业、产业机构的构成来看,这个非政府的民间机构,吸纳了业界、工会和教育机构的专业人士。自 1986 年以来,国家职业资格委员会采用职业功能分析法,开发并制定了 150 多个行业、专业的数千项职业标准。英国的普通国家职业资格证书主要用于培养学生一般技能、知识、理解能力,相对于国家职业资格证书,其覆盖的范围更为广泛,达到既为学生就业做准备,又为学生通向更高水平资格证书保留渠道的作用。在英国,国家职业资格证书、普通国家职业资格证书两者之间有着明显的区别。首先,在目标上,国家职业资格证书受福特主义影响,以雇主需求为导向,被设计成一种针对劳动者职业能力与资格的证明,主要用于保障就业市场的规范;而普通国家职业资格证书不局限于职业教育,更为学生接受更宽泛的教育以及从事更宽泛的职业做好准备。其次,因目标的不同,导致两种资格证书在主导机构、评估标准以及教学单元设计上都存在较大的区别与差异。

从英国两种职业资格证书的差异中,可以得到如下启示:首先,英国在看

---

① 吴雪萍,马博.澳大利亚资格框架改革探究[J].比较教育研究,2011(8):17.

到职业教育能够为社会提供标准化劳动力的功利性作用时,通过职业资格证书的设计,保障了教育的非功利性,以及受教育者本身的发展需求。其次,从英国国家职业资格证书标准的制定来看,可以说"双证书"衔接的一个重要目的,是要获得行业、产业的认可。对于如何获得行业、产业的认可,英国的经验就是积极吸纳、吸引企业参与制定职业资格标准。企业以自身需求为标准,主导职业资格证书标准制定,可以有效反映科技、社会等方面需求的变化导致的对劳动力素质要求的变化,从而满足企业对劳动者素质技能的要求。企业参与职业资格标准的开发和资格证书评估的各个环节,避免了教育目标脱离实际需求,使获得资格证书的学生更容易受到雇主的青睐。①

(四)对职业教育的启示

国际上职业教育课程改革呈现以下特征。

①课程实用化。表现为课程职业性的内涵也在不断发生变化,即从满足岗位需求到面向职业生涯的发展。

②课程的能力本位。结束了长期以来的学科体系,现在的课程更关注智力、素质和实践能力的提高,课程开始追求更高形式的能力本位。

③课程灵活开放。为适应学生的终身教育、全员教育、就业教育,课程模式向实践导向、工作导向、任务导向发展,并与职业资格衔接。

④课程个性化。课程更突出面向大众教育特点,为不同人提供个性化课程,教育变成针对个人的教育。

⑤课程研究的科学化。国外高职教育课程研究实现了实践层面和课堂层面的结合,更加科学。

从德国、澳大利亚、英国等国家职业教育的"双证"模式来看,在"双证"衔接目标上,对国内职业教育的启示在于"双证"衔接的短期目标是发挥职业教育为社会提供劳动力的作用;但是从长远来看,应该是着眼于人的终身教育与成长,是非功利的,是回归教育的本质。不能片面强调"技术教育"而忽略了系统理论知识的学习,要关注学生长远发展的诉求,关注学生的可持续发展。

在"双证"的衔接标准上,国内职业教育既要学习英国,积极吸收企业参与

---

① 覃薇.英国职业资格证书制度研究[D].成都:四川师范大学,2009.

职业资格证书标准的制定，满足企业的用人需求，更要学习德国，通过动态化标准的设置与修订，满足社会发展对人才的需求。要建立独立于教育行政机构之外的职业教育指导委员会，负责组织行业协会、学校制定具有权威性的，并按初、中、高层次等级分类的职业等级标准。组织行业协会、学校根据基本职业资格教育标准，确定相关专业的必选课程，包括课程名称、学习内容、学习标准及最低选修科目数量。职业教育指导委员会检查并指导学校职业教育工作，包括课程执行、教学质量，将检查结果及时向社会公布。

在"双证书"衔接方式上，以上国家的经验表明，"双证书"衔接虽然表面上是企业和学校之间的衔接，但是在主导权特别是制度设计方面，还是要通过国家相关政策甚至是法律加以明文规定。政府要完善就业准入制度，出台可操作的就业准入制度的法规，成立国家就业准入制度领导小组，负责协调、理顺各部门的关系；联合有关部门监督检查企业用工准入制度执行情况，严格落实"先培训、后上岗"政策，并将结果及时向社会公布。职业教育指导委员会负责协调联系政府、企业、学校三方的职业教育工作，建立统一、严格的职业资格考试体系、证书管理体系和高职教育评估体系，对高职教育产品按职业标准要求进行考评；协调学校与相关企业对实习、实训基地，以及实训指导教师的安排。规定劳动职业教育和资格证书教育由学校负责，岗位提高(或新技术)培训由劳动部门负责组织。通过顶层设计，形成"双证书"衔接的框架体系。

我国的"双证书"教育培养的是高技能人才，为培养这类人才，在课程内容上应以实践知识为主体，以实践知识和实践过程作为课程结构展开的起点，以培养学生综合职业能力为课程目标。因此，在课程开发上高职院校、企业、行业和职业技能鉴定机构都应成为"双证书"课程开发的主体。在课程结构上应整合专业理论课程与实践课程的关系，增大专业实践教学的比重，使实践教学课时逐步达到总课时的50%以上。高职院校根据实际需要实施部分实践课程，作为理论课程实施的补充，企业也会根据实际需要实施部分理论课程，作为实践教学的补充。这样在课程实施上，使学生在生产一线的实习时间延长，以培养、训练学生的操作技能，促进学生吸收、理解、掌握专业理论知识，满足企业对人才的需求，使企业的生产经营得到基本保证。①

---

① 易洁.西方典型"双证"模式及其对我国职业教育发展的启示[J].成人教育，2015(7)：92-94.

二、高职"双证书"课程现实中的困惑

高职院校都能按照教育行政部门的要求，响应相应政策积极推行"双证书"制度，并作为"规定动作"列入各专业人才培养方案，要求学生必须在取得本专业或与本专业相近的职业资格证书后，才可毕业。"双证书"制度的实施，使学校办学条件、师资力量、专业设置和教学内容越来越适应社会发展需要，为高职院校的可持续发展带来了更广阔的发展空间和机遇。但由于"双证书"制度在管理体制和运行机制方面不完善、政策措施不配套，在实施过程中遇到了一些实际的问题与困难。

（一）在定位上与"双证书"教育培养目标偏移

《教育部关于全面提高高等职业教育教学质量的若干意见》（教高〔2006〕16号）指出："高等职业教育作为高等教育发展中的一个类型，肩负着培养面向生产、建设、服务和管理第一线需要的高技能人才的使命。"

高技能人才属于技能型人才的高层次，它是生产、建设、服务第一线的技能型劳动者，是熟练掌握专业知识与技术，具备精湛的操作技能，在生产、建设、服务的关键环节发挥作用，能够解决第一线难题的人员。这一定义将有助于我们了解高技能人才含义，把取得高级技师、技师、高级工职业资格证书或者具备相应技能水平和职业资格的劳动者列入高技能人才统计范畴。

按照"双证书"教育人才培养目标的要求，高职毕业生在校期间通过考核应取得与其学历证书相对应的高级职业资格证书。但相当一部分高级职业资格证书都设立了"从事本工作的年限"的门槛，对技师（国家职业二级）和高级技师（国家职业一级）的评定，需要有实际工作经历、工作年限，一般是结合在企业岗位中的工作实绩，即采取能力考核和业绩评价相结合的方法。目前，绝大多数高职院校的职业鉴定技术等级主要集中在初、中级（国家职业五、四级）上，如表4-3所示。这与中职学校无异，不利于区分高等职业教育与中等职业教育，使得高等职业教育的本质属性——高级性无法得以昭示，其直接后果是把高等职业教育的办学方向、办学模式导向中等职业教育。

以国家劳动和社会保障部发布的《营销师国家职业标准》（2006年版）为例。该职业标准分为五个等级，即营销员（国家职业资格五级）、高级营销员（国家职业资格四级）、助理营销师（国家职业资格三级）、营销师（国家职业资

格二级)、高级营销师(国家职业资格一级)。目前,对于高等职业教育的市场营销专业的学生,适用考证的等级是五级和四级。从培养并鉴定的技能人才的等级来看,由于高职教育的培养目标与职业资格标准不对应,目前高职教育培养的绝大多数不是高技能人才,但他们掌握了专业理论,有在第一线工作岗位上锤炼成高技能人才的潜力,可称为高技能预备人才。①

表4-3 湖南省某职业技术学院职业技能鉴定考证项目与专业对照表

专业	对应考证项目	鉴定级别	发证单位	备选考证项目
主持与播音	礼仪主持人	四级	劳动和社会保障部	广播电视播音员主持人资格考试合格证
表演艺术 (礼仪主持)	礼仪主持人	四级	劳动和社会保障部	广播电视播音员主持人资格考试合格证
新闻采编与制作 (广电方向)	网络编辑师	四级	劳动和社会保障部	广播电视编辑记者资格考试合格证、摄影师
广播电视技术	无线电调试工	三级	劳动和社会保障部	电视节目制作师、网络编辑员
电视节目制作	网络编辑师	四级	劳动和社会保障部	广播电视编辑记者资格考试合格证、Adobe中国产品专家证、摄影师
摄影摄像技术	摄影师	三级	劳动和社会保障部	广播电视编辑记者资格考试合格证
影视动画	动画绘制员	四级	劳动和社会保障部	Adobe中国产品专家证
动漫设计和制作	动画绘制员	三级	劳动和社会保障部	Adobe中国产品专家证
影视广告	广告设计师	三级	劳动和社会保障部	Adobe中国产品专家证

---

① 傅新民."高职教育培养高技能人才"释义[J].职业技术教育,2006(34):21.

续表4-3

专业	对应考证项目	鉴定级别	发证单位	备选考证项目
艺术设计	广告设计师	四级	劳动和社会保障部	装饰美工、Adobe 中国产品专家证
环境艺术设计	室内装饰设计员	三级	劳动和社会保障部	装饰美工、Adobe 中国产品专家证
人物形象设计	形象设计师	四级	劳动和社会保障部	Adobe 中国产品专家证
计算机多媒体技术	多媒体作品制作员	四级	劳动和社会保障部	多媒体应用制作员（人事部和信息产业部）
计算机网络技术	计算机网络管理员	四级	劳动和社会保障部	网络管理员（人事部和信息产业部）
软件技术	计算机程序设计员	三级	劳动和社会保障部	程序员（人事部和信息产业部）
游戏软件	多媒体作品制作员	三级	劳动和社会保障部	多媒体应用制作员（人事部和信息产业部）
商务英语	涉外秘书	四级	劳动和社会保障部	报关员、国际商务单证员、商务英语翻译证
市场营销	营销师	四级	劳动和社会保障部	商务策划师
涉外旅游	导游证	初级	湖南省旅游局	酒店管理员、会展策划师
影视表演	电影电视演员	四级	劳动和社会保障部	教师资格证

（二）执行中与"双证书"教育培养目标偏移

导致偏移的原因有如下几点。

一是对学生获取职业资格证书的类别要求比较宽泛。一些高职院校只要求学生在取得学历证书的同时，有一本职业资格证书就可以毕业，并没有考虑到该证书是否与学生所学专业的核心能力相对应。从某职业技术学院技能鉴定考证项目与专业对照表(表4-3)可以看出,每一个专业除对应有一个考证项目外,还有一个或几个备选考证项目。如影视表演专业把获取教师资格证作为备选考证项目,使高职毕业生在技能方面降低了培养层次,不符合"双证书"教育的培养目标。

二是考核要求不严。"以就业为导向"是近年来指导和评价高职教育的一项重要原则,在这一原则指引下有些职业院校为了学生就业需要,过分重视职业资格证书,将国家职业标准作为教育教学目标,使教学活动为职业资格证书服务。为了追求就业率,一些高等职业院校的专业教学活动过分强调学生具体操作技能的培养,忽视了基础能力的培养和理论知识的教学。学生不是被当作培养对象加以对待,而是被看作教育加工的"原材料"来加以塑造,成为提高就业率的"工具"。在这种背景下,学校为了达到上级和相关文件的精神要求,提高"双证书"获取率,在职业资格培训和考核时,存在着走过场的现象,以"利益"为导向,为考证而考证。有些职业院校的职业技术培训站的设备不能完全满足考证的需要,"先上马后备鞍",急功近利,满足于获得一张上岗证书,在考核环节上明显降低了要求。如将闭卷考试改为开卷考试,放任学生互相抄袭,给学生提供答案,甚至出现只要交钱即可发证等虚假考证行为,极大地降低了职业资格证书的含金量。

培养目标的异化,使高等职业教育日趋沦落为"另一种形式的企业学徒培训"制,其"高等性"日益被淡化或忽略。

(三)实践认知概念化

20世纪90年代,我国高职教育开始引入能力本位教育课程模式,受国外高等职业教育的影响,许多高职院校相应地增加了实践教学课时的比例。《教育大辞典》将实践教学定义为"是与理论教学紧密联系,并相对理论教学独立存在的一系列教学活动的总称"。[①] 实践认知概念化是指在实践教学中缺乏实践的硬件条件和人的主观能动性,用抽象的概念代替具体实践的不良倾向。实践教学由于设施不完善,职业资格考证脱离职业实践,导致"双证书"教育的专业实践课程停留在表面认知的层次。

---

① 顾明远. 教育大辞典[H]. 上海:上海教育出版社,1998.

1. 调查研究的背景

以"高职院校'双证书'制度实施情况学生调查问卷"为主题，以 4 所高职院校在校 3 个年级和毕业后的学生为调查对象，调查包括问卷设计、调查实施、数据的统计与结果分析三个阶段，以随机发放、现场填写相结合的方式进行数据的收集。调查内容分为两个部分，第一部分是基本情况，用以了解所在学校和专业的差异对实施"双证书"制度的影响；第二部分由封闭式、半封闭式及开放式问题组成。设计问题涉及四个方面：一是学生的认知情况对推进"双证书"制度的影响，包括重视程度、支持程度；二是高职院校办学条件对实施"双证书"制度的影响，包括硬件设施、实习基地建设、师资情况、教材选择等；三是当前职业资格证书的培训、鉴定情况；四是允许学生对完善"双证书"制度发表自己的不同看法，提出好的建议，为典型开放性问题，具体内容见附录。

2. 调查结果与分析

调查问卷共发放 540 份，其中收回有效答卷 499 份，回收率 92.4%。在收回的有效问卷中大三学生 254 份，大二学生 237 份，大一学生 8 份。从被调查学生专业来看，涵盖了 4 所高职院校现有专业。

82% 的被调查者认为自己所在的学校是重视"双证书"制度工作的；比较对两种教育的重视程度，51% 的学生认为学校更加注重学历教育(图 4-2)。学生对学校实施"双证书"制度的不满意，主要表现在以下几个方面。

①职业资格考证脱离职业实践。60% 的学生认为学校在课程设计上，理论课时和实践课时的比例需要进行调整，须加大实践教学课时比重(图 4-3)。与德国相比，我国"双证书"教育的课程结构以理论知识为主，并且很大程度上是科学理论知识，实践课程被看作是理论的应用而退居第二位。

你认为你所在的学校是重视学历教育还是重视职业资格证书教育?
单位:人

■ 学历教育　□ 职业资格证书教育

254

245

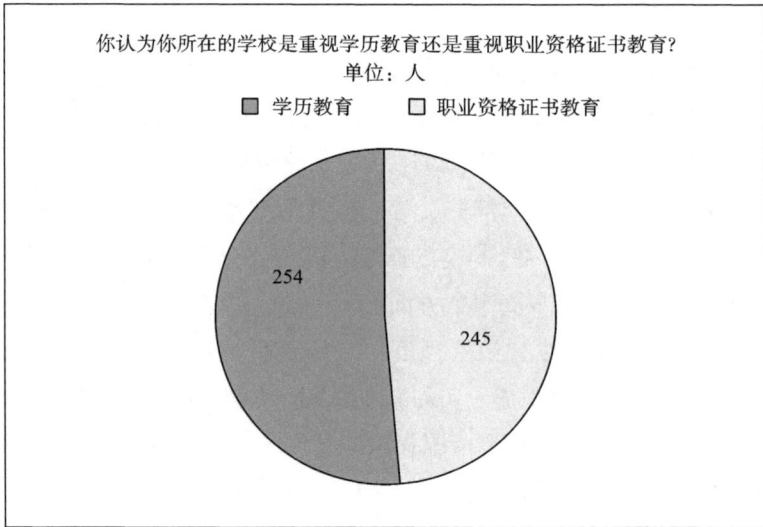

图 4-2　对"学校是重视学历教育还是职业资格证书教育"的调查结果

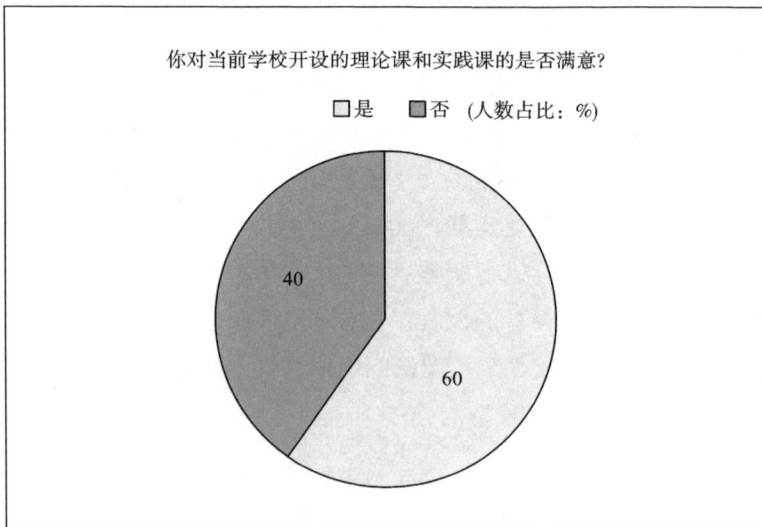

你对当前学校开设的理论课和实践课的是否满意?

□是　■否　(人数占比:%)

40

60

图 4-3　对学校课程设计满意度调查结果统计

②实践课程开设的形式化。70%的学生认为学校只是在原有的专业课程设置的基础上，新增了部分考证所需的实践课程(图4-4)，高职学历证书与职业资格证书并没有将课程作为"结合点"。

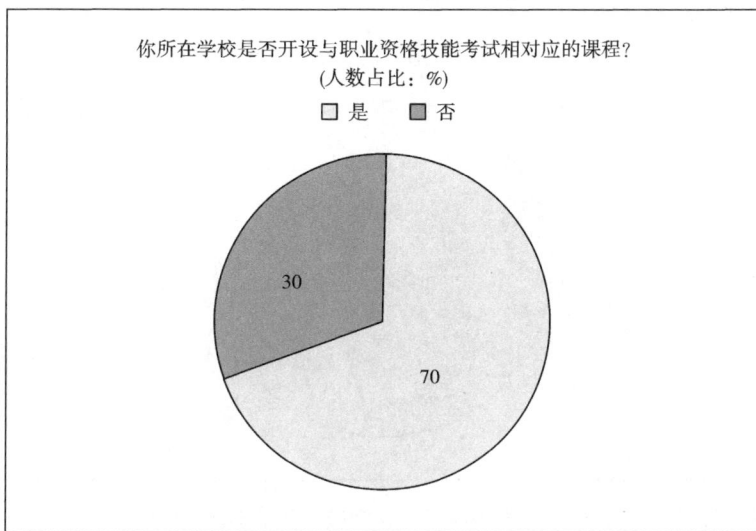

图4-4 对"学校是否开设与职业资格技能考试相对应的课程"的调查结果

以上两个调查结果显示，高职院校的教学改革仍然没有脱离学历教育重理论的藩篱，缺乏有效的实践教学体系。在课堂内容上，没有很好地将职业资格证书考试内容纳入课堂教学；同时也反映出部分专业课教师不清楚相应的职业资格鉴定的内容和考试标准的要求，自身无法将两种教学有机结合。因此，在实施"双证书"制度的过程中，提高教师的业务水平和职业技能迫在眉睫。

③实习基地建设不能满足技能训练需要。我国的高校普遍存在着政府经费投入不足的问题，直接导致高职院校实验室建设和实习基地建设的相对不足，设备陈旧，不能很好地满足实践教学的需要。有65%以上的学生认为学校在硬件方面投入资金不足，现有的实验室设备陈旧，难以达到相应的技能训练标准。在调查中发现，有56%的学生在校期间没有到校外基地实践的经历(图4-5)。由于资金不足，行业企业参与职业教育的积极性不高，高职院校难以建立起相对稳定的校外实习基地，学生实习机会往往是依靠私人关系获得，实习地点过于分散，不利于老师指导和解决实习过程中遇到的问题。同时，由

于学生分散实习，对学生的督察难度增大，导致实习流于形式，实习效果不佳，不利于学生良好工作作风的形成。

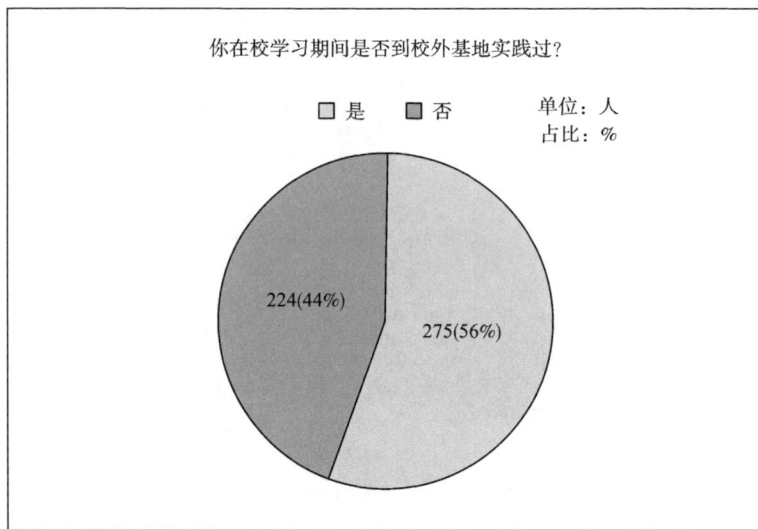

你在校学习期间是否到校外基地实践过？

☐ 是 ■ 否

单位：人
占比：%

224(44%) 275(56%)

图 4-5 对"你在校学习期间是否到校外基地实践过"的调查结果

④职业资格证书的标准落后于社会的发展。有 17% 的学生认为当前的职业资格证书不能适应社会发展的需要(图 4-6)。从近年湖南省高职院校无线电调试工中级(国家职业资格四级)鉴定情况来看，无线电调试工知识(应知)部分题库试题量小，理论考试试题基本相同，试题重复概率较大。在无线电调试工技能(应会)部分，实际操作还停留在对老式显像管电视机的调试与维修层面。①

---

① 易洁.高职院校实施"双证书"制度的现状调查与诊断分析[J].遵义师范学院学报，2015(3)：126.

你的专业是否有合适的职业资格证书?

☐ 是　■ 否　　　人数占比：%

17

83

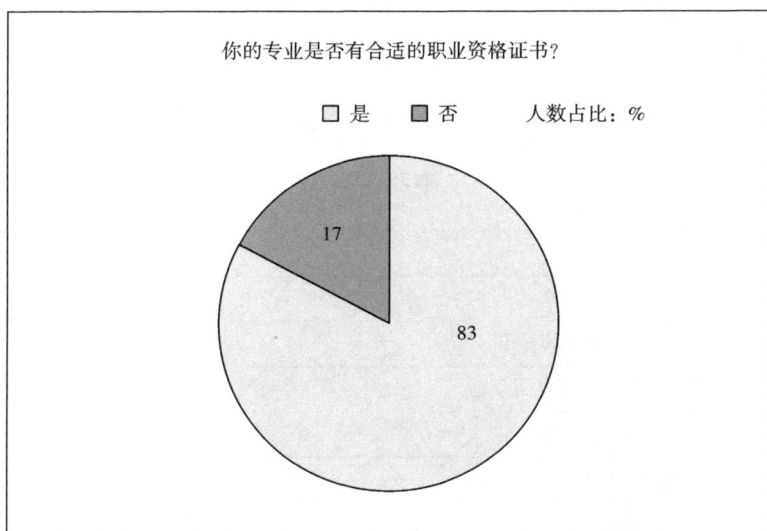

图4-6　对"你的专业是否有合适的职业资格证书"的调查结果

(四)实践课程形式化

从调查结果分析，70%的学生认为学校只是在原有的专业课程设置的基础上，新增了部分考证所需的实践课程，高职学历证书与职业资格证书并没有将课程作为"结合点"。尽管采取了一系列的改革，实践教学的比例有了一定程度的提高，但只是机械地叠加拼合在一起，并未实现两者有效的衔接。各高职院校由于学校类型的不同，实践课程与理论课程所占比例有很大差异。下面以某职业技术学院三年制市场营销专业课程设置为例进行比较，如表4-4所示。

表4-4　某职业技术学院三年制市场营销专业课程设置

课程类型	课程名称	占总学时比例/%
普通文化基础课	思想道德修养与法律基础	35.9
	毛泽东思想与中国特色社会主义理论体系概论	
	体育	
	普通话	
	大学英语	
	应用写作	
	大众传媒通论	
	计算机应用基础	
专业基础课	企业管理	33.4
	经济法	
	统计原理	
	会计基础	
	连锁经营	
	广告原理与实务	
	消费者行为学	
	客户服务与管理	
	市场调查与预测	
	商务谈判	
	推销技巧	
	网络营销	
实践课程	各类市场的实地认知考察	30.7
	校园周边业态与学生消费行为的调查研究	
	文化营销能力实训	
	网络营销能力实训	
	广告创作能力实训	
	××产品营销策划方案的制订	
	创业大赛	
	毕业设计(作品)答辩	
	顶岗实习、毕业实习	

目前我国高职院校实施的是压缩普通本科模式的课程计划，这与联合国教科文组织对 5B 教育在课程上的要求是背道而驰的；重理论、轻实践，教学计划完全照搬本科教育。市场营销专业原本是实践性非常强的专业，从表 4-4 的比较结果可以看出，目前高职院校开出的实践课程与理论课程的基本比例约为 1∶2，离教育部 2000 年《关于制订高职高专教育专业教学计划的原则意见》提出的"三年制专业实践教学一般不低于教学活动总学时的 40%"的要求还有一定的距离。各高职院校在实施过程中，由于受到资金、设备、师资等多种因素的影响，多数高职院校实践性教学的开课率达不到教学计划的要求，实践课程开设流于形式。导致实践课程形式化的原因主要有以下几点。

第一，实践教学体系不完整。

受学科本位课程的影响，高职院校比较强调理论教学，实践教学常常被看作是理论教学的一个附加，特别是文科实践教学普遍弱化，实践教学没有摆到应有的位置。实践教学缺少与理论教学一样完备的教学系统，如无实践教学计划、教学进度安排等。由于体系不完备、教学条件相对不足等因素，实践课程开设随意性很大，实践教学质量无法得到有效保障。

第二，实践教学考核评价体系不科学，监管不力。

由于实践教学体系不完善、缺少完备的实践教学大纲、政府资金投入不到位、实践设施不健全、实践指导老师水平不高等种种原因，实践教学的考核和监控流于形式，没有专门的监督制度、监控队伍，即使偶尔发现了一些问题也无法找到有效的解决办法。

（五）实践项目虚拟化

高职院校以教师为主的教学方法始终占有主导地位，国外提倡的讨论法、案例教学法、项目教学法，在实际教学中并没有落到实处。在实践教学中，老师一般是在实验、实训前，将实验、实训的内容、操作方法与操作步骤、报告格式、报告结果等告知教学对象，并没有考虑到所选择的讨论主题、案例、项目的真实性和可操作性。在这种虚拟的情况下，学生只能在教师设定的范围内机械地完成操作，根本不需要主动思考，教师一旦离开，学生就不知所措。这导致学生的独立创造能力日渐销蚀，动手能力降低，不利于职业素养和职业能力的提升。

第三节　高职"双证书"课程内容有效衔接途径

不论是从高职教育发展规律来看，还是从落实国家相关发展政策出发，抑或是从吸引行业企业积极参与考虑，高职"双证书"制度在实施中要体现双元育人模式"能力本位"课程观（如图4-7所示），需要高职院校重构课程体系，实行教学改革。

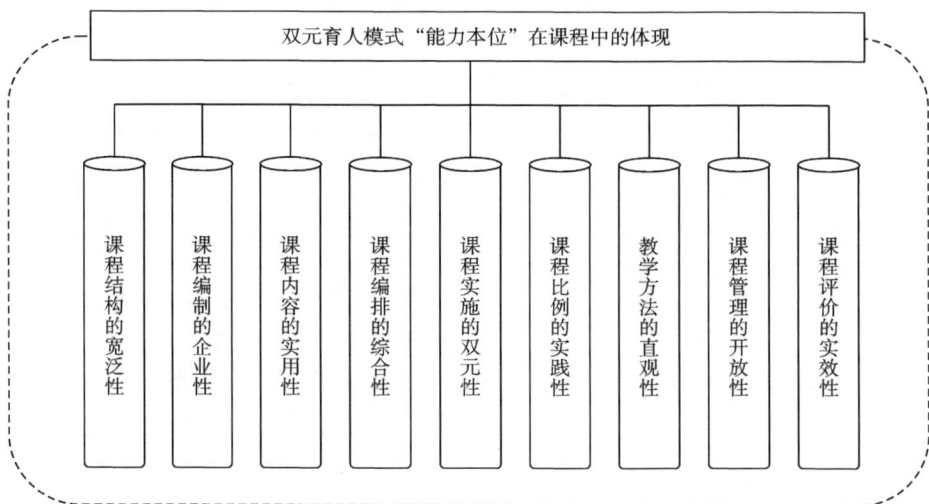

图4-7　双元育人模式"能力本位"在课程中的体现

一、明确培养"高职学历+高级职业资格证书"高技能人才

"双证书"教育在定位上要明确以获得"高职学历+高级职业资格证书"为目标。即学校在人才培养过程中要以高级职业资格证书标准设计教学方案，使学生在校期间完成高技能人才所需知识和能力的基本训练，在"应会"部分即技能水平方面达到中级及以上水平，部分优秀学生可以通过高级工及以上资格认定。

以高职院校市场营销专业为例，"双证书"教育就是要按照高级营销师和营销师资格证书要求的标准，使学生接受系统高级工技能训练。这并不代表高职生一定要在此期间考取高级营销师和营销师职业资格证书，而是要通过接受"双证书"教育，让学生具有高级工以上的能力，成为高技能型人才，并为学生在毕业前获得高级工职业资格证书及以上证书或在以后获得高级职业资格证书及以上证书夯实基础。这样不仅可以使高职生在需要的时候有条件去考取相应的高级职业资格证书，为学生终身学习和可持续性发展奠定基础，而且可以避免为考证而考证，以及重形式而轻内容现象的出现。

二、建立"双证融通"的"双证书"教育培养目标

"双证书"制度在执行上要建立"双证融通"的培养目标。学历教育是高职教育中的基础性教学，职业资格考试是某一职业准入的水平测试；学历教育是职业资格考试的基础，职业资格考试反过来又体现了学历教育的教学成果；高职的学历教育与职业资格制度都是为了促进从业人员职业能力的提高，促进有劳动能力的公民实现就业和再就业，二者的根本方向和主要目标是一致的，因此没有从属关系。在教学过程中，教师要把职业资格证考试的各知识技能点，融入学校的学历教育中，学生在取得学历证书的同时，取得职业资格证书。

"双证融通"主要体现在课程标准与职业标准的融通；课程评价方式与职业技能鉴定方式的融通；学历教育管理与职业资格管理的融通。"双证书"教育既要求在职业理论的掌握和应用上达到学历证书的标准，又要求在职业能力上达到相应等级的国家资格要求。真正意义上的"双证书"教育是在同一课程学习中融合两种标准的要求，在完成相应的课程后即达到两类证书的取证资格。它避免了学生为获取职业资格证书重复接受教育和培训，造成经费、人力资源方面的浪费现象，也防止在实践教学中出现应试教育的倾向，同时避免急功近利、弄虚作假行为的发生。

三、突出实践性教学，提高实践教学课时比例

实践教学是"双证书"教育中的一个重要环节，是高职教育区别于普通高等教育的重要标志之一。高职院校要突出实践能力的培养，首先，在课程开发与设计上要多元化。可以由职业院校的教学单位——学院或系牵头，聘请相关行业(企业)专家及用人单位技术骨干，教育、科研部门的有关专家参加。同时还应将国家职业技能鉴定机构列入课程的开发主体，认真倾听专家的声音，虚心

接受专家的意见；建立职业分析委员会，并进行多层次、多步骤的职业分析，以及教学分析，研究专业发展计划、课程标准和课程设计，将国家职业标准和职业资格证课程体现在每一个学习领域。其次，根据"实际、实用、实践"原则，重组课程结构，更新教学内容。淡化抽象的理论讲授，突出实践性教学，严格控制理论课时与实践课时的比例，实践教学环节应占整个教学学时的50%。教学要以实践为切入点，课堂教学、校内实践教学、企业顶岗实习一体化，理论教学和实践教学有机地衔接起来，以防止教学过程的脱节和错位。在实践教学课程建设中要明确提出学生能力培养须达到的具体要求和应采取的有效措施，理论教学和实践教学相互推进，使理论在实践中实现升华和融合。

四、重视实践教学，营造良好实践教学环境

高职院校为缓解经费压力，可以与企业合作，共建校外实训基地。为使学生增强感性认识，应在大学一年级学生学完专业基本知识后，安排其进入企业开展认知实习；在大学二年级学生学完专业技能后，安排其专业技能操作实习；大学三年级学生进行综合实训。在实践过程中把专业课程设计成具体的实践项目，学生通过顶岗实习，将实践项目真实化。一方面，校企合作能为学生提供实习和实训的场所，学生有机会到生产一线去学习和磨炼；同时高职教育教学更加贴近社会，学生在项目学习操作实践中与企业结合，培养了学生分析问题、解决问题的能力，与他人合作共事的能力，扩大了知识面，学生的综合职业能力得到提高。另一方面，通过校企合作，学校可以建立供需对接的专业，推动课程改革，有利于"双师型"教师的培养，教师在指导学生实践项目的过程中，积累了丰富的经验；企业资金和设备的投入，带动专业设备的更新，高职院校能及时、有效、科学地把握人才市场需求，提升教学质量，推进"双证书"教育，进而提升学校的知名度和竞争力。

五、改善实训条件，加强实践教学规范化管理

实践教学是培养高技能和应用型能力的关键教学环节。应创建良好的实训环境，合理利用和配置资源，规范实践教学管理，多措并举提高实践教学质量。一是改善实训条件，提高实训室有效利用率。高职学院要改善实训教学条件，增加对实训室建设和改造的投入。用足用好实验实训室资源，制定一系列实训管理制度，如实践教学管理制度、实训设备维修保修制度、指导教师制度等，

为提高实训室使用率打下坚实的制度基础。二是加强实践教学规范化管理。实践教学的组织、计划、制度和运行构成了实践教学的管理体系，根据实践教学的共性和不同专业的特殊性，加强实践教学过程控制及实习教学基地建设；根据教学计划，制订相应的实践教学计划和实施方案，委派技能娴熟、教学经验丰富的实训指导教师开展有目的的实训教学工作。做到课前有计划、课间有指导、课后有总结，从过程上保证实践教学的完成和质量。作为满足实践教学的校内实训基地，既是保证学生掌握职业技能的基本场所，也是培养社会所需高技能人才的基本保障。一方面要努力建好和依靠校内实习基地，另一方面要拓宽和加强校外实训基地建设。学生通过校内外实践基地的实习，在适应社会需求与发展的适应能力方面有明显提升。

六、改革课程体系，实现专业教学内容与职业标准的对接

一是将职业资格证书标准纳入学历教育课程体系。将职业资格证书课程与教学计划和课程相对接，考试大纲与专业教学大纲相衔接。① 二是主动追踪社会生产技术最新发展水平和最新岗位资格要求，及时更新教学内容；采用最新出版的高职规划教材和校本教材，并聘请劳动部门专家和企业工程技术人员指导；实践性课程的技术模块涵盖职业标准规定的技能操作要求，学生在掌握基本理论知识的同时，获得相应职业岗位要求的具体技能。三是改革课程考核评价模式。在考核方式、方法的选择上，根据考核科目的特点，采用灵活、多样的考核方法，如笔试(开卷或闭卷)、口试、操作、论文与答辩等形式。将课程的一次性考试评价与分段考试评价(即过程评价方法)相结合，评价主体选择上，既有校内教师，也有校外专家；既有他评，又有学生的自评和互评，充分调动学生的学习积极性。克服期末考试"突击"现象，使学生能重视日常学习。以学生的实际操作水平和工程实践能力来决定考试成绩，形成"真实项目式""岗位角色式""成果展示式""课题任务式""校企结合式""课证融通式"等多种考试形式。这样既免除了学生多次参加培训、考核的经济负担，又检验了专业教学的效果，促进了人才培养质量的提升。要广泛推行过程考核和项目综合考核，借鉴国外多元整合的综合职业能力评价标准，尽可能采用多种评价手段，

---

① 张丽.校企对接、工学结合，零距离培养旅游管理人才——以鞍山师范学院高职院旅游管理专业为个案[J].西南农业大学学报(社会科学版)，2011(4)：210.

如技能测试、模拟测试、实物制作、专题报告、口头与书面问答、直接观察等。

七、优化师资结构，努力提高学生实践技能

在师资建设中坚持"专兼结合、内外结合、动态调整"的原则。一是更新观念，促进教师转型。学校定期选派专业老师到相关企业进行生产实践，注重教师专业能力的提升，鼓励教师立足本专业，参加操作技能、高级技师证、考评员等相关技能培训、考核，取得高级技师、考评员证。努力提高实验实训课教师的学历层次和理论水平。二是优化制度环境，引导教师自我提升。高职院校在招聘教师过程中，要向来自企业的技术人员和能工巧匠敞开大门，争取早日建成专兼职结合、内外结合的"二元"结构的教师队伍。鼓励专业教师通过主持参加院内实验、实训基地建设以及企业的技术改造和技术服务，不断地积累生产经验。改革职称评定指标体系，形成"教、研、训"三位一体的高素质教师队伍。

八、学习借鉴，开发职业课程包

高职院校在实施"双证书"制度过程中，不论是以工学结合方式增强实践性教学，还是以培训培养方式提升教师"双师型"素质，最终的落脚点都应该是教学课程的设计、开发与实施。高职院校受本科院校影响，在课程上存在"压缩饼干"现象。而更为严重的是高职院校的课程结构，也受本科院校研究型人才培养方式的影响，课程设置主要采用从公共基础课到专业基础课再到专业课的"三段式"结构，整体上并没有打破以学科教育为基础的课程框架思路。[①] 2011年，澳大利亚政府公布并开始实施了具有职业教育倾向的 MESGS 课程包，对保障澳大利亚职业教育质量起到了积极作用。该课程包的开发对于我们真正理解和掌握高职教育课程的内涵，确立正确的高职教育课程观，构建出真正适合高职教育的课程体系，具有以下启示：课程设计上不应该把课堂教学作为重点，否则相应的实践教学就会成为实验课；课程开发上不应该紧随社会热门热点行业岗位，而应该以社会调研为基础重构课程体系及开发新课程；工学结合的教学模式在高职院校建立后，不应该忽视工学结合教学模式下的考核考试模

---

① 麻丽华.对高等职业教育课程体系改革的若干认识与思考[J].职教探索与研究,2009(2)：30-32.

式改革，以记忆能力与理解能力为目标的试卷考试模式应该得到改变；在职业课程包的设计目标上，片面强调职业教育的目标，导致忽视终身教育目的，影响人才的全面发展。[①]

九、鼓励学生，参与各种专业技能竞赛

近年来，高职院校越来越重视让学生参与社会实践并根据社会实际需要来培养人才。这是因为参加各种技能大赛无论对于高职院校的专业建设、课程体系的构建、师资队伍的培养、教材建设还是对学生就业都有非常重要的意义。

(一)专业技能大赛对课程建设理念的转变有着重要的意义

技能大赛是以学生动手实践为主要形式的小组学习模式，其课程体系的构建以形成专业岗位能力和职业素养能力等综合职业实力为目标。

(二)专业技能大赛对师资队伍建设和培养具有重要的推动作用

参与技能大赛需要高职院校有自己的专业带头人、骨干老师、专业老师和兼职老师，特别是需要一线的高技能专家，共同组成教学团队。专业技能竞赛不仅是参加技能竞赛学生的大比武，同时也是专业教学团队教学水平的大比拼。特别是在实训教学体系构建方面，有效地推动了工学结合、校企合作、"双证融通"高职教育人才培养模式的建设。

(三)专业技能大赛对高职院校专业教材建设影响力较大

欲使学生在竞赛中获取好的成绩，仅凭现有教材来训练学生是不够的。高职院校要借助技能大赛平台，补充或新编专业教材，使企业新工艺、新标准、新技术适时补充到教学当中来，以满足课程实施的教学需要。

(四)专业技能竞赛有益于学生就业能力的提高

学校的教育目的归根结底是为了学生成才，通过各种技能大赛，学生可以了解所学领域在全国各地的发展水平、现状和趋势，同时在参与过程中提高对

[①] 邵欣.澳大利亚 MESGS 课程包开发模式给我国高职教育课程包建设的启示[J].天津职业院校联合学报，2013(12)：77.

实际情况的应变能力，毕业后能够更迅速地融入社会，实现"零距离"上岗，为地区经济发展而服务。

十、技能抽查，引领高职院校"双证融通"

技能抽查是湖南省职业教育近年来为检查省内高职院校各相关专业的技能教学水平而探索建立的职业院校学生专业技能抽查制度。到 2014 年湖南省教育厅已组织开发并审查通过了政府、行业和高职院校参与开发的 47 个专业（类）专业技能抽查考试标准。教育厅依据抽查标准，随机在全省独立设置的高职相关专业三年制的大三高职在籍学生中，抽取 10% 学生作为技能抽查的对象。职业技能抽查解决了职业教育由"谁来监督""监督什么"的问题，多方参与的评价体系保证了评价的真实性和客观性，为高职院校专业实训、实习、技能考核提供范本和依据。通过技能抽查，各高职院校重视学生技能的培养，学生在完成技能抽查训练的同时达到取得相应职业资格证书的目的，确保了"双证书"毕业准则的有效实施。[1]

---

① 易洁.高职院校推进"双证书"制度实施的对策研究[J].职业，2015(4)：28.

第五章　高职"双证书"师资培养

著名教育家、心理学家廖世承说："一个学校的成功，就靠着教师。无论宗旨怎样明定，课程怎样有系统，训育怎样研究有素，校风怎样良善，要是教师不得人，成功还没有把握。"教师是"三教"改革的根本，关涉教育"谁来教"的问题。

第一节　德国"双元制"职业教育师资培养

德国在开展"双元制"职业教育的过程中，充分尊重师资的关键性作用，强调利用国家法律规范保障职业教育师资培养，并逐步建立健全培训体系，形成了高质量的"双元"师资结构。

一、德国"双元制"职业教育师资培养的基石

(一)德国职业教育的决策体系

德国的教育决策体系主要由以下几个层级组成：联邦一级、州一级、地区一级。按照联邦法律的规定，由州政府负责学校形式的职业教育，联邦在这方面的功能是有限的。联邦的主要职责体现在学徒制的管理。1945 年以后德国职业教育的师资培养出现了新的显著变化，那就是职业教育的师资培养具有了学术化倾向，而且师资培养要求在正规大学完成。随着德国"双元制"职业教育模式的日趋正规化，专门培养职业学校师资的职业教育体系也日趋完善，逐渐

从 19 世纪末 20 世纪初的 3 种职业教师培养模式(巴登—符腾堡模式、普鲁士和马伐利亚模式、图林根和汉堡模式)并存的局面,发展成为在明确法律框架下,特别是在各州宪法保障下和而不同的职教师资教育体系。①

(二)规范化、具体化师资培养法律保障

通过立法手段来管理、保障职业教育的师资培养,是德国职业教育师资力量雄厚的基石。20 世纪 50 年代,德国已开始通过法律来保障职业教育师资培养的实践。例如:1956 年《工商业联合权利管理规定》、1960 年《青年劳动保护法》、1969 年《联邦职业培训法》、1972 年《企业章程法》《培训者规格条例》、1976 年《扩大职业培训促进法》,2004 年在《职业教育促进法》《联邦职业教育法》基础上形成的新版《联邦职业教育法》,2005 年以来颁布的《职业训练法》《联邦职业教育保障法》形成了一个完善的法律体系,为职业教育师资人才培养提供了全方位保障;另外 1973 年的《高等教育、职业教育专业培训及考试细则》将从事职业教育教学工作的师资分为职业院校教师和企业(跨企业培训中心)"培训者",从法律高度明确了德国"双元制"职业教育与培训的"双元"师资结构。

(三)德国职业教育师资培养的物质保障

德国职业学校教师待遇较好,职教教师的工资属于第一类的最高级 16 级。这一级工资超过了大学教授的起始工资,相当于普通工人工资的 1.5~2 倍。另外,社会地位也较高,属于公务员工资系列,且免缴劳动保险费,工作比较稳定,这样的物质条件吸引了一批高素质的人才从事职业教育工作。有了高素质的教师,职业教育的水平自然水涨船高。

二、德国"双元制"职业教育师资培养模式

德国当前职业教育师资培养具有"双元性",主要为职业学校教师和企业培训师两种类型。学校里的教师又分为理论课教师和实践课教师两种。

---

① 孙志强.德国职业教育对我国职业教育师资培养的启示[C].2016 海大职教探索——职教改革与内涵发展.2016(7):38.

(一)德国职业学校"教师"的培养

西方国家采用行政监督的方式,通过评估教育等手段行使教育的行政职能,加强对职业教育的评估监督,并建立了一整套行之有效的评估、监督制度。制造业强国——德国,对"双元制"模式下的教师任职资格有严格的规定:不仅要有本科及以上学历,而且必须要有企业实践或"双元制"教育的经历。德国职业学校教师的培养分为职前教育和在职教育两个阶段。职前教育阶段是大学师范教育阶段,这个阶段常为9~10个学期。在该阶段意向成为职业院校教师的学生将要学习非常广泛的课程,主要包含3个领域:首先是职业技术专业学习,学生在多个专业化方向选择一门作为自己的主修专业,一门作为辅修专业;其次是普通文化课,主要包括外语、数学等;最后是社会科学、专业教育理论和教学实践课程。这三部分的比例是2:1:1,总课时为2300学时。第一阶段学习结束以后,学生参加由各大学考试委员会主持的国家考试。在职教育阶段是为期4个学期的见习期。[①] 主要由各州所设的教育学院和职业学校共同培养,是一种合作教学的模式。学生见习期结束后,参加国家组织的第二次考试,二次国家考试成绩均合格者,取得教师任教资格,成为职业院校的一名教师。

在职教育主要是针对职业院校在职教师开展的继续教育与培训。德国各州的法律都明确规定,接受职后教育与培训是职业院校在职教师必须履行的义务。根据《教师培养法》《联邦职业教育法》有关规定,职业院校的教师可以通过多种途径带薪参加各种形式的继续教育与培训。教师通过参加在职教育和进修培训,实现自我发展。总之,德国培养职教师资人才的途径和方式是多样的,这种方式使得培训网络为每位教师的发展提供了充分的条件。

(二)德国培训企业培训师的培养

在德国,培训师是企业员工,但不是企业的任何一个员工都可成为培训师。培训企业培训师的培养与职业院校教师培养一样,也分职前教育和在职教育两个阶段。职前教育依据德国联邦政府出台的《企业培训者职业资格条例》进行,条例从专业角度提出培训者的任职条件,包括完成某种类型的职业教育

---

① 翟法礼.德国高等职业教育发展模式概述[J].山东英才学院学报,2006(2):18-20.

并获得相关职业资格证书，完成相同专业方向的职业培训，通过有关部门组织的考试、考核并拿到对应专业的培训者资格证书，以及至少有 3 年以上的专业实践经验。按此条例的资格要求和任职条件，从事企业培训工作的人员须接受 2~3.5 年国家认可的职业教育并取得相应的职业资格证书，接受 2 年(全日制)或 4 年(在职)师徒或培训师教育；教育内容包括企业职业教育的发展、目标与任务，培训者的授权、任务、角色与能力要求。在职教育主要是培训企业受训者的在职进修和继续教育与培训，具备"实训教师资格条件"(简称 AEVO)的资格证明，具有某一类别的职业资格证书，接受过相关专业职业培训，掌握职业教育学和劳动教育学的技能、知识和能力[1]，方可负责"双元制"职业教育企业培训工作。培训师可以通过参与各级各类进修班、研讨会、技术提升训练等，提高自身在适应并研发新技术、教育管理、人力资源管理、教育教学等方面的能力与素质，以适应企业管理与发展要求，进而推动当地区域经济社会发展和技术变革。

三、德国"双元制"职业师资培养主要特点

(一)严格的职业教师准入制度

在德国，职业学校的教师分为公职教师和聘用教师。公职教师是国家公务员，国家对公职教师的要求非常严格。其从教之路分为两个阶段：师范教育第一阶段，一般获取学士学位需 3 年，硕士学位需 2 年，主修职业专业课程和辅助授课课程；在师范教育第二阶段，按照各州法律制定的教师培训法执行，这个阶段相当于 2 年的教师实习。聘用教师一般须具有硕士以上学历和相关工作经历，可以聘请其他高校教师、大型企业人员或者公务员。德国依照相关法律法规，严格控制了职业教师资格的入口关，规范了职业教育。

(二)特有的校企合作培养模式

德国的职业学校与培训企业是"双元制"职业教育的两个场所，它们互相交织，密不可分。德国"双元制"职业教育的独特之处，在于它的校企合作培养模

---

① 李思. 德国企业《实训教师资格条例》发展探析[J]. 职业技术教育, 2019(21)：69.

式。一方面，各类企业为了自己的长远发展，极其愿意提供实习场地，并选留优秀人才；另一方面，学校也利用自己的优势为企业提供咨询服务和技术支持，并定期对企业内部职工进行技术培训。这充分体现了德国"双元制"职业师资培养模式的特色，如图 5-1 所示。

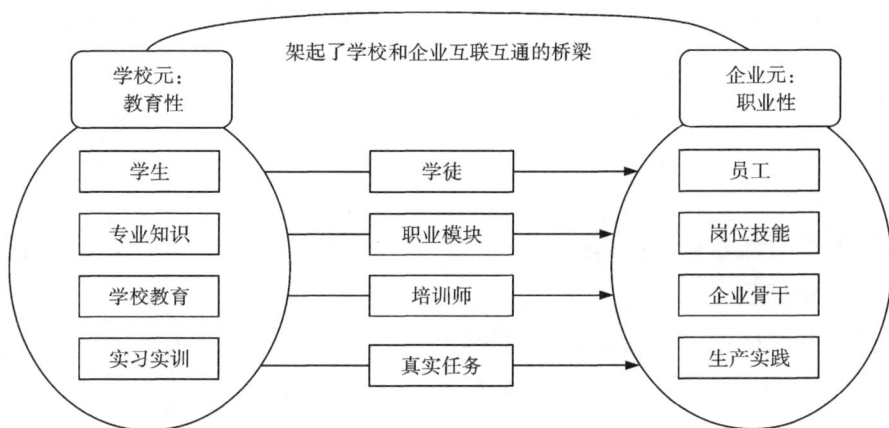

图 5-1　德国"双元制"特有的校企合作职业师资培养模式

(三) 规范的一体化培养程序

德国职业教师培养采用的是规范的一体化培养程序。所谓一体化，就是为教师提供持续的培训与提升机会，使职业教师接受终身的继续教育。首先是职前培训，两个阶段的师范教育，一般需 7 年，前面已经提到。其次是职后继续教育，使职业教师的知识不断更新，充满活力。①

第二节　我国高职"双证书"教育师资培养存在的问题

职业院校是大国工匠的摇篮，职业院校教师是大国工匠的塑造者，是工匠之师。只有具有高尚职业精神的教师才能培养出具有高尚职业道德、高尚职业能力、高贵职业品质的大国工匠。职业教师队伍建设是职业教育发展的根本环

---

① 方华.德国职业师资培养及启示[J].人力资源管理，2011(11)：136.

节。目前我国职业教育的师资队伍建设还存在一些不适应职业教育事业发展的问题，师资队伍的规模不能满足职业教育发展的需要，师资队伍的知识结构与职业教育需求不匹配。总之，师资队伍的素质难以适应人才培养目标的需要。

一、"双证书"教育师资现状

我国职业教育中的教师工作勤奋，爱岗敬业，热爱学习，不断充电，以期更好地胜任教学工作；但其企业工作经历少，缺少生产经验，教学多采用正面授课的方式。主要体现在以下几方面。

①教师严格按照教师教学工作规范制度认真备课、讲课，保证课堂教学质量。

②教师是课堂教学的第一责任人，对课堂纪律、课堂教学内容、课堂教学质量全面负责。

③教师严格遵守学院关于课堂教学的规定，按时上下课；编制授课计划、教案、课件，作业布置、作业批改规范。

④教师积极参加教育教学改革，积极承担人才培养方案修订、企业社会实践、课程和教学改革、校企合作项目创建等工作。

⑤教师企业工作经历少，多数教师多是从学校毕业后直接进入高职院校。

⑥教师采用正面授课的方式，学生参与度不高，学习被动。

⑦教师较少考虑到学生社会能力的培养，所有的精力都在专业知识的传授上。

⑧部分教师在教学实践中摸索出一套好的教学方法并取得较好的教学成果，但不善于提炼和总结。

⑨教师在课程开发、教材建设、技能竞赛等方面团队合作意识不强，经常单打独斗。

2019年8月，教育部等四部门颁布了《深化新时代职业教育"双师型"教师队伍建设改革实施方案》，这就是俗称的"职教师资12条"，当中明确指出，职业教育的师资及团队质量已成为制约我国现代职业教育改革和发展的瓶颈，尤其是"双师型"教师和教学团队的短缺现象已不容忽视。要实现我国职业教育高质量发展，必须培养和造就一支具备理论知识和实践教学能力的高素质"双师型"教师教学队伍。

从2020年起，我国提高了职业院校师资的准入门槛，除特殊高技能人才外, 要求具有 3 年以上行业企业工作经历, 以及具有高职以上的学历。这样一来, 将未具备 3 年以上行业企业工作经历的应届毕业生排除在外, 有效地避免了职业院校师资从学校到学校, 导致生产实践照本宣科的尴尬局面。但随之而来的问题是, 教师地位、待遇不是很高, 校企双向流动相当不畅, 职业院校招聘合适的师资变得更加困难。因此, 出现了部分职业院校紧急招聘大量博士毕业生的现象。[1]

二、"双证书"教育师资培养存在的问题及原因分析

(一)职业教育师资培养制度尚未健全

职业教育发展的关键在于教师。由于体制的"天花板", 职业院校师资总量依然不足, 在年龄结构上, 老教师偏少, 青年教师数量多; 在学历层次上, 本科学历多, 研究生学历少; 在职称上, 中低职称多, 高级职称少。兼职教师数量少且队伍不稳定。在某些时间段不能保证教学的连续性, 兼职教师只有上课才来学校, 对学生学习情况缺乏了解。特别是高职扩招需新增教师数万人, 部分职业院校师生比例不达标。教师素质关键看"双师", 特别是"双师型"队伍的规模、结构、素质、来源。据统计, 2019 年我国高职专任教师超过 51 万人, "双师型"教师占比达 40%。"双师型"教师主要有两个群体来源, 一是来自高职院校, 二是来自企业的技术人员。但据统计, 现在"双师型"教师队伍中来自企业的人员仅占十分之一左右, 出现严重的比例失衡。

(二)高职教育"双师型"教师缺乏

"双证书"制度的实施要求高职院校必须有一批既懂专业建设又懂实践操作技能的教师队伍。我国高职院校现有教师的教学水平还不能满足实践教学的需要, 总体来说, 存在三个错位: 一是知识结构错位。高职院校的师资一部分是刚毕业的年轻教师, 而且目前大多数高职院校教师都是从非职业本科院校毕业, 有部分教师是从学校到学校, 在校工作期间很少有机会到企业去学习锻炼或更新知识, 一直延续着为教而教、为教而学的成长模式; 还有一部分教师是

---

① 朱利军. 借鉴德国经验探索"双师型"教师队伍建设路径[J]. 职业技术, 2021(5): 105.

经改制、升格前原中等职业学校教师，他们本身对不断更新的技术和新工艺都不是很了解，实践能力不足，动手能力不强，要指导学生的实训，自然底气不足，因此"教室里插秧""黑板上修汽车"，在高职院校里屡见不鲜。二是教学过程错位。在多数高职院校里，从事理论教学和实践教学的是不同的教师，他们彼此间缺乏教学的沟通和整合。如理论教学与实践教学相隔时间较长，教师在实践教学前要重新讲解先前学过的理论知识而占用大量课时；实践教学先于理论教学，由于学生还没有学习相关的理论知识，学生动手实践起来不仅费劲，而且难以取得良好的实践效果。三是能力结构错位。企业的工程技术人员一般具有丰富的实践经验，拥有精湛的操作技能和高超的业务素质，然而，这部分人员一般不具有硕士、博士学位，没有系统地接受过教育学、心理学等教育理论学习和培训，教学技能和教学方法过于单一。

(三)教师专业技能水平普遍较低

当前，各类学校引进人才主要考虑人才的高学历、高职称，强调取得教师资格证书的要求，而没有提出达到"双师"标准的要求，忽略了对"双师型"人才的培养和引进，高学历人才和"双师型"教师两者尚未相互融合。高学历、高职称人才在理论方面具有很强的优势，但往往实践操作能力相对较弱，不能满足培养技术应用型人才的需求。多数高职院校教师缺少企业生产实践经验，存在着知识更新难、技能实操弱、开展实践教学能力不强等问题。

(四)教师培养与补充机制不畅

由于校企双向交流的"旋转门"还不顺畅，想招的人进不来，难以从社会和企业吸引优秀人才到高职院校任教，能进能出的双向流动机制还没有建立。尽管各高职院校相当重视教师培训，但存在培训渠道不通畅的问题。首先，高职院校教师培养保障体系不完善，受经费所限，培养方式很难对口，缺乏多样性和实效性，难以被青年教师认可；其次，由于高职院校教师是非师范类教师，没有接受过教育学、心理学等教育理论学习和培训，教学技能和教学方法过于单一，教师教学技能存在不足，很难开发及实施理实一体化课程；最后，教师获得职称晋升、培训、进修、出国的机会较少且形式简单，影响了教师队伍的发展。

(五)缺少促进教师专业化发展机制

教师专业化是现代教育发展的要求和必然趋势,在促进教师专业发展的多种机制中,培养机制和培训机制发挥着重要作用。教师的成长须经 3 个阶段(专业适应期、稳定期和成熟期),教师在成长过程中需要相关的政策和措施来保障。我国的职业教育体制没有明确的体制体系和进修制度来促进教师成长,缺乏规范的、长远的职业生涯发展规划,职教教师没有明确的发展目标,没有安全感。[①]

(六)教师绩效考核机制不完善

高职院校对教师岗位绩效薪酬设计内容考虑不全,比如教师期末考试监考、指导学生参加技能竞赛、指导学生阅读必读书等项目只计入教师业务档案,不计发超课时津贴,导致教师业绩贡献奖励不明显,不能满足教师的不同需求。高职院校对教师教学和科研的考核单纯从数量上进行,对教师社会服务的考核也只是看财务处到账了多少经费,缺少对教师在人才培养、教学科研、社会服务和管理服务质量上的考量。教师只能在承担繁重教学任务的同时,将大量精力放在完成论文、课题、著作等考核硬指标上,而无暇顾及专业实践和科研成果的推广与应用。

总之,高职教育师资队伍水平已成为当前制约职业教育发展、影响职业教育质量的一个薄弱环节。

第三节 高职"双证书"教育师资培养的有效途径

"双师型"师资队伍建设是"双证书"课程开发与实施的保证。高职院校实施人才强校战略,全面整合教师资源,按照"着力培养、适量引进、重视兼职、关注结构"的整体思路,造就一批有影响力的专业带头人和教学骨干;着力打造一支德才兼备、数量充足、结构优化、富有创新精神和一定的国际竞争力的

---

① 孙志强.德国职业教育对我国职业教育师资培养的启示[C].2016海大职教探索——职教改革与内涵发展.2016(7):42.

高水平师资队伍。

一、以标准为本,建立健全职业教育教师队伍

(一)建立规范管理制度,维护师资队伍稳定

高校管理者要努力把学校核心理念和未来的蓝图内化到教师个人目标,努力实现个人目标与组织目标相融合的目标追求。高校为推进现代大学制度建设,进一步完善和深化内部治理能力建设,充分发挥二级学院办学主动性、积极性及激发办学活力,都会从自身实际出发,科学合理地制定激励制度。比如保证良好的校园环境和人文环境,增加学校知名度;制定"三定"(定岗、定编、定员)方案、校院两级教学管理办法、二级学院经费管理办法、教学事故认定与处罚制度、课酬与非课堂教学工作量酬金管理办法、教学竞赛管理制度、科研项目管理制度、社会服务管理办法等,在依法治校、依法治教、依法办事的环境下,教师能依法享受应有的发展权利,获得应有的发展资源。规范的管理制度可以消除教师因保障不足而对教学工作产生的不满,增强教师价值认同。

(二)建立合理薪酬制度,完善福利保障制度

公平合理的薪酬制度可以消除教师的长期不满,制定以实际贡献为评价标准的收入分配办法,确定学校内部各岗位基础性绩效工资和奖励性绩效工资占比和标准,对教师完成超过年基本教学工作量的课堂教学课时及教师承担的各类教学建设、课外指导等常规和非常规工作项目核发酬金。福利保障制度体现了学校对教师的人文关怀,同时也是薪酬制度的必要补充,满足教师在工作环境、住房、医疗、子女入学、衣食住行等方面的需求。高校管理者要调控好这些保障因素,这是完善激励措施的前提。首先,应在全校范围内开展调查研究,通过教职工代表大会、发放调查问卷、电话访问、设置意见箱、面对面谈心等途径收集教师合理化建议,保证教师有一个安全祥和的工作环境;其次,须充分发挥高校工会在建设和谐校园中的作用,通过组织教职工篮球赛、校运会、迎新年晚会等形式多样的文体活动,丰富教师业余生活,于细微处下功夫,让教师感受到学校的温暖。

（三）创新体制机制，多渠道引进人才

以项目为依托，建设名师、大师工作室，做实产教融合，在课程制定与开发，指导学生实训和竞赛，指导中青年教师开展教研教改、技术服务等方面发挥作用。高职院校应明确人才培养过程中的"内在需求"，制定教师选拔的标准和原则。根据自身办学规模，科学合理地测算教学单位高层次人才缺口，有计划地引进教师；发挥"校企"的积极性，扩大教师来源。"职教20条"和"职教师资12条"中，也明确提高了职业教育师资门槛。自2020年起，新教师原则上从具有3年以上行业企业工作经历的本科生或者研究生，或者是具有特殊高技能人才中公开招聘。在招聘专业教师的过程中，注重从企业引进既有理论水平又有实践经验的工程技术人员补充到师资队伍中来。同时可从国内或国外引进职业教育领军型人才，带动专业的师资队伍建设，促进师资专业快速发展。

（四）多措并举，打造"双师型"教师队伍

鼓励职业院校面向社会和企业自主招聘具有实践经验的专业技术人员、高技能人才担任兼职教师。高职"双证书"制度的实施需要以高职"双师型"教师队伍为保障。所谓"双师型"教师，指既具备一定的行业企业岗位从业经验，又具备高职院校教学资格，能够将从业经验通过教学转化为学生能力的人。一定时期内，高职院校在"双师型"队伍建设过程中，存在"认证"倾向，认为只要教师具备高校教师资格证书和相关行业职业资格证书，即可认定为"双师型"教师。这一倾向，导致了高职院校教师一窝蜂地考职业资格证书的风气，也引发了行业人员考高校教师资格证的考证热。可以说，在目前职业资格证书制度不完善的情形下，教师职业资格也好，还是其他行业职业资格也好，并不一定表示获得者具备从教与从业能力。高职院校"双师型"队伍的培养，应该通过以下两种途径：一是利用教师寒暑假时间，积极成批量选派高职教师到行业岗位进行"顶岗实习实训"，使得教师获得行业岗位经验；二是通过与行业企业合作，在一定的薪酬激励机制下，通过对行业企业在职人员的从教能力培训，将企业行业职工转化为高职院校教师。

二、以体系建设为基础，加强职业教育师资培养和补充

（一）完善职业教育师资培养相关政策措施

1. 建立健全职业院校教师编制动态管理机制

完善"固定岗+流动岗"资源配置新机制，遴选、建设兼职教师资源库。研究证实，影响学生学业成就最重要的因素就是教师，教师是培养"双证书"人才的关键。优化教师队伍素质结构，建立以专职教师为核心、以兼职教师为主导的教师队伍，坚持稳定性与流动性的统一。确立企业在人才培养中的主体地位，聚焦校企优质资源，实现高职院校的专职教师与企业技术专家、能工巧匠两支队伍间的双向流动。打通引才绿色通道，敞开校门吸纳人才，以全职引进和以驻院教授、客座教授等柔性方式引进学校专业发展急需、市场紧缺的，具有较强团队组织能力的高学历、高职称、高技能人才。落实权益保障，在待遇上根据不同层次的人才，给予安家费、科研启动费、人才津贴等优惠政策和相关配套扶持措施。创造宽松的政治环境，良好的工作环境，灵活的经济环境，让潜心教学、醉心教育、努力向上的治学风气成为校园的主旋律。

2. 助推职业能力建设，提高辅导员综合素质

辅导员队伍是高校思想政治工作的主力军。高等学校要坚持把立德树人作为中心环节，把辅导员队伍建设作为教师队伍和管理队伍建设的重要内容，整体规划、统筹安排，不断提高队伍的专业水平和职业能力。[1] 辅导员具有教师和管理人员双重身份，为坚定辅导员职业认同感，高校要为他们规划好职业发展蓝图，促其学好本领，将自身兴趣、个人爱好与学生工作有机结合起来。一是在校内举办辅导员素质能力大赛。突出以赛带练、以赛代训，强化以赛促学、以赛促建，为辅导员搭建自我提升和锻炼平台，不断提升辅导员理论水平、专业素养和宣讲能力。二是加强理论与专业技能学习。鼓励辅导员利用碎片化时间加强理论与实践研究，积极参加相关学术交流活动，持续开展校内外思想

---

[1] 中华人民共和国教育部.《普通高等学校辅导员队伍建设规定》[EB/OL].（2017-09-29）[2019-11-25].http://www.moe.gov.cn/srcsite/A02/s5911/moe_621/201709/t20170929_315781.html.

政治相关课题或项目研究。三是建立职称专项发展体系。把辅导员队伍纳入"双肩挑"教师系统，纳入学校师资培训计划和人才培养计划，辅导员可同时参加专业技术职务和管理岗位评聘。

3. 改革职称评定的指标体系

高职院校应鼓励并支持教师申报工程系列专业技术职务，鼓励教师参加操作技能、考评员等相关技能的培训考核，取得相关技能等级证书。要走出"唯学历"的误区，强化职称评审的"方向标"作用，放宽对一些特殊人才的学历要求。高职院校教师职称的评定，不仅要看其学历和学术，更重要的是看其有无职业技能，要将实践操作技能和实际教学效果作为职称评审的重要依据，这对于提高教师队伍整体素质具有积极的意义。高职院校要为教师的教学和科研创造良好的学术环境。一是从思想上营造清正的学术氛围。引导教师树立正确的名利观，改革职称评定主要与学历、科研、奖项挂钩的做法。二是明确教师在专业领域业绩贡献的奖励条件、类别（范围）、标准和程序。对以学院为署名单位的教学成果与竞赛、科研与社会服务成果、工作荣誉等按相应等级、标准实施奖励。三是鼓励教师参加"双职称"评定。基础理论课和专业理论课教师以教师职称系列为主，参加"教授+工程师"型的"双职称"评定；职业实践课教师以技术职称系列为主，参加"高级工程师+讲师"型的"双职称"评审。

（二）改革职业教育师资培养模式

1. 坚持培养和培训两手抓，鼓励有条件的优质高职院校转型为职业技术师范类院校或开办职业技术师范专业

"双证书"课程开发融行业、企业、学校三方人员，因此"双证课程"具有开发主体多元化、课程功能多元化、内容形式丰富化和理论与实践统一化等特点。来自高职院校的专职教师是"双证书"教育的中坚力量，具有丰富的教学经验。一方面，通过校本培训和互相学习，不断加强他们的理论水平；另一方面，通过调整理论课时与实践课时的比例，加强教师专业实践环节，定期安排教师到企业进行专业实践，熟悉职业工作的每个环节，熟练掌握岗位技能，同时要求教师掌握企业的管理制度、工作流程，深谙企业文化对职业工作的重要性。鼓励教师参加技能培训、鉴定考核和技能大赛，以提高实践教学能力。

2.加强兼职教师队伍建设

职业院校教师实践能力一般比不过工作在一线的专家、首席工人及能工巧匠。聘请企业、行业中专业知识扎实和实践经验丰富的专家或专业技术人员担任兼职教师，主要承担专业主干课程实操实训环节的教学，通过教学实践把企业在生产经营管理实际中的新知识、新工艺和新技术及时传授给学生。应把兼职教师作为整个师资队伍结构的重要组成部分来建设和管理，而不是将其视为一种补充力量或次要部分。

3.定期选送专业教师到相关行业、企业进行生产实践

高职院校建立教师到企业实践(挂职)锻炼考勤制度，锻炼结束返校后，向所在二级学院、系(部)提交工作日志及锻炼日志表，及在此期间形成的其他资料或成果；二级学院、系(部)负责组织汇报或对其实践进行考核，并建立教师到企业实践(挂职)锻炼的专项档案。认真落实推进产学研结合的相关政策，鼓励专业教师参加面向企业的技术服务、技术改造，主持参加院内实验、实训基地的建设，不断积累生产实践经验。对实验、实训课教师，在不断提高其实践能力和动手能力的同时，加强对他们的理论培训，努力提高其学历层次和理论水平，使他们逐步成为"双师型"教师。

(三) 加快教师专业成长

1.关注青年教师成长，促进教师专业发展

青年教师是学校发展的希望与未来，应切实加强对青年教师的培养及职业规划引导，加强学风和教风建设。对新入职教师开展为期一周的教学理念和教学方法集中培训，以及开展为期一年的专业教学实践，建立"定导师、定方向、定任务、定考核"的培养模式，为青年教师指定教学经验丰富、工作态度认真、具有副高及以上职称的教师作为指导教师，落实"以老带新"。一是安排新入职教师听课并提交听课心得；二是安排教学导师对他们的教学理念、教学方法、教学技术进行指导；三是推荐青年教师参加学校和国家组织的教师发展培训；四是在指导学生参加各类技能竞赛时给青年教师"压担子"；五是推行集体备课、模拟授课、示范教学、观摩教学、经验交流和试讲制度，通过导师引导帮助

青年教师尽快形成教学技能,适应课堂需要。

2.开展教学学术研究,加快教师职业成长

教学是一种倾情投入,高校教师要将倾情投入转化为个人生产力(科学研究成果),在成就学生的同时成就自己,最好的方式是进行教学学术研究。一是抓教改,立足课程思政。结合专业实际,开展"思政教育进课堂"教学竞赛,通过教案评比和说课活动,组织教师重点探讨如何将思政元素融入教学设计,帮助教师将知识传授与价值引领相结合,提高落实课程思政能力。二是开展教育学术研究。理论是行动的先导,学校每年设立教育科研工作基金,鼓励、支持教师结合本职工作开展教育学术研究。竞争是改变现状的动力,通过开展课题申报、教师教学比武、专业技能竞赛、教学创新评比等内容丰富、形式多样的活动,推动教师深度学习和认知经历的多元化,教师的胜任力与知识创新能力、教学学术能力、教学态度等得到提升,教学升华至教育,教师与学生共同获得新的发展。

三、以协同为要,完善职业教育教师培训机制

(一)制定阶段性成长标准,优化教师能力结构

同一教师在不同阶段的成就需求不同,高校要充分尊重每一位教师内心的人生愿望,通过沟通帮助他们建立合乎实际的成就期望;根据教师需求和不同发展阶段,制定个性化、具体的发展目标,形成新入职教师—中青年教师—资深教师,合格教师—教学骨干—教学名师的"三阶段、三层次,全覆盖"教师职业成长阶梯和标准,满足教师自身成长需求。日新月异的技术手段,不断变化的媒介环境,因危机意识而自发产生的内核驱动力,迫使专业教师的教学过程不能仅限于课堂内,还要延伸到课堂外;不能止步于校园内,还要踏足于校园外。高校教师要加强与企业技术需求和科技合作的对接,要着眼于实践水平和创新创业指导水平的提高;采用现代信息技术手段开展团队教学、混合式教学,提升信息化教学能力;优化自身的能力结构,不断加快知识的更新速度。

(二)加强师资队伍培训,提升教师职业能力

高职院校通过核心基础教学发展项目、教学发展专题、教学观摩咨询

和教学管理培训，拓宽教师的专业和学术视野，启迪教师的专业学术思维，培养教师的问题意识，提高教师的专业能力和学术兴趣，促使教师的专业成长向纵深发展。实施专任教师职业能力提升行动计划，以专任教师职业能力提升为目标，每批培养时间为3年。首批实施对象可以是近3年内新进、转岗教师及专业带头人（教研室主任）。通过配备一名导师、建设一门课程、完成一个项目，实施"三个一"工程；通过分批次、分专业进行国内外培训和深入企业实践锻炼，举办教师职业能力竞赛、课堂教学比赛等，多层次、多形式、多途径培养教师的师德师风素养、教育教学能力、科学研究能力和社会实践能力。

（三）加强教学应变能力和组织管理能力培养

"双师型"教师队伍是培养"双证书"人才的关键。现代社会由于岗位的不断更新，对知识与技能的要求也越来越高，对教师也提出了新的要求。加强"双师型"教师队伍建设，建立以专职教师为核心、以兼职教师为主导的教师队伍。高职院校教师到企业顶岗实习或参加专业实践教学，参与企业的实际生产环节，理论联系实际；教师要努力实现从教师到教练的身份转换，主动了解并掌握技能，把职业的场景搬到教室进行还原，通过项目活动、项目体验来训练学生掌握相应技能。

（四）努力培育合作式的"双师型"教师集体

"双证书"课程打破了学科式课程体系，建构了以工作过程为主线的新体系，课程理论知识、实践内容都以新秩序重新组合，教师需要学习新事物、新知识；通过广泛开展合作，增加交流和配合的机会，增强教师间的互动。高职院校学生职业能力越来越不可能由一个既懂理论又懂实践的"双师型"教师个体完成，而应由知识和能力结构合理、具有完整育人功能的师资集体共同完成。加强教学创新团队建设，建立以专业带头人为引领、以骨干教师为支撑、以"双师型"教师为主体的教学团队，并实行校企"双专业带头人"制度。专业群教学团队为教师合作教学、共同成长、协同创新搭建了平台，为专业群建设提供了有力的师资保障。

四、以教师为核心，构建协同创新人才库

与高职教育人才培养强调学生拥有学历证书加资格证书的"双证书"类似，高职教育在教师队伍建设上要求教师具备教师资格加职业资格，注重打造"双师型"教师队伍。为此，大多数高职院校在选聘教师方面，除了对教师的学历有要求外，还要求教师具备相应的行业职业资格证书。

（一）注重教师职业能力的培养

2013年以来，国务院分7批取消了434项国务院部门设置的职业资格许可和认定事项。目前，国家职业资格目录清单内仅保留184项职业资格许可和认定事项。从国家对职业资格证书实行的清单管理来看，在清单管理之前，职业资格证书的"含金量"是打了一定的折扣的。也就是说一个人拥有职业资格证书不代表具备相应的职业能力，他既可以是学生，也可以是教师。在一些高职院校大力推进教师队伍"双师型"建设的过程中，某些高职教师通过国家职业资格证书考试的方式获得的职业资格，与高职教育对其职业能力的要求之间，存在着较大的差距。因此，国家职业资格证书实行清单管理，对高职教师"双师型"队伍建设提出了更为符合高职教育本身特点的要求，即要注重教师的职业能力，而非简单地以职业资格证书为依据。

（二）构建协同创新人才库

在职业资格证书实行清单管理之后，高职教育以教师为核心，构建协同创新人才库，培育师资队伍，提升办学实力，增强教育质量；企业与高职院校通过人员互派，打造一支具备行业职业能力与高职教育能力的"双师型"队伍。

①企业选派优秀的员工到高职院校从事高职教育教学活动。在这一过程中，高职院校应该指派优秀教师指导，协助企业员工开展好教学工作。企业员工在高职教师指导下，将自身过硬的职业技能，转变为规范化、大众化的教学活动，从之前企业传统的"一对一"的师徒制，转变为适应现代高职教育的"一对多"的师徒制。

②高职院校要采用轮训的形式，定期选派专职教师到行业企业的具体岗位进行顶岗实训，锻炼并增强高职院校教师的职业岗位工作能力。对于高职院校选派的教师，企业可以通过指定优秀员工采用"一对一、传帮带"的方式，结合

具体的工作要求,按照严格的岗位标准,指导高职教师完成相应的工作任务。通过企业的协同,高职院校教师将不断更新自我的职业能力素养,从而为教育教学积蓄力量。①

第四节　柔性管理在"双师型"师资管理中的应用

教学管理工作繁杂而琐碎,平凡而具体,具有服务性、协调性、时效性、原则性等特点。教学管理是科学性与艺术性的统一,选择怎样的教学管理方式和工作态度,把平凡、具体的教学管理工作做得更为精彩,提升教学柔性管理水平,是每个高校教学管理者都需要深思并为之努力的目标。

一、柔性管理的内涵和特征

(一)柔性管理的内涵

柔性管理相对于"刚性管理"为基本内容的泰罗制,由日本丰田公司率先提出。柔性管理强调在整个管理过程中充分注意人性要素,一直以人的心理和行为规律为基础,旨在唤醒人的潜力、创造性和主动性,让人的尊严与价值得以彰显,满足被管理者的社会需求、心理需求和价值需求,最终实现人的自觉行动。② 柔性管理是以充分挖掘人的潜能为己任,有益于提高个体对集体组织凝聚力、向心力以及归属感的管理模式。

(二)柔性管理的特征

1. 管理内在的驱动性

柔性管理提倡管理的人性化色彩,强调以人为中心,依靠人性的解放、权

---

① 易洁.论职业资格清单外高职专业教育校企协同机制的创新[J].创新创业理论研究与实践,2020(8):103.

② 王周锁.柔性管理在高校教育管理工作中的探讨与实践[J].新教育时代电子杂志(教师版),2015(21):322.

力的平等和民主的管理，用先进思想理念、道德规范和科学知识引导人，发挥人的潜力，在成员对组织规章制度、行为规范认知、理解、对话的基础上形成自发自觉的行动。当组织规范转化为员工的自觉意识，组织目标转变为员工的自发行动，这种内在驱动力、自我约束力才会产生。[1]

2. 管理影响的持久性

柔性管理充分尊重组织成员的自主性，吸纳成员积极参与组织管理与监督，尽最大可能地将决策权向组织结构下层移动，缩短了决策与行动间的时间延迟，下层单位拥有充分的自主权，并勇于担责。组织内部信息网络化的即时式双向沟通产生的自我效能感、成就感与满足感，形成了强大持久的创造力。

3. 组织激励的科学性

根据马斯洛需求层次理论，尊重自我实现是最高层次的需求。柔性管理充分尊重组织成员个人意愿，把成员当作一个社会人来看待和管理，让他们真正感到被尊重、被激励。在柔性管理下，成员的热情和创造力为成员提供自我完善、自我实现的发展空间和支持合作条件，并得到极大发挥。

将柔性管理引入高校教学管理领域，用柔性管理理念来激励、引导师生，是教学管理从"制度化"向"人本化"的转变。

二、从柔性管理的视角审视师资管理的不足

(一)刚性管理缺乏人本性和情感性

刚性管理是站在管理者的立场预设的一种工作最优化模式，通过规章制度搭建工作的标准化，管理的程序化，在实践中努力让组织进入一种理想化的状态。[2] 在高校教学管理实践中，其本质是以教学管理工作为中心，以工作流程构建硬性的规章制度、纪律监督和奖惩制度为依据。学校管理者作为制度的制定者采取单向、强制手段保证各项制度的贯彻与落实，在组织结构上采取纵向高度集权，强调各种行为的规范性、上下级间的服从性和权威性，忽视对师生

---

① 韩厦,何朋,张明铭.中小企业人力资源柔性化管理模式探讨[J].商场现代化,2013(8):140.

② 陈晓.刚性管理与柔性管理的辩证思考[J].企业活力,2008(4):92.

在情感上的横向沟通与协调以及激励、引导等柔性因素的作用，未能在师生心目中产生潜在的说服力。师生行动依赖纪律的强制性，而不是靠个人的自觉性。这种缺乏对人性认识的、缺少民主与平等的刚性管理模式将师生置于绝对的被管理者地位，不仅使人的自我管理自主性受到严重的压抑和限制①，而且也制约着学校先进管理理念的形成和发展。②

(二)刚性管理缺乏个性化和灵活性

早期柔性管理理论以梅奥的行为科学理论为代表，该理论认为提高生产效率的关键是满足成员的社会欲望，提高他们的士气。多年来在一些高校一直沿用刚性教学管理模式，在决策管理上缺乏权变性。一是人才培养方案的强制性。专业人才培养方案由专业带头人(教研室主任)组织制(修)订，经所在学院学术评议委员会审议、院长签字后报学校教务处，教务处汇总报学校教授委员会审定后由校长签发执行。③ 因此，教学决策更多地代表着管理者的权威，造成多数师生难以理解人才培养的目标和培养的过程。二是教学评价的形式化。一些高校更多地关注教学结果质量评价，忽略了教学过程性评价以及教师性格等问题；少数教师由于他们对课堂教学严肃认真，尽职尽责，可能会使学生觉得不够亲切，评价的分数也被打得非常低，严重影响了评价结果的客观性。

(三)刚性管理容易诱导教育的功利化

教学岗位量化考核已成为大学教学管理的主要模式，无论是在常规教学考核上还是在教师的工作量、教研教改成果、专业课程建设和教学团队等考核上。这种以数理统计方法引入的考核，以及把教师年度教学工作量分解成若干个刚性指标且机械化的量化考核方式，是无法将教师工作态度、与部门人员间的配合度等准确表示出来的，同时在心理上给教师带来的压力往往过大。把教师物化及理性化，不仅与以人为本的现代管理理念不相适应，而且影响了正常教学，在一定程度上引向功利的目标。

---

① 刘蒙壮,谭珍媛.谈柔性管理在大学教学管理中的应用[J].教育探索,2011(6):107.

② 郑勇.论柔性管理在现代学校管理中的应用[J].教育探索,2004(5):29.

③ 易洁.高职院校学期课表集约化管理存在的问题及对策[J].机械职业教育,2017(12):54-55.

人不同于资产，是有感情、有意识的，外在的功利目标会败坏教育内在的价值目的。像管理机器一样进行大学教学管理是行不通的，如何在教学管理中将各方面的才能发挥到最大，充分发挥柔性管理的效能，做到物尽其用、人尽其才，是摆在大学教育者、管理者、研究者面前需要解决的问题。

三、"双师型"师资管理中柔性管理实施策略

(一)坚持"以人为本"的管理理念，发挥柔性管理的精神激励作用

坚持"以人为本"是做好教学管理工作的基本保证。柔性管理让管理者与师生彼此间传递思想、交换意见、表达感情，实现人与组织共同发展的一系列管理沟通活动。

一要保持良好的公平性。由于每个教师受教育程度、生活环境、家庭背景等方面存在着差异，因此柔性管理要保持良好的公平性；在尊重教师共性的同时更要重视个体的差异，做好系统的团队教育培训、职业生涯规划与升迁报酬等方面的筹划。学校管理者要加强非正式沟通，与师生共同探讨组织价值观、愿景，将组织目标与个人管理理念灌输给师生，获得师生的认同与内化，使其成为组织的行为准则。

二要优化柔性教学评价体系。自助餐式的大学教育要求教学评价从终结性向发展性进行过渡。从促进师生发展角度出发，教学评价只设置底线，不设置上限。而人才培养方案就是教学评价的底线，余下部分依靠师生的自我提升进行评价。在教师评价考核内容的制定上，要体现关注教师工作质量生成的全过程，反映教师创造性劳动的性质和角色转换要求，以及教学改革的方向，把教师教学技能和水平的发展、学生的进步幅度纳入考核内容。通过评价促进教师对自己工作的反思，促进教师自身成长。教师评价考核指标可以根据学生层次、就读专业量身定做，也可以根据任课教师性格等方面的特点，自行设置个人评价指标。为使教师评价考核方式更加科学、合理，可将任课教师自我评价、同行评教以及教学督导评教等多种方式相结合，形成多元化的评教方式。

(二)关注教师的情感需要，发挥柔性管理的情感凝聚功能

教学管理者要亲自参与到教师具体工作中去，切实考虑教师所遇到的问题。深入基层与教师沟通是管理者的重要义务，也是关注教师情感需求、形成

良好人际关系的关键。

一要树立全心全意为师生服务的理念。大学教学管理者的权力源自师生，并根植于师生，理应服务于广大师生。在任何情况下，管理者不能忘记全心全意服务的宗旨。柔性管理要求教学管理人员不只是命令发布者，更应注重情感上的沟通。尊重师生的心理和行为规律，增强非权力的影响力，激发每位师生内在潜能，让教师把教书育人作为事业去追求，增强教师工作的主动性，调动主人翁精神自发进行创新，让他们体会受人赏识的成就感，从而把学校的意志和思想贯彻在管理人员和教师的自觉行动中。

二要做好教师心理护理工作。学校管理者要把教师当作"感情人"，从关心教师的角度出发，细致地分析教职工的性格特征，因人而异地合理分配工作。针对教职工不同的需求量身定做激励措施。管理者要主动从工作、学习、生活等方面与教师沟通。工作闲暇时，管理者可在办公室及时与教师面对面地沟通，让教师畅所欲言，如倾诉工作中的委屈、顾虑、挫折感等；也可就学校某一教学工作安排发表自己的看法，提出合理的需求或建议。总之应基于教师价值取向、信念支持以及情感凝聚，充分挖掘他们的潜能，用人性化管理方式提升教学的配合力度。

(三)构建良好的教学文化，发挥柔性管理的价值导向功能

大学的教学文化是学校办学水平的重要标志，当这种文化被认同后，会产生一种强大的黏合效应，把各种各样的成员团结起来，形成强大的向心力和凝聚力。大学教学文化代表着师生心声和诉求，寄托着师生的理想和希望，它有助于促使师生对学校教育目标和行为规范达成共识，激励师生朝着共同目标努力奋斗。因此，构建良好的教学文化是高校教学柔性管理的较高层次追求目标。学校可做好如下两方面工作。

一是榜样激励。榜样是在教师前进方向上树立的一面旗帜，榜样效应是无限的，它能激发教师的职业责任感和荣誉感。学校领导要及时发现和宣传师德建设先进典型，通过评选各级优秀教师、骨干教师、学科带头人、教学名师等，及时总结教师在教书育人中的好思想、好做法。学校可建立荣誉墙、移动展板等，展示优秀教师代表的先进事迹，褒扬正能量，引导广大教师爱岗敬业、无私奉献。

二是环境激励。亲和的文化氛围可营造"学校是我家"的软环境，给予教师工作上的欢乐和精神上的安定感，提高教师的工作意愿，改善工作绩效。通过

提升校园文化教育的质量，选好校园文化品牌活动思想主题，融入育人需求，实施校园环境提质改造工程，潜移默化地陶冶师生情操，激发师生的灵感，启迪师生的智慧。形成典型指路、环境引路的校园文化格局，发挥其在学校教学管理中的导向功能，促进学校教学文化的逐步形成。

四、实施柔性管理应注意的问题

(一)刚柔并举扬长避短

学校的教学管理以刚性管理为前提和基础，柔性管理是对刚性管理的补充和完善。学校任何地方一旦失去规章制度的规范和约束将会产生混乱。制度固然能带来绩效，然而学校更需要和谐，没有柔性管理的学校制度是呆板的，效率是低下的。刚柔并举是高校教学管理的新趋势，学校领导对待教学工作不能只认为重要，更要重视；不能只担心，更要多关心；要形成领导重视教学、管理服务教学、全员关心教学的良好氛围。

(二)实施柔性管理须加强教学管理队伍建设

现代管理学认为管理是通过计划、组织、领导、控制等职能的发挥来分配、协调以人为中心的组织资源。对于学校层面，一是及时补充和调整教学管理队伍，使管理队伍数量能够满足教学工作需要；二是优化人员配置结构，根据专业属性、学生数量等确保教学管理人员配备到位；三是学校应出台相关政策，保证教学管理队伍的稳定；四是通过定期对教学管理人员进行业务培训与考核，努力提高教学管理人员业务能力、管理和服务水平。作为教学管理人员，自身要树立和谐有效的管理观，在工作中要善于承上启下、协调左右、联系里外、衔接各方，增强服务意识和创新意识，使教学管理工作更加规范和高效。

柔性管理作为现代高校教学管理的新趋势和新取向，已成为许多管理者的共识，它能有效地弥补制度化模式管理的缺陷，为组织成员提供施展能力的空间。柔性管理在大学教学管理中的应用还会有更广阔的舞台，有待于教学管理者更进一步的理论研究和实践发展。①

---

① 易洁. 柔性管理在大学教学管理中的应用[J]. 宁波教育学院学报，2018(5)：1-3.

第六章 高职"双证书"教材管理

高职"双证书"教材建设与管理要认真贯彻执行《职业院校教材管理办法》，在规划、编写、审核、选用等环节注重体现职业教育特色，以管促建，通过模式创新和机制创新推进教材规范管理。

第一节 高职"双证书"教材管理存在的问题

人才培养规格和人才培养模式日渐清晰并基本明确之后，职业教育的内涵建设越来越触及微观、具体的教学活动。教材作为教学活动中的载体，在人才培养过程中发挥着不可替代的重要作用。目前高等职业教育教材质量总体不容乐观，存在许多问题，严重影响了职业教育人才培养质量。

一、职业教育教材

（一）教材的定义

教材是供教学用的资料，凡是有利于学习者增长知识或发展技能的材料都可称之为教材。教材不仅是语言文字和知识的呈现，而且也是课程内容的具体化、规范化表达。① 教材是一定门类、学科知识的物化载体，是教师合理组织课

---

① 徐国庆.职业教育课程论［M］.上海：华东师范大学出版社，2008：80.

堂教学的蓝本。

(二)职业院校教材及教材管理的内涵

1.职业院校教材

《职业院校教材管理办法》(以下简称《管理办法》)第二条指出,职业院校教材是指供中等职业学校和高等职业学校课堂和实习、实训使用的教学用书,以及作为教材内容组成部分的教学材料(如教材的配套音、视频资源,图册等)。

2.教材管理

广义上的教材管理,既包括教材选用、征订、发放、评价等过程管理,也包括高职院校校本教材建设管理。

(三)对教育部《职业院校教材管理办法》的理解

该办法是为贯彻落实党中央、国务院关于加强和改进新形势下大中小学教材建设的意见,全面加强党的领导,落实国家事权,规范和加强职业院校教材管理,打造精品教材,切实提高教材建设水平,根据《中华人民共和国教育法》《中华人民共和国职业教育法》《中华人民共和国高等教育法》等法律法规制定的《管理办法》。该法于2020年1月在各省、自治区、直辖市教育厅(教委),新疆生产建设兵团教育局,有关部门(单位)教育司(局),部属各高等学校、部省合建各高等学校印发执行。

1.国家事权的深刻内涵

(1)体现国家意志是核心要求

教材建设是育人育才的重要依托,决定了国家的下一代学什么、信什么,事关中国特色社会主义事业兴旺发达、后继有人。加强教材建设首先就要体现国家意志,坚持正确方向,弘扬主流价值观,帮助广大学生打好中国底色、植入红色基因,成为拥有中国心、饱含中国情的一代人。

(2)坚持党的领导是根本保证

教材是落实党的教育方针的重要抓手,是解决培养什么人、怎样培养人、为谁培养人这一根本问题的重要载体。必须牢牢把握党对教材工作的领导权，把党的领导和党的主张落实到教材建设的各个方面，把好育人育才的重要关口，使教材领域成为坚持党的领导的坚强阵地。

（3）服务国家发展战略是重要使命

教材建设要扎根中国大地，拓宽国家视野，以全面提高质量为目标，以提升思想性、科学性、民主性、时代性、系统性为重点，形成适应中国特色社会主义发展要求，立足国际学术前沿、门类齐全、学段衔接的教材体系，为培养担当民族复兴大任的时代新人提供有力支撑。

（4）强化政府统筹管理是基本手段

突出教材建设的国家职责，坚持统筹管理，实行统筹为主、统分结合、分类指导。一方面强化国家层面的统筹指导；另一方面积极落实地方政府、学校的管理职责，建立健全国家主导、多方参与的体制机制，调动各方面力量形成教材建设合力。

2.教材必须体现党和国家的意志

职业院校的教材必须坚持马克思主义指导地位：一是要充分体现马克思主义中国化要求；二是要充分体现中国和中华民族风格；三是要充分体现党和国家对教育的基本要求；四是要充分体现国家和民族基本价值观；五是要充分体现人类文化知识积累和创新成果。

全面贯彻党的教育方针，落实立德树人根本任务，扎根中国大地，站稳中国立场；充分体现社会主义核心价值观，加强爱国主义、集体主义、社会主义教育；引导学生坚定道路自信、理论自信、制度自信、文化自信，成为担当中华民族复兴大任的时代新人。

3.教材编写具体要求总结

（1）导向正确

教材编写以马克思列宁主义、毛泽东思想、邓小平理论、"三个代表"重要思想、科学发展观、习近平新时代中国特色社会主义思想为指导，有机融入中华优秀传统文化、革命传统、法治意识和国家案例、民族团结以及生态文明教育，弘扬劳动光荣、技能宝贵、创造伟大的时代风尚，弘扬精益求精的专业精神、职业精神、工匠精神和劳模精神。

（2）内容先进

教材内容科学先进、针对性强，选文篇目内容积极向上，选文作者历史评价正面，形象良好。公共课教材体现学科特点，突出职教特色。专业课教材反映产业发展最新进展，对接科技发展趋势和市场需求，及时吸收比较成熟的新技术、新工艺、新规范等。

（3）教学适用

教材符合技术技能人才成长规律和学生认知特点，专业课教材突出理论和实践相统一，强调实践性。适应项目学习、案例学习、模块化学习等要求，以真实生产项目、典型工作任务、案例等为载体组织教学单元。

（4）形式新颖

教材编排科学合理、梯度明晰，图、文、表并茂，生动活泼，形式新颖。名称、名词、术语等符合国家有关技术质量标准和规范。倡导开发活页式、工作手册式新形态教材。

（5）合法合规

教材符合知识产权保护等国家法律、行政法规，不得有民族、地域、性别、职业、年龄歧视等内容，不得有商业广告或变相商业广告。

（四）教育部《职业院校教材管理办法》六个特点

1. 健全的职业院校教材管理组织体系

《管理办法》的出台优化了职业院校教材的体制，健全了职业院校教材管理组织体系。明确了"一级统筹，分级管理"的管理机制。

2. 突出职业教育特色

《管理办法》落实了职业教育类型的教育任务。公共基础课程教材要体现学科特点，突出职业教育特色；专业课程教材要充分反映产业发展最新进展，对接科技发展趋势和市场需求，及时吸收比较成熟的新技术、新工艺、新规范等。

3. 保障职业院校教材编写质量

《管理办法》明确教材编审程序，突出校企合作、多元参与的职业教育特色。国家教材建设规划由国务院教育行政部门联合有关部门、行业组织、行业职业教育教学指导机构等完成；在编写环节，要求"教材编写团队应具有合理的人员结构，包含相关学科专业领域专家、教科研人员、一线教师、行业企业技术人员和能工巧匠等"；对教材编写团队、人员、主编的政治立场、专业技术职务、教学能力、教科研或企业工作经验、师德师风、时间精力等做出要求，从源头上保障职业院校教材编写质量。

4. 时效性

《管理办法》应对职业院校教材时效性的特征，规定教材修订期限。一般按学制周期修订，专业教材随经济社会和产业升级新动态及时修订。

5. 积极性

《管理办法》解决了职业院校教材编审与管理工作的激励问题，把教材编写任务纳入国家与省部级相关科研课题、评优评先、职称评定、职务(岗位)晋升倾斜条件、工作量计算、落实国家和省级教材奖励制度等激励范畴，提升了参与人员的积极性。

6. 正确性

《管理办法》对违法、违规、违纪等行为追究责任，推进依法治教。对相关单位和人员实行负面清单制度，所造成的影响视情节严重程度，依照相关规定给予相应处分。

(五)"双证书"教材的定义

1. "双证书"教材内涵

"双证书"教材是指既能满足高职学历教学又能满足职业资格考证教学所需的教材。"双证书"教材是以职业标准为依据，其理论知识以"必须、适度、够用"为原则，重点突出"实操与技能"的实践性环节，强调以职业能力为模块，以任务引领为出发点。① 因此笔者认为，在职业教育中，以专业教学标准、国家职业标准和社会人才能力要求为依据，以职业工作相关理论、技术和经验为主要内容，以职业工作过程为导向，以获取学历证书和国家职业资格证书为目标的书籍、视听教材、多媒体课件以及网络出版物等，均属于"双证书"课程教材，简称为"双证书"教材。

2."双证书"教材特征

教材，是课程标准的具体化，是教学内容的支撑和依据，是人才培养的重要载体。"教材"通过"教什么"决定了学生"学什么"，直接影响学生的世界观、价值观和人生观的养成，关系到学生综合素养和职业能力的高低。"双证书"教材应用于职业人才培养过程之中，重在培养学习者的职业工作能力，以真实工作世界为实施情境，且具有多主体共同认证的特性。"双证书"教材有如下特征。

①严格遵守专业教学标准和国家职业标准。教材内容以职业工作所需要的知识、技术和技能为主。

②教材是在完成工作任务的过程中使用，故教材不仅是学习者学习的材料或工具，还应是完成职业工作任务的工具。

③教材编排支持项目式教学方式。教材设计以任务为基本单元，采用问题导入的方式引入知识内容。从学习者的角度看，这样做有利于激发好奇心和兴趣，产生探究心理；从内容呈现的角度看，通过工作任务将知识学习和应用联系起来，能够锻炼学习者解决问题的实践能力。

④教材设计主体多元化。教育机构、人力资源和社会保障部门、用人单位和相关社会机构等，均是教材紧密的利益相关者，故均应参加教材设计工作。

二、高职"双证书"教材管理现状

当前高职教育发展迅速，但多数高职院校仍沿用本科的教学模式，采用学科体系的教材体例，即使部分教材采用"项目化""模块化"设计，也基本是在传统本科教材基础上，简单地将"章""节"改成了"模块"或"项目"。由于高职教

① 代湘荣.论高职院校"双证"教材建设[J].武汉交通职业学院学报，2008(4)：43.

育时间比较短，大部分高职院校存在教学资源相对缺乏的问题。特别是在教材管理方面，存在与专业配套的实践性教材不足的问题。一方面，已有的教材缺乏与劳动部门颁发的职业资格证书或技能鉴定标准的有效衔接，缺乏对本专业领域实际工作的高新技术和基本技能的学习和训练内容。部分教材不能与时俱进地更新，在内容上已不符合行业、企业新的标准和规范。另一方面，有些课程无实践性教材可选，只能自编，而自编教材的质量又缺乏审定和评价，存在着内容不新、结构不完整的问题。

（一）教材内容与实际工作岗位相脱节

专业教材多注重知识体系的系统性，往往为保证系统性，而较全面地对概念、原理进行复述、阐释或抽象举例说明，难以从实际出发对岗位职业技能进行重点讲授与特别关注；此外，教材内容较少涉及其操作过程与具体处理方法，缺少教学与实际工作的相互或有机衔接。有一半以上的学生认为本专业还没有适宜职业技能考核培训的教材，已有的部分教材缺乏与劳动部门颁发的职业资格证书或技能鉴定标准的有效衔接，缺乏对本专业领域实际工作的高新技术和基本技能的学习和训练。[①]

（二）教材呈现形式比较单一

教材是帮助教师施教、帮助学生学习、促进学生发展的有效工具。它是集中了课本、学习指导书、学习光盘、形成性考核册、期末复习指导等学习材料的学习资源包。从高职院校教材选用情况来看，学习资源包及多媒体教学软件已成为学生自主学习、提高学生"助学性"的有效手段。但目前只有计算机类教材对此应用比较广泛，其他专业教材使用极少。其他专业教材介质大多是单一的纸张，没有摆脱"一本书"就是教材的传统观念，没有配套的学习指导书、实训指导书和案例分析等教辅资料，且没有"立体化教材"建设的设计，不便于使用多媒体、网络技术等现代化的教学手段调动学生学习的能动性，不能强化教材的"能学"功能，不能发挥教材的"辅教"功能。[②]

---

① 李湘军.关于高校教材的选用问题与对策研究[J].文教资料，2010(12)：160.

② 易洁.加强院级教材编写立项建设与管理的思考[J].文教资料，2017(8)：13.

(三)缺乏较为完善的实践教学指导教材

实践教学是高职教学区别于普通高等教育的重要标志。教育部发布的《关于制订高职高专教育专业教学计划的原则意见》中,规定"三年制专业的实践教学一般不低于教学活动总学时的40%",可见实践指导教材在高职教材建设中占有非常重要的位置。当前与专业配套的实践教材严重不足,现有的一部分实践教材没有与时俱进,在内容上已不符合行业、企业新标准、新规范;另有部分课程甚至没有实践教材可选,教师只能自编校本教材,然而有部分自编教材缺乏必要的统筹规划,缺乏市场和第三方机构审查和评价,缺少严肃认真的统稿与总纂,致使教材在内在逻辑、结构设计、内容融合等方面都不尽如人意,严重影响学生在新形势下提升职业能力。

(四)教材开发机制不完善

1.职业教育教材开发缺乏整体规划

《管理办法》出台前,未形成国家到院校完整的规划,没有解决职业院校"要用什么教材、缺乏什么教材、开发什么教材、倡导什么教材"的问题。

2.职业教育教材管理缺乏标准

教材开发须经过规划、编写、审核、出版等环节。在这个过程中缺乏明确、严格的规范和标准,一定程度上制约了教材质量的提升。一是教材开发规划性不强,缺少相关数据的反馈,不能及时开发所需教材;二是编写审核过程不规范,编写队伍组成缺乏约束,缺少审核环节或审核流于形式;三是缺少开发教材的技能技巧培训和指引。

3.职业教育教材开发力量不足,教材质量参差不齐

职业教育教材虽然总体上种类繁多,但真正高质量的教材仍然不足,原因分析如下:一是职业教育教材开发仍然以职业院校为主导,没有行业和企业人员参与,这样编写出来的教材在内容上难以同步于行业、企业的发展,教材内容与职业标准对接不紧密,无法体现出高职教育的特色;二是在教材编写审核环节缺乏有效的管控,加上教师专业技术水平的差异,难以保障教材质量;三

是部分教师仅从追求职称评审业绩的角度出发，所编教材存在图表格式、文字表达等细节不规范的情况；四是相关激励措施不到位，少数高级专业技术职务教师不愿意投入过多精力，缺乏编写教材的积极性。

4.校企合作"双元"开发教材的长效机制不完善

职业教育教材编写需要校企双方的参与，教师单独编写难以把工作场景、真实工作流程、行业企业标准融入教材，所编教材的职教特色不明显；企业人员开发的教材往往忽视学习规律，缺乏对学生综合素养的培养，造成教材"企业培训手册"化。

当前，虽然相关政策、文件鼓励校企合作编写职业教育教材，但是在实际执行过程中，企业人员参与程度小，甚至没有企业人员的参与。一直以来，校企合作"双元"开发教材流于形式，没有形成企业人员参与编写的可持续机制。

(五)缺少教材审核与管理制度

在国家《管理办法》出台前，职业院校内部教材管理办法与制度的缺位，导致国内教材市场乱象丛生。具体表现为如下几点。

①教材选用制度不完善。多数高职院校选用的是由任课教师指定的其自编或自售教材，具有随意性，且缺乏有效的监督机制[1]；同时受教师习惯性的授课方式等因素影响，优秀教材得不到选用。

②缺乏对教材编写人员资质的严格把控和质量审查制度。

③教材建设缺乏信息反馈制度。多数高职院校教材建设管理缺乏教材使用后的有效跟踪、反馈与落实机制，影响优质教材选用。

④教材出版监管不力。当前由于出版行业商业化倾向明显，使得同一门课程教材多达几十种，教材内容同质化和盗版现象愈演愈烈，且教材价格呈上涨趋势；少数教师为评职称需要，让"职称教材"流入课堂，一些教师为多出科研成果，同一本教材每年更换一个出版社出版，导致众多出版社在高职教材市场无序化竞争。

---

[1] 苑秀芹. 高校教材管理现状与对策[J]. 出版广角，2014(8)：14.

第二节 国外典型"双证"模式教材管理经验及启示

部分国家在发展职业教育方面起步早,且积累了不少成功的经验。德国、英国、澳大利亚三国职业教育教材在开发、编写、审核、管理、选用等方面具有实用适用、严谨规范、形式多样、内容丰富、体系完备、教材标准合理等众多优点,对我国的职业教育教材管理具有重要的借鉴意义。

一、国外职业教育教材的开发与编写

(一)部分国家职业教育教材开发与编写的依据

德国、英国、澳大利亚职业教育教材开发与编写的依据,主要是国家的教育法规、课程标准、职业资格标准、教学大纲、企业和用人市场的要求等,其特点在于教材编写紧扣各类标准,有据可循。德国的"双元制"职业教育是由职业学校与培训企业合作、共同培养技能型人才的模式。其中,职业学校的教材编写依据主要是德国的基本法、宪法及各州学校法关于教育目标的规定,以及教育标准、教育计划及大纲;培训企业的教材编写,则是以联邦政府颁布的《职业培训规章》为依据。[1] 英国的培训用书由出版社根据国家职业资格的标准组织编写,以英国爱德思国家职业学历与学术考试机构的品牌教育产品 BTEC(商业与技术教育委员会)课程开发为例,由雇主协会提出职业资格标准,英国爱德思国际教育基金会根据此标准研制教学大纲。[2] 澳大利亚职业教育标准是国家根据全国或某个行业的需要,与可以承担培训包开发的行业协会签署协议,委托其开发设计培训包;开发完成之后由国家职业培训部门进行审定核准并提供培训包开发设计经费,所有职业学校和培训机构都以国家批准的培训包为基础进行课程和教材的开发。[3]

---

① 徐涵.德国中等职业教育教材建设与管理及启示[J].比较教育研究,2018(4):103.

② 傅松涛,蒋洪甫.英国 BTEC 课程模式的内容及其实施效果[J].中国职业技术教育,2007(3):27.

③ 加利·哈格雷夫.从国家层面谈澳大利亚职教体系改革的最新动态——在第二届中澳职业教育论坛暨中澳职业院校合作洽淡会上的主题发言[J].中国职业技术教育,2005(27):8.

(二)国外职业教育教材开发与编写的主体

德国、英国、澳大利亚等国一般都是根据企业和用人市场的要求编写教材,由出版社或能力开发机构选择教材编写人员。教材编写人员往往是有一线教学和实训指导经验的教师而不是学者,教材开发的周期普遍较长。如德国各类职业学校的教材是由出版社选择合适的作者来编写,多数作者是职业学校业务水平较高且富有经验的教师,但大纲制定人员不能参与教材的编写。"双元制"职业教育中培训企业的教学材料编写主体有两类:一是培训企业的教育培训部门,教学材料主要由培训师傅以及专门从事教学材料开发的专业人员编写;二是联邦职业教育研究所(BIBB),按照单元组织编写实训教材、检测练习册等,并按培训职业和培训年限组成模块。① 英国是由各出版社根据国家职业资格标准组织编写培训用书,选择编写人员;由教师根据相关标准组织编写培训教程,应用部门的人员提供案例,编写教师将案例融入教材中去;由进行相应培训的人员组织统稿。澳大利亚职业教育教材大多由行业一线专家或 TAFE 教师编写,贴近行业工作要求,编制科学、内容先进。参与教材编写的行业专家大多接受过高等教育并拥有丰富的一线工作经验,而且 TAFE 的师资大多也是来自企业一线的技术和管理人员,既有一定的理论知识也有丰富的实际操作经验。

二、国外职业教育教材的管理与审核

德国的各类学校由各州文教部管理,学校所使用的教科书须经过州文教部审查同意才能出版、使用。职业学校的教科书并无须全部审核,只有涉及意识形态领域的,如历史、社会学、伦理、教育学、心理学以及儿童和青少年的教学法和方法论课程等关乎青少年学生的历史观、价值观和人生观形成的这类教科书,需要国家宏观把控,严格审核。审核程序通常先看其是否符合大纲,有无违反法律,再请两位有经验的专家鉴定。送审的书稿一般会有 40% ~ 50% 不能通过。州文教部把评审意见匿名送给出版社,出版社针对意见进行修改后可再送审,经过几次反复送审获得通过后方可出版。作为"双元制"职

---

① 张志军.德国双元制职业教育的教材[J].中国职业技术教育,1995(8):42.

业教育另一主体的培训企业,其使用的教学材料则不需要通过联邦或州一级的审核,培训企业有权自主编写用于企业的教学材料,但是这些教学材料的编写必须符合联邦政府颁布的《职业培训规章》要求。[①] 在英国,所在企业行政管理职业资格证书(NVQ)没有指定教材,大多教材以参考书的形式提供选择。内容上重视明确的实践导向,不同学科知识的重组构成教材,具有伸缩性和选择性;知识点呈现采用"问题驱动式",一般按照工作项目来组织,便于促进学生完整建构技术知识体系,单学科教材基本处于教学辅助地位。

三、国外职业教育教材的选用

德国职业学校教材的选用权在学校,州文教部每年要向学校下发经过审查同意的教科书目录。学校有权选用其中推荐的任何一本教科书,集中购买,免费借给学生使用,且教材在几年内供在校学生循环使用,购书所需费用由州财政承担。

对于教科书的选定,各州在州学校法中对教材的选用均明确规定了由学校的相关组织(有的州是学校委员会、有的州是专业委员会、有的州是学习资源委员会)做出决定。这类相关组织的人员构成均是利益相关方的代表,具体由学校的教师代表、家长代表和学生代表所组成。教材的选择需要利益相关方共同做出决策,代表了各利益相关方的基本诉求。英国将教材的选用权直接交给了一线教师,所有纳入国家职业资格的培训机构都不指定教材,只提供一些参考用书目录,由教师自行选择培训用书。

四、结论和启示

综合来看,德国、英国、澳大利亚三国职业教育不过分要求培养学生严密的逻辑推理能力,把培养应用能力放在第一位。在职业教育教材选用上的共同特点是,政府对教材的选用不做硬性规定,教材的选择权主要集中在学校或教师手里。教材的质量控制主要依据市场的竞争机制和教师个人的选择来体现。市场竞争机制对教材质量的控制主要是出版商通过质量的相互竞争,教师对教材的质量控制是通过同行评估和学生评估来实现的。行业协会在教育教材评价

---

① 　徐涵.德国中等职业教育教材建设与管理及启示[J].比较教育研究,2018(4):105.

中发挥重要作用，评价标准主要看内容是否满足生产实际、企业、教师和学生等各方面需求，是否体现职业教育教学理念，是否体现技术发展的需求，等等。教材内容与职业资格证书紧密衔接是发达国家职业教育教材建设的一大特点，教材的选题依据大多是市场供求、企业需要、课程标准以及教师和学生的需求等。教材论证环节严谨，开发编写规范。

第三节　高职"双证书"教材管理与教材改革

高职院校教材在建设与审核、管理与选用、服务与评价等方面存在诸多问题。2020 年 1 月教育部出台《职业院校教材管理办法》，明确了各级教育行政部门、行业部门、职业院校等各方面的职责，意味着我国职业学院教材建设开启全新历程，进入全过程管理的规范化发展阶段。

一、做好"双证书"教材开发

"双证书"教材的开发指由职业教育的学术组织(或教学指导委员会、行业职业教育机构等专家咨询组织)发起，学校参与，劳动部门、教育部门见证、参与资源开发，并根据相关标准、规程等对开发成果进行鉴定和评价的过程。为保证教学需要，应联合有关专家编写符合"双证"要求的相关教材和配套资料。

(一)将教材内容与职业岗位需求相结合

通过电话访谈、实地走访、填写问卷等形式，调查和分析已毕业学生就业方向和就业岗位，结合岗位需求深入调研，组织行业专家和课程专家对岗位典型工作任务和职业能力进行系统分析，如图 6-1 所示；确定岗位人才的技能与职业素质构成、岗位需求与工作任务，着力突出教材的职业特性，强化具体岗位工作的实际操作，强化和提高学生的信息搜索、判断和整理等职业能力。在教材的建设中根据培养目标、职业能力和岗位要求，构建模块式课程结构，按职业能力的规律和过程，可设置三大模块，即基本素质模块、职业能力模块和拓展模块。编写相应模块教程时，把学历教育知识与职业资格证书相关内容融为一体，使职业资格标准基本要求与专业教学基本要求相衔接，逐步形成实践技能课程主要由具有相应高技能水平的兼职教师讲授的制度。

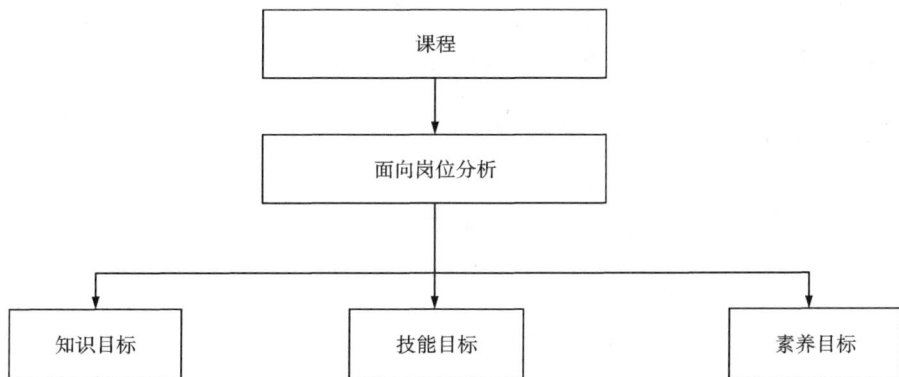

图 6-1　课程岗位分析

(二)加大"立体化教材"建设

职业教育的知识,一类直接来源于职业活动,另一类通过学科知识在职业工作过程中的应用而来。将这两类知识传授给学生的最佳途径是将其还原到它所产生的情境,这个还原过程体现在教材的形式上应该是多样的。[①] 如"双证书"教材可对情境进行文字描述,用图形、图像、音频、视频、动画等形式将工作过程形象地呈现出来,知识产生于情境中,所使用的工具、设备、材料等都可以作为教材在教学中使用。教材的介质已经不是单一的纸张,需要摆脱"一本书"就是教材的传统观念。"双证教材"应注重使用信息技术改变传统教学方式,加大"立体化教材"的建设。一是要加大教学内容的立体化建设。在教材建设中要突出培养高技能应用型人才的特点,注重将知识的系统性与知识发展的循序渐进相结合,对教学内容进行适当的整合和提炼,以适应当前生产技术的现状和发展趋势。通过全方位"立体化教材"的建设,提高教材信息化和情境化承载量。二是要加大教材使用方式的立体化建设。为了让学生更好地掌握课程知识、提高学习效率,应开发与教材相配套的一系列辅助教材,包括实训教材、实验教材和课程设计等。三是要加大教材载体形式的立体化建设。遵循与传统的纸质教材相配套、与数字化资源相结合的教材开发原则。数字化资源可以克

---

① 　龚雯.职业教育"双证书"课程开发论[M].北京:北京师范大学出版社,2011:16.

服传统纸质教材由于电子科学技术飞速发展而显得陈旧、滞后的缺点，其开放性的优点，不仅便于教师进行课堂教学，也便于学生进行课前预习和课后复习，实现可读性与趣味性、教学性与自学性的有效结合。①

二、做好"双证书"教材编写

(一)提高职业教育教材编写队伍水平

首先，要制定教材编写人员资质标准。制定专门文件，对教材编写人员资格、编写队伍结构进行严格规定。要注重对教材编写人员政治立场、师德师风、学术诚信等方面的要求；注重吸收相关领域学科专家、课程专家、教研人员、一线优秀教师以及行业企业专业技术人员、高技能人才等参加教材编写，打造"教学名师+行业专家+双师型教师"组成的多元结构的教材编写团队，如图6-2所示。其次，要建立教材编写专家库。按照高等职业院校专业目录设定的专业大类，分别建立教材编写专家库，鼓励教材编写专家跨地区合作编写教材。最后，定期开展国家和省级教材开发能力培训，搭建教材编写的沟通交流平台，重点培育一批在教学上有一定成就、对相关行业发展有深入研究的课程与教材开发专家。

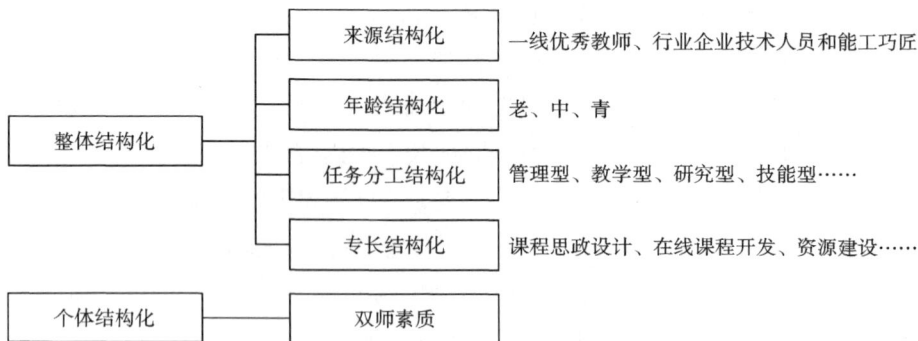

图6-2 多元结构的教材编写团队

① 易洁.高职教材选用存在的问题及对策[J].教育与职业,2015(6):147.

（二）教材开发的主体要多元化

《教育部关于全面提高高等职业教育教学质量的若干意见》指出："与行业企业共同开发紧密结合生产实际的实训教材，并确保优秀教材进课堂。"采用"校企合作、工学结合"的教材开发模式，吸纳企业专家参与学院教材编写，将企业培训理念、企业文化、职业情境和最新的技术知识直接融入教材，实现教材内容与企业需求的"无缝对接"。通过企业积极参与教学的机制，构建起与企业工作环境相一致的教学环境，企业相关人员能够直接运用企业培训手段（理念、教材、环境等）对学生进行教学。首先，政府劳动部门要尽快制定并发布社会岗位的职业标准，使高职教育现有的专业都有相应的职业资格证书。具体来说，要按地区、按行业、按职业分类，按先易后难、分类推进的方式进行。其次，教育主管部门应与企业合作，共同编写一批和国家职业标准相适应的，以校企合作、工学结合培养高技能人才为目标的，突出"理论够用，重在实操"和"简单明了，方便实用"的，适用于高职学院课堂教学和职业资格证书考试的教学用书和实训教材。

三、加强高职院校教材管理机制建设

加强高等职业院校教材管理制度建设，研究制定《高等职业院校教材管理办法》，从管理职责、教材规划、教材编写、教材审核、教材出版与发行等方面保障高职学院的自主选编权。

（一）严格教材选用制度

教材选用可采用教师个人申报、教研室集体审定、专业备案的选定程序。对教师自编、参编教材可安排高职称学科带头人进行审核，建立由专业教师、行业专家和教授组成的教材选用机构，完善教材选用制度。

（二）对编写人员严格把关

要求参加教材编写的教师至少须有所编写教材对应的课程三次授课经历，熟悉职业技能人才培养规律，有丰富的教材编写经验和校企合作经验。

（三）要完善教材建设中期检查和结项验收制度

校内每学期组织一次教材建设中期评审和结项验收，采用材料评审和会议评审相结合的方式，遵守"严格把关，确保质量；耐心指导，帮助提高；客观公正，不徇私情"的评审原则。

（四）建立教材信息反馈机制

对使用过的教材，建立企业专家、学校教师参与，公开透明的教材质量评价机制，完善教材的正确性、针对性、科学性、先进性，以及教学的适应性等评价标准。收集来自师生对教材使用后的意见和建议，对教材进行质量跟踪监测和综合评价。及时发现问题，提出变更理由。[1]

（五）完善职称评定、教科研成果评定机制

把优秀教材纳入教研成果并给予奖励，完善教材编写出版管理办法，引导教师把更多精力投入到教学，提高教学质量，而不是一味追求编写教材的数量。[2] 为促进教材建设工作的开展，高职院校可制定具体激励举措：把教材编写列入职称评审的基本条件；在计算工作量时对主编出版的教材列入核算范围，可以折算为论文和工作量；对获得教材优秀奖的教师给予相应的表彰和奖励；设立教材建设与研究专项基金，重点用于资助体现学校优势和特色专业、体现最新科学技术发展成果和新兴学科的教材编写，对纳入各级规划立项教材实行扶优政策，给予配套经费资助等。

（六）以市场换支持

教材采购可跳过供应商，直接与出版社进行对接。每学期的教材征订仅限于与学校开设专业相关的权威出版社出版的教材，如高等教育出版社、机械工业出版社、中国传媒大学出版社等教材出版机构，并要求这些出版社给予教师在教材编写、出版方面的大力支持。

---

[1] 易洁.高职院校教材建设的探索与实践——以校级教材为例[J].河北职业教育，2020(2)：85.

[2] 郭存亮，季堪楼.高等职业教育教材建设去"功利化"对策研究[J].机械职业教育，2015(8)：40.

四、深化"三教"改革，推进活页式和工作手册式教材建设

落实《国家职业教育改革实施方案》有关要求，深化职业教育"三教"改革，以教材改革为突破口，以校本成效为本课程的建设为开端，推动教材、教师、教法的改革，提升教师参与"三教"改革的主动性、有效性和职业能力。新型活页式教材按照"以学生为中心、学习成果为导向、促进自主学习"思路进行教材开发设计，弱化教学材料的特征，强化学习资料的功能。将"以企业岗位（群）任职要求、职业标准、工作过程或产品"作为教材主体内容，将"以立德树人、课程思政"有机融合到教材中，提供丰富、适用的具有引领创新作用的多种类型的立体化、信息化课程资源，实现教材多功能化并构建深度学习的管理体系。工作手册式教材应针对企业单位用人需求并反映职业岗位的能力标准，职业特点和岗位角色明确，能让学生迅速进入岗位角色。高职院校按照"活页教材+活页笔记+工作训练+功能插页"四位一体表现模式进行系统策划、指导和编写新型活页式、工作手册式教材，按期推进教材建设进程，保证活页式教材模块划分清晰，手册式教材流程完整。对教材的内容、质量、形式进行抽查，学年末开展合格课程评价，验收教材建设成果，全面应用到各课程中，落实教材改革，提高课程教学质量。[①]

五、紧盯职教发展，推动教学方法改革

高职院校内涵发展的根本任务和核心目标：培养发展型、复合型、创新型技术技能人才，着力关注人的本质、人的价值、人的能力等终极性问题。[②] 因此高职院校编写的教材要重视技术、技能型人才培养和学生可持续性发展，精心设计知识目标、能力目标和素质目标；与时俱进，根据时代发展不断进行拓展，并始终体现时代性。针对用人单位对人才培养适应性需求增大的现象，教材建设要跳出传统专业的束缚，围绕产业链和岗位群构建专业群，促进产教深度融合，推进校企共建，做到"五对接"：一是专业结构与产业结构对接；二是课程设置与岗位要求对接；三是实习实训与生产过程对接；四是学校教师和企业职

---

① 易洁.高职院校教材建设的探索与实践——以校级教材为例[J].河北职业教育，2020(2)：85.

② 田丽，董博，董红卫.构建河北高职院校多元化社会服务模式研究[J].湖北函授大学学报，2014
　　(1)：7.

工能力提升对接；五是职业教育与终身教育相对接。把工匠请进课堂，让企业共同参与专业教材编写，通过前置性企业文化理念引导和熏陶学生，让工匠精神入脑化行。鼓励教师去行业、企业学习、实践，鼓励教师结合自己的最新研究成果，面向全院学生开设高质量选修课，将新理论和新技术不断融入教学内容中，并推进教学方法、教学手段和考核评价机制的综合改革。[①]

六、强化自主学习，丰富教材建设内涵

信息化背景下高职院校学生的学习习惯更趋向于个性化、自主化、随意化和碎片化，在纸介教材基础上，要发挥教材"能学""辅教""助训"功能，建议多用图标和序号，并匹配上对应网址的二维码，重视交互性内容，增加立体化标记。当学生看到有标记的知识点时，把识别图放在移动终端摄像头下，打开配套软件，在手机屏幕上就可以显示相应的动画、视频、课件等多媒体资源。[②] 立体化教材图文并茂，大量图片可以取代文字叙述，呈现出多维、多层次的动态表现，在形式上化整为零，在内容上保持有序关联。充分利用多媒体资源，教材可视化、情景化显著提升，学习趣味性、吸引力进一步增强，采用、应用实例来解读知识点，代替单纯概念描述。立体化教材的统计功能，使一本教材配备一个教法、一个题库、一个资源库、一套评价方法，将所有资源应用于课堂，所有活动得到统计，所有数据得到保存和记录。通过扫码随到随学，课前教师可利用立体化教材统计功能，随时随地查看平台的学习情况，对没有学习的学生及时给予提醒。课堂上教师可使用随堂测试、实操任务、课后作业等配套教材，还可组织课堂活动，增加师生间的互动。系统会记录学生的每一次学习情况，每一次测试成绩，每一次实践评价，形成科学且清晰可见的过程性评价数据，为教学情况分析提供依据。将教材与课程通过二维码相连，形成"纸质教材+教学资源"一体化设计。

---

① 易洁.高职院校教材建设的探索与实践——以校级教材为例[J].河北职业教育，2020(2)：85.

② 林振晁.基于工作过程的中职立体化教材开发与管理研究[D].福州：福建工程学院，2018：8.

第四节　新形态教材开发与应用
——以《MySQL 数据库技术》为例

2019 年 2 月国务院印发的"职教 20 条"提出"倡导使用新型活页式、工作手册式教材并配套开发信息化资源"的教材建设思路。2020 年 1 月，国家教材委员会、教育部印发的《职业院校教材管理办法》再次提出"倡导开发活页式、工作手册式新形态教材"。可见新形势下高职教材建设的趋势是"新形态"。那么什么是新形态教材？如何开发高职新形态教材？现以《MySQL 数据库技术》教材开发与应用为例加以说明。该教材于 2019 年 9 月由高等教育出版社出版，为纸介质教材和数字课程相结合的新形态教材，曾被评为湖南省职业教育 2020 年优秀教材和教育部"十三五"职业教育国家规划教材。

一、新形态教材概述

（一）新形态教材定义

新形态教材是以纸介质教材为核心，与数字化资源相结合的新型教材。通过纸介质教材和数字化资源的一体化设计，充分发挥纸介质教材体系的完整性、数字化的资源多样性和服务的个性化等特点；通过二维码、AR 等网络技术以及新颖的版式设计和内容编排，建立纸介质教材和数字化资源的有机联系，支持学习者用移动终端进行学习，形成相互配合、相互支撑的知识体系，提高教材的适用性和服务课程教学的能力。①

（二）新形态教材内涵

新形态教材包括：一是活页式、工作手册式教材；二是配套数字课程教材；三是电子 PPT、素材库等辅助资源教材；四是融媒体时代的教材产品升级形成的拥抱新技术开发的衍生服务教材，如传统纸媒教材基础上将二维码关联、虚

---

① 叶昕，孙鹏，宋东哲.修订《大学数学》纸介质与数字化资源教材的几点体会[J].吉林广播电视大学学报，2020(6)：100.

拟现实(VR)与增强现实(AR)等数字科技在知识服务领域的应用不断延伸的教材。

二、《MySQL 数据库技术》新形态教材开发与应用

《管理办法》在开发团队、内容研发、教材形态和监测反馈等方面，要求注重体现职业教育特色，强化产教融合、校企合作。《MySQL 数据库技术》以纸质教材为主，配套有数字课程，其内容由校企"双元"共同设计开发，以数据库管理员、数据库系统开发人员所需的职业岗位能力为标准，以项目为引导，以"教学做"一体化为编写原则，以典型真实项目——家电商城系统数据库的开发为教学案例，并将专业精神、职业精神和工匠精神融入教材内容，是计算机类专业及相关专业的教学用书，也是企业新接触数据库管理员的工作手册(图6-3)。

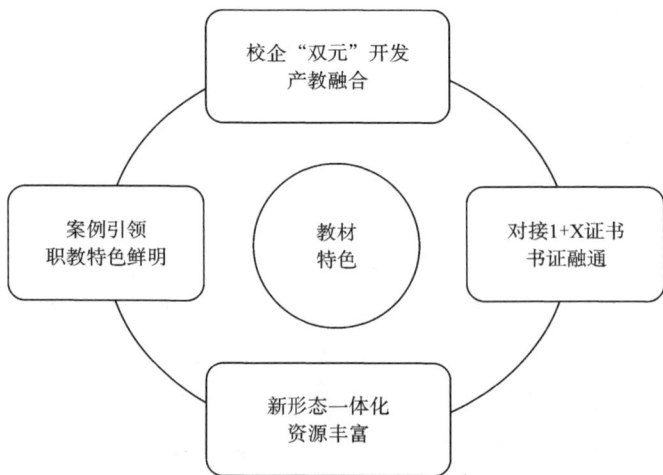

图6-3 《MySQL 数据库技术》新形态教材特色

(一)精准定位,完美链接

1.践行课程思政,提升育德能力

开展教学分析，遵循技能人才的成长规律，充分考虑知识、技能的融合和新技术革命给传统课堂教学带来的冲击，促进学生职业素养养成和专业技术的积累。通过信息技术软件工程术语、信息技术软件生存周期过程标准和计算机

软件文档编制规范的讲解，将职业精神、规范意识、安全意识、服务意识融入教学内容，优化课程思政内容供给，将价值塑造、知识传授和能力培养紧密融合，将课程思政融入资源库建设，融入在线开放课程。

2.校企双元开发，体现产教融合

根据企业对数据库管理、数据库系统开发人才的实际需求，以及"数据库基础与应用"课程教学基本要求，拓维、科创、五车教育实地调研数据，教材采用项目化体例编写，以项目为引领，校企共同开发，职教特色鲜明。

3.书证融通，对接1+X证书内容

教材内容选取以够用为原则，对接 Web 前端"1+X"证书的相关内容，结合企业的实际用人需求，将 X 证书中的职业技能要求融入现有教材的学习目标。学生在完成专业课程学习的同时，还能获得相应的职业技能水平证书，最终实现学历证书与专业技能等级证书的互融互通。

4.完美链接，数字化资源丰富

与教材配套的数字化课程资源由课程视频、微课、PPT 课件、项目案例、学习手册、源程序、章节习题、习题答案、试卷库等组成，对应教学资源已在智慧职教(www.icve.com.cn)同步建设。教学团队持续丰富教材对应的微课视频，并且根据数据库产品的变化，及时更新数字化平台的课程资源。

(二)构建内容，优化设计

教材以典型数据库应用系统的数据库设计与开发为载体，通过项目来组织内容设计，引入企业典型数据库应用系统开发项目，按照软件项目开发的过程，设计为需求分析→概要设计→详细设计→功能实现→系统测试。每个环节精选教学内容，基于工作过程和能力形成规律，将相关知识、技能、应用进行重构。教材共设置3个来自企业实际的技能训练项目，7个教学模块，13个工作任务。

1.新的导向：职业能力+专业素养

教材开发围绕教育部发布的软件技术专业的教学标准展开，并针对专业岗位(群)中的数据库管理员、数据库系统开发人员所需的职业岗位能力分析进行内容编排,以培养"数据库应用、设计、管理、开发"能力为主线。

　　教材打破传统教材知识体系的递进性和系统性,将认识过程和职业活动结合起来。以实际应用中的典型真实项目——家电商城系统数据库的开发为全书教学案例,突出技能,贴近实践,学以致用,构建以"真实项目、真实环境、真实应用"相结合的全新内容体系,体现出教材的职业性(做什么)、规范性(怎么做)、科学性(知识)和实用性(技能),如图6-4所示。

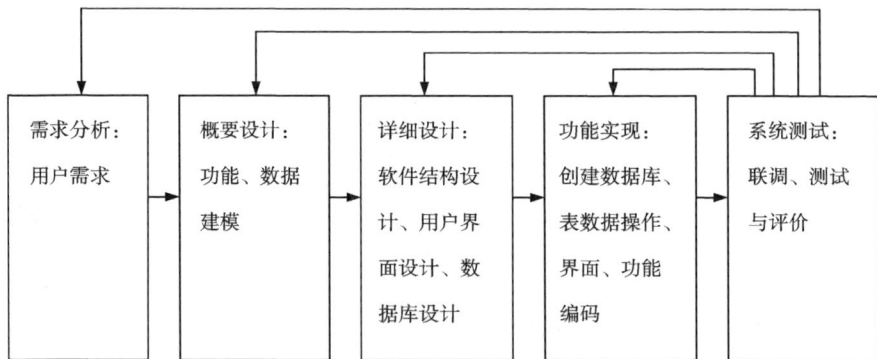

图 6-4　新形态教材软件项目开发过程设计

　　2.新的结构:多模块化项目式

　　该教材突破了传统教材先知识后技能的结构,采用项目式→模块化→任务结构的设计。以实际软件项目开发工作流程为指引,按工作的阶段、功能,对应岗位工作项目和任务,将课程内容分解为若干模块,再将模块分解为若干工作任务。采用任务驱动,将原有知识、技能碎片化,经提炼融入相关岗位工作任务。全书按照由浅入深的原则设计了安装、应用、实施设计、管理、开发5个学习情境和相应的教学任务,如图6-5所示。

　　教材围绕"家电商城系统""学生成绩管理系统""员工信息管理系统"三个项目数据库的设计与开发展开。为方便学生学习,每个任务由情境导入、任务分析、知识储备、任务实践、任务拓展、课堂实训、思考练习构成,如图6-6所示。通过教师的教学示范,以及课堂实训和课后巩固练习,学生循序渐进地掌握MySQL数据库技术。

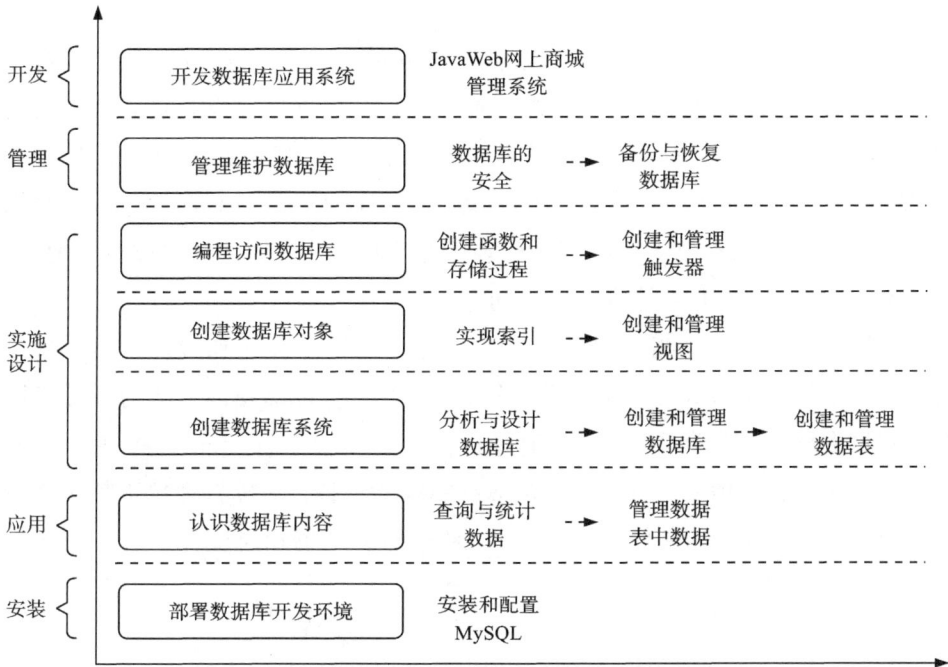

图 6-5　新形态教材教学情境、模块与任务设计

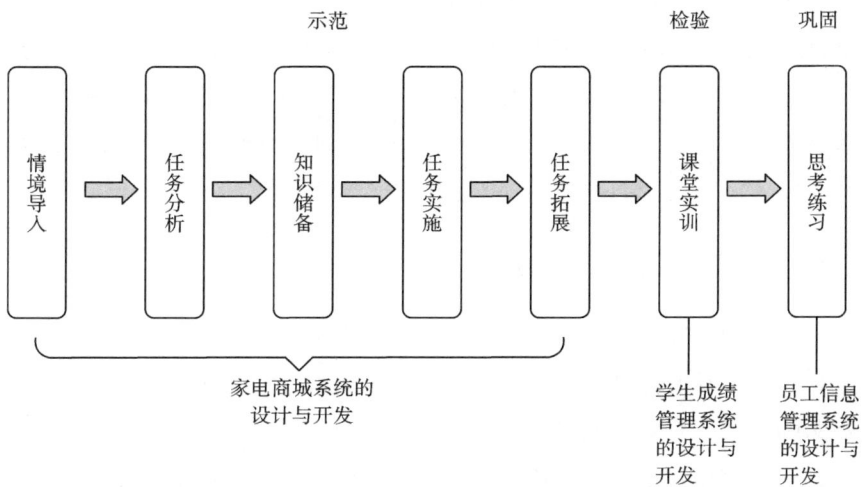

图 6-6　新形态教材任务单元的构成

3.新的团队：多元参编

《管理办法》第四章第十六条规定，"教材编写团队应具有合理的人员结构，包含相关学科专业领域专家、教科研人员，一线教师，行业企业技术人员和能工巧匠等"。《MySQL数据库技术》教材编写团队成员来自高职院校和企业，均为计算机专业硕士，专业功底扎实。4位来自教学一线教师，从事数据库和程序设计类课程教学十余年，有丰富教学经验，参与过相关教材的编写；均了解企业需求，有行业企业实践经历。

教材编写组到企业调研，得到拓维、科创一线有丰富工作经验和企业教育资源的工程师悉心指导，且部分项目由企业提供，保证课程内容与行业需求同步。教材由校企分工合作，企业教师提供真实工作场景的工作任务，并协助学校教师完成任务分解、项目设计以及最终的教材审核；学校教师负责理论知识的衔接、注色以及视频制作，最终形成二维码放在图书相应位置。

4.新的模式：互联网+教材

通过与企业深度合作，以及二维码、App、微信小程序等手段，开发了大量的碎片化、模块化、系统化课程资源，将"互联网+"背景下的在线数字课程和传统教材相结合。教材向上链接到智能化教学支持环境，学习者除了可以阅读纸质书籍外，还可随时随地扫描二维码开展移动学习。向下链接平台慕课，便于学习者登录"智慧职教"平台加入课程学习。学习者开展相关课程的线上线下有机结合的网络化泛在学习，由此构建起"云平台+纸质图书+移动终端"的新型教材模式，形成新的知识呈现方式和传授手段。

5.新的版面编排：便于自主学习

教材在版面编排上有别于传统教材，整本教材的正文内容略微靠近装订线内侧，书页外侧留出较多的空白。一方面在空白位置放置相关知识点和技能点对应资源的二维码；另一方面专门留出做笔记的位置，方便学习者随时记下学习心得。笔记具备过程性、结构化、形式化、实量化、个性化及系统性[1]，使学

---

[1] 三木雄信. A4纸工作法[M].天津：天津教育出版社，2009：25-47.

生自主学习过程更加灵活、更具个性化和可操作性，可以有效提升学习效果和学习效率。[①]

(三)优质教材，多方资源

1.配套资源建设模式

教材在注重传统建设模式基础上，深挖智能化、"互联网+"建设模式。将传统教材与"互联网+"背景下的在线数字课程相结合，使教材既具有传统纸质阅读的特点，又能进行数字化交互。学习者可以阅读纸质书籍学习知识，可以随时扫描二维码观看微课、源程序等开展学习，还可登录"智慧职教"平台加入课程学习，充分满足信息化时代"个性化"学习需要。同时便于教师实施线上线下相结合的混合式教学方法，优化教学过程，打造优质、高效的"智慧课堂"。

2.配套资源内在形式

教材配套建设有微课视频、学习指南、电子课件PPT、项目案例、实训指导、习题等数字化、立体化、信息化的学习资源。据统计：微课视频共141个，电子课件共80个，实训任务单元共13个，综合应用项目共3个，案例示例共123个。

3.配套资源外显形式

教材以纸介质为核心，及时在"智慧职教"平台更新配套课程资源；建立了答疑社群，编写团队会进行在线答疑，学习者可以注册登录进行学习并下载配套资源。

4.《MySQL数据库技术》新形态教材应用

教材自2019年9月出版以来，截至2021年5月已有来自湖南、浙江、内蒙古等全国多所高职院校与社会培训单位使用，使用量共计2145册，其中湖南大众传媒职业技术学院382册，湖南科技职业学院750册。各高职院校该教材

---

① 吴振东.试论"活页教材+活页笔记+功能插页"三位一体自主思维模式的构建[J].新课程研究，2018（9）：63.

使用情况见图 6-7 所示。

单位：册

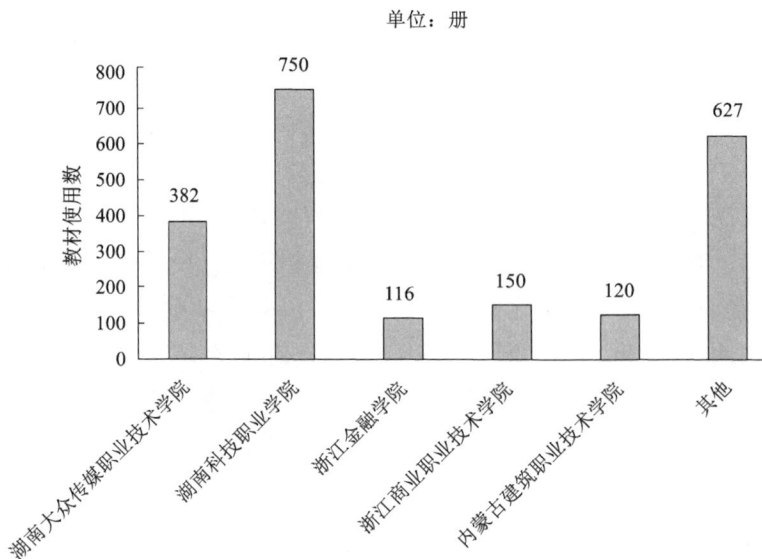

图 6-7 《MySQL 数据库技术》教材使用情况

相应的数字化教学资源是湖南省专业资源库建设的标准化课程，资源库课程学习人数已达 2034 人。目前全国已有湖南大众传媒职业技术学院、武汉软件工程职业学院、广西城市职业大学、重庆水利水电职业技术学院等 49 所学校引用本课程资源开设的 SPOC 网络教育课程教学，学习人数达 7048 人，互动总量达 1061685 次，部分学校调用课程 SPOC 情况如表 6-1 所示。

表 6-1 部分学校调用课程 SPOC 情况表

课程名称	SPOC 课程名	主持教师	学校	学习人数/人	互动总量/次
数据库基础与应用	数据库开发技术	潘洪涛	保定电力职业技术学院	83	6268
数据库基础与应用	关系数据库管理	杨雅芳	福州职业技术学院	39	1810

续表6-1

课程名称	SPOC 课程名	主持教师	学校	学习人数/人	互动总量/次
数据库基础与应用	数据库技术应用（2021）	魏吴	北京工业职业技术学院	25	1758
数据库基础与应用	2020 级计算机数据库（MySQL）	侯庆宝	鹤岗师范高等专科学校	102	4251
数据库基础与应用（MySQL）	数据库基础	阳小丽	湖南工程职业技术学院	154	17263
数据库基础与应用（MySQL）	Java 数据库编程技术	旷雄杰	湖南财经工业职业技术学院	186	16117
数据库基础与应用（MySQL）	MySQL 数据库应用基础	孟宏涛	唐山职业技术学院	29	4992
数据库基础与应用（MySQL）	Web 前端开发（MySQL 数据库篇）	杨福权	珠海城市职业技术学院	61	3590
合计				679	56049

三、《MySQL 数据库技术》教材修订的思考

为保证教材有较高的"技术跟随度"，《管理办法》第四章第十八条要求"职业院校教材投入使用后，应根据经济社会和产业升级新动态及时进行修订，一般按学制周期修订"。因此一年后的教材修订会从以下几方面着手。

（一）校企"双元"合作开发优质培训资源

由于行业的特殊性，IT 企业项目大多涉及商业机密，不便于分享；同时 IT 企业员工与学校教师的薪酬差距较大，深度合作意愿不高。希望在"1+X"证书制度试行过程中，能与优质社会评价组织、行业专家一同对培训资源（教材、案例库、习题库等）进行开发与完善。

(二)融入课程思政的教材设计与开发

深入挖掘《数据库基础与应用》课程的思政元素,从编写团队的组建、教材体例的设计、思政元素的融入和教材资源的开发四个方面对课程知识进行解构和重构。

(三)教材修订方向

教材修订(再版)时,根据一线师生及企业反馈意见对教材进行查漏补缺,同时将对应的教学资源在爱课程(中国大学 MOOC)平台同步建设为数字教材并出版。

四、教材数字化资源设计心得

传统教材存在内容有限、缺乏想象、形式单一、难以实操等缺点,数字化资源可以为教材提供丰富、实用、适用和具有引领创新作用的多种类型的立体化、信息化的课程资源,但并不是所有知识点都需要制作成数字化资源,数字化资源的增加要有重点和针对性。

(一)应根据课程本身和行业特点有针对性地进行设计

课程配套的数字化资源类型繁多,有视频、课件、虚拟仿真、动画、App、小程序等,应结合行业背景、职业岗位,根据课程特点有针对性地设计,不能片面地追求多样化,以合适为宜。比如汽车类专业的相关课程受场地、设备的限制,为了让学生有更深刻的学习体验,在制作数字化资源时多使用虚拟仿真进行现场模拟,或制作动画将原理动态化展示;外语学习类的课程可开发小程序来进行口语与听力的互动教学;程序设计类课程则更多的是项目的实操视频,也可开发实训平台来辅助教学;表演类课程则更多的是录制视频进行剖析。总之,学生难以接触的实际工作环境、设备、工作场景以及不易用文字描述的操作规范、案例、表演技巧等,建议补充数字化资源。

(二)应注重数字化资源的开发团队的建设

由于数字化资源的多样性,需要组织多方力量建设开发团队。如外语类的课程资源要开发互动小程序,需要程序开发的项目团队来参与,精美课件的制作需要美工的参与，微课视频的制作离不开专业的拍摄及制作团队。

(三)教师教学必须向深度挖掘

数字化资源要兼具趣味性和知识性，要精心设计。微课不能简单地复述教材的知识，要以精练的语言、有趣的情境呈现出知识或技能点。教师只有深入钻研教材，才能多角度分析教材，挖掘教材的隐性内容。

第七章　高职"双证书"教学方法

教学方法指在教学过程中教师与学生为完成一定的教学任务而使用的一切方法的总和，既包括教师的教法，也包括学生的学法，是教法和学法的统一。现代职业教育教学的特征，如图7-1所示。

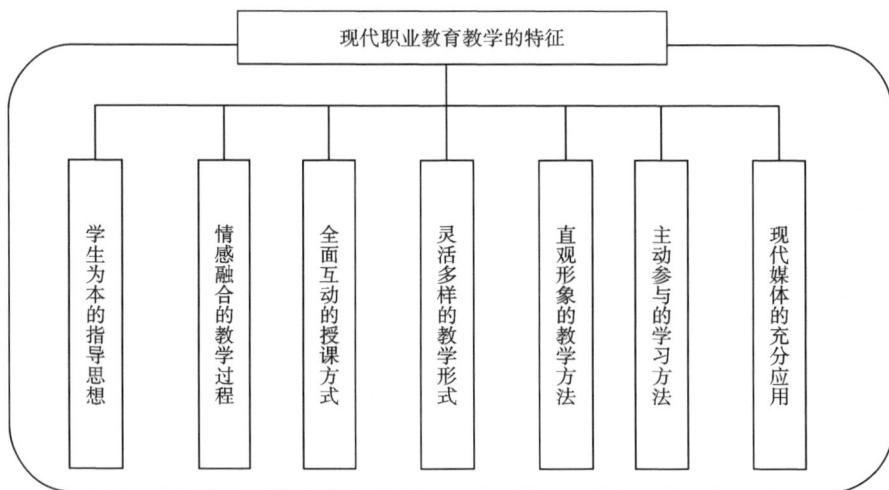

图 7-1　现代职业教育教学的特征

高职"双证书"教育的培养目标不仅仅是提高学生的职业技能，还应使学生有扎实的理论知识和出色的实践能力。现代科学技术的突飞猛进，要求高等职业院校的课程要加强在理论知识应用和实践能力等方面内容的培育。课堂是教育教学的主阵地，只有抓住"45分钟课堂"主战场，对课堂教学方法进行改革，才能让学生在知识能力上体现"可持续发展"的延展性。

第一节　高职"双证书"教育理实一体化教学法

高职院校的学生往往以形象思维为主，他们不善于用符号思考，也不善于集中注意力听教师讲解，所以应该多采取理实一体化的课堂教学方法。理实一体的教学法包括讲授教学法、提问教学法、读书指导法、示范教学法、演示教学法和情境教学法等。

一、理实一体化教学原则

理实一体化应遵循两个基本原则：一是理论教学与实践教学交替原则；二是学生动耳、动眼、动口、动手、动脑原则。

（一）理论教学与实践教学交替原则

理实一体化教学的基本原则是：理论教学与实践教学交替进行。只有两者交替进行，才能使抽象的理论形象化，学生才能学得好、学得快。在进行理论与实践交替教学的过程中，要注意以下三个方面的问题。

①理论与实践交替的周期：理论与实践交替周期时间，指交替1个月一次，或1周一次，或1个学时一次。大量的教学实践证明，教师每次对抽象理论知识的讲解不得超过1学时；如果超过1学时，学生通常就难以消化抽象理论知识。所以，要求每一次授课都有理论内容与实践内容的交替。

②理论与实践交替的次序：先理论后实践，即教师先讲解，学生再通过实践来消化教师所讲的理论知识。先实践后理论，即学生先实践，再对教师随后要讲的内容有一个很好的理解。除此之外，还可以是"理论—实践—理论"，前一理论是粗浅理论，主要是为实践提供服务，后一理论是实践后的理论；也可以是"实践—理论—实践"，前一实践是粗浅实践，主要是便于理解理论讲解中的抽象内容，后一实践是在这一理论下的实践。

③要实施好理论与实践教学交替，在课程的设置上应提高实践课时比例，充分体现学生动手能力和实际操作技能的训练，加大专业课程中实训课时的比例，将实践课时增至专业课程总学时的50%以上。

(二)学生动耳、动眼、动口、动手、动脑原则

在每一次课堂教学中,如果学生能动耳、动眼、动口、动手、动脑,教学肯定是成功的教学。

①教师讲解,学生只能动耳。

②学生阅读,学生动耳、动眼、动口。教学实践证明,职业院校学生非常喜欢朗读教材内容,可请学生在朗读一段教材内容后,教师及时进行归纳或提问。

③教师提问,学生动耳、动眼、动口、动脑。在课堂上,教师如果要提问,学生都会比以往变得紧张,这是集中学生注意力极为有效的教学手段。

④实践操作,学生动眼、动脑、动手。只有亲身实践,才能变抽象为形象,才能留下更深刻的记忆。

由此可见,理实一体化教学的原则之一就是调动学生动耳、动眼、动口、动手、动脑的积极性。理实一体化的教学方法可能多种多样,但只要将学生的耳、眼、口、手、脑都调动起来,就是不错的教学方法。[①]

二、讲授教学法

理实一体化教学并不排斥教师对理论知识的讲解,但教师连续讲解的时间应视学生的接受情况而定,一般不能太长。根据目前职业院校学生的特点,原则上不能超过 1 小时。

(一)讲授教学法概念

讲授教学法又称传授教学法,也称为"讲授—接受"教学模式,它是指学生通过教师系统讲解而获得大量知识的教学模式。该模式是在传统课堂教学模式的基础上逐渐演化而来,主要用于系统知识、技能学习。它偏重于教师的讲授,学生只是被动接受。它能使学生在短时间内掌握大量知识。

(二)讲授教学法优缺点

优点:学生能在短时间内掌握大量知识,掌握的知识系统而全面,也比较

---

① 李雄杰.职业教育理实一体化课程研究[M].北京:北京师范大学出版社,2011:151.

准确。

缺点：这种教学模式过分强调教师的主导作用，忽视学生主体地位和学生学习的积极性、主动性，经常受到人们的诟病和争议，被一些人称为灌输式教学或填鸭式教学。

(三) 应注意的问题

①营造学习氛围。有了学习氛围学生才不会感到疲惫，才能在学习过程中感到快乐。

②引导学生注意力。没有注意力就没有学习可言，在整个教学过程中教师要尽量使学生保持旺盛的注意力。因此教师必须掌握维持学生注意力的方式，如变化刺激，改变用词及声调，引起学生兴趣，设计好简洁的板书，等等。

③避免面面俱到。传统教学中面面俱到的现象要尽可能避免，避免把所有的知识都嚼烂后喂给学生。应该变多讲为精讲，把握好教材的重点、难点、关键，注意启迪、引导，做到画龙点睛，恰到好处。

④理清教学思路。了解和引导学生思路，教给学生科学的思维方法，理清思路，开阔与活跃思路。

⑤讲授要有趣。兴趣是思维的导向。学生如果对教师所讲的内容感到新奇，就能体会到学习的快乐。教学中要充分利用情感因素。教师的讲授要有感染力。

⑥培养学习积极性。讲授教学法的一大缺点就是学生的学习积极性常常受到打击，失去了学习兴趣。因此，教学中要尽可能弥补这种缺陷，尽可能调动学生学习的积极性，培养学生的学习兴趣。

三、提问教学法

(一) 提问教学法概念

提问教学法是教师以提出问题的方式检查学生学习情况，启发学生思维，引导学生学习，活跃课堂气氛，锻炼学生口头表达能力，使学生理解和掌握知识、发展能力的一种教学行为。提问教学法不仅可以是"教师提问学生回答"，还可以是"学生提问教师回答"，后者的提问效果可能不亚于前者。

(二)课堂提问主要功能

按照教育教学理论教学实践,教学中课堂提问功能主要表现在以下几方面。

1. 温故导学

教学中新旧知识间有着密不可分的联系,只有把旧知识学扎实,才能学好新知识。教师在讲授新知识的过程中,应融入相关联的旧知识。一方面能起到复习和巩固的作用,另一方面可以达到温故而知新的目的。

2. 激趣探疑

高职学生中不少人缺乏学习热情,在教学中适时地向学生提出一个别出心裁的问题,往往能给学生带来一种新奇、一份渴求,激起他们的学习兴趣。同样,教师精心设计的提问也会引起学生对某一问题的思考,激发他们的认知欲望,使其思维处于高度自觉和主动状态,吸引学生去探究这一问题。

3. 聚神促思

有经验的教师,当学生注意力分散时,能通过巧妙的课堂提问来集中学生的注意力;当学生注意力持续地集中到某一问题而产生疲劳时,又能巧妙地通过课堂提问把注意力引开,使讲课疏密相间,张弛结合。当学生在学习过程中陷入困境时,教师及时适当地提问指点迷津,可引导学生积极思考,突破难关,促进其思维能力发展。

4. 辨析明理

当学生在学习过程中对某一知识产生疑惑,或对某个问题发生争执而无法深入时,教师可用化大为小、化难为易的方法,设计一些简单、具体的问题让学生回答,促使学生辨伪识真、释疑解惑、掌握知识。同时,课堂不仅要传授知识,更要使学生明白事理,受到思想教育。这是教书育人的基本任务,课堂提问是进行思想教育的有效途径。

5.反馈调控

欲使课堂教学结构合理、教学效果明显，就必须进行有效的反馈，课堂提问法正是教师进行反馈调控的有效方法。通过提问，教师可以及时了解学生掌握知识的具体情况，及时获得必要的信息，成为下一步教与学的重要参考，有效地提高教学质量。

6.敛才内化

课堂提问在培养学生独立思考能力、分析概括能力和口头表达能力方面，具有其他教学手段不可代替的作用。同时，教学中的课堂提问还能使学生更好地对所学的基本概念、基本技能进行理解和消化，掌握和巩固所学知识，并帮助他们把新知识纳入已有的知识结构中去，使学生真正掌握知识。

(三)应注意的问题

1.整体分析知识结构，明确课堂提问目的

英美等国最近的研究表明，教师在课堂教学的每五个提问中，有三个是只需要简单地回忆即可回答的事实性内容，一个是关于课堂管理性的，剩下一个是要求较高层次的思维活动。提问的质量和问题的预先设计有着密切关系。如果教师在备课时并未进行设计，只是课堂上即兴提问，则提问往往偏离教学内容中的关键问题，或仅仅限于较低水平而流于形式。因此，为科学地运用课堂提问，在备课时就必须进行设计。设计时，应抓住本节课的重点、难点问题，弄清针对哪些问题展开提问，通过提问达到什么目的。通过设计，有了明确的目的，在课堂提问时就能做到有的放矢，取得事半功倍的效果。如果不是这样，往往会出现"问无实质，问多无趣"的现象，影响课堂教学效果和学生能力的发展。例如，在讲授正切函数的定义域、值域、单调区间、周期性、极限等性质时，如果教师仍然采用一问一答的形式，一条一条地进行描述，那就只能针对一系列练习方式，机械地回忆简单事实，根本无法激起学生积极参与的热情。

2.分析学生认知结构，恰当掌握提问范围

一是提问的难易度要适当。同样的一个问题可以用不同的方式来调节回答范围的大小。范围设计不要简单化。简单的问题，如果没有思考价值，则不能激发学生的思维，也难令学生产生兴趣。长久下去，学生会对提问淡然处之。设计问题的难度也不要太大，若问题难度超出学生的知识水平，会使学生望而却步，挫伤学生学习的积极性。因此，设计问题要难易适度，要让大多数学生通过努力就能解答。这样，既能激发学生的思维活动，又能使学生体验到获得成功的愉悦，从而激发学习兴趣，增强自信心，促进智能发展。设计问题，应抓住本节课中的重点与难点，多角度地精心设计小问题，从易到难、由浅入深、循序渐进，使学生随着问题的深入，积极思考，逐个突破。这样，既能突出重点、化解难点，又能让学生感到有趣，使学生的知识逐步深化。

二是提出的问题要有针对性。学生的学习成绩有优、良、中、差之分。为了大面积地提高质量，教师授课时必须面向全体学生，不能用同一个标准要求所有学生。因此，设计问题要有针对性，对成绩较好的学生，不能设计太简单的问题，而应提出较难的和偏重抽象思维能力的分析题，让他们乐于动脑，感到有趣，促其精益求精；对成绩较差的学生，不能设计难度较大的问题，要让他们回答较容易的基本概念或基础知识，并对他们的进步给予热情鼓励，以优化其心理品质；同时，要重视中等成绩的学生，因为激发了他们的学习兴趣，就可使全班大多数学生处于积极学习的状态之中。因此，针对学习成绩不同的学生设计不同层次、不同难度的问题，做到因人而异，因材施教，可以有效地调动各类学生的学习积极性。

3.分析学生的心理状态，突出提问的启发性

一个有效的提问应使学生具有亲切感，促使学生产生学习的兴趣。从心理学方面分析，有效提问能引起学生适度的紧张，让他们处于一种感到问题困惑但又不感到灰心丧气的有效状态；学生若对学习产生兴趣，就能自觉排除多种因素的干扰，集中注意力，积极主动地学习。因此，设计问题要有趣味性，使学生始终处在积极思维的兴奋状态，提高教学效率。提问时，要做到"引而不发"。所谓"引"，是提示，是点拨，是启发；所谓"不发"，是教师不直接讲出问题的实质。在实施课堂提问时，教师要有意识地创设一个"愤悱"情境，使学生

"心求通而未得之意，口欲言而未能之貌"，进而领略"山重水复疑无路，柳暗花明又一村"的无穷乐趣。如在讲授"抛物线的几何性质"时，先复习椭圆、双曲线的几何性质，请同学们填好课前印好的表格，然后提问：你是怎样与椭圆、双曲线的几何性质相比较而得出抛物线的几何性质的呢？该问题和学生已有知识可以产生联系。提问后，让学生进行讨论，经过教师启发后，可得出抛物线的几何性质。

4.分析学生的思维过程，把握提问的渐进性

许多时候，学生对问题的回答往往停留在表面层次，无法看出其思维过程是否恰当或是否全面，有时甚至答案正确而思路却是错误的。教师在提问时可采用渐进式提问法，即在学生对所提问题有了一个回答后，再接着追问几个问题。如"你是如何得出这个结论的"等。这种提问常常能起到激发新信息，扩展答案，重新引导提问发展方向的作用。

5.及时点评学生表现，多褒少贬重在鼓励

学生回答提问后，教师要给予积极的评价，评价的标准不能失之于宽，因为太宽就会失去鼓舞学生认真学习的作用；也不能失之于严，过严就会挫伤学生的信心和热情。教师及时点评的主要目的是调动学生学习的积极性，让他们全身心地投入到课堂学习中。[①]

四、读书指导法

读书指导法，亦称阅读指导法。教师指导学生通过阅读教科书、参考书和课外读物获取知识，培养学生的独立阅读能力和自学能力。

(一)读书指导法特点

读书指导法既强调学生的读，又强调教师的指导。在实际教学中，教师指导学生阅读，必须从指导阅读教科书开始，因为教科书是学生在学校中获得知识的主要来源。此外教师还要指导学生阅读课外读物。学生阅读课外读物，不

---

① 易洁.高职数学教学中运用课堂提问技巧的几个问题[J].湖南大众传媒职业技术学院学报，2007
　(5)：106-108.

仅能加强理解和巩固课内学习的知识，而且能开拓知识领域，满足多方面兴趣，丰富精神生活。

（二）读书指导法实施步骤

教师布置读书任务。如阅读教材某段内容，提出阅读目的与要求，给出若干个思考题，让学生带着问题去阅读思考。

学生自主阅读教材。通常一节课让学生阅读一刻钟左右，若学生读出声音来效果更好。此时教师检查学生读书情况，也可以与全班学生一起阅读。

师生共同讨论中心问题及关键词。学生阅读教材完毕后，教师提问学生回答，或学生提问教师回答，也可以是学生问学生答，或请学生上讲台当一回教师。总之，方法是多种多样的。

（三）应注意的问题

①帮助学生明确阅读的目的、任务和范围。让学生带着问题读书，才能围绕着知识中心而学，提高他们的积极性和主动性。

②教给学生读书方法，培养学生良好的学习习惯。如记笔记、写心得、列提纲。

③让学生学会质疑，自己提出问题。学会怎样问问题，才是真正的学问。

④指导学生对所学知识进行归纳整理，要让学生自主进行，教师不能包办代替，这是锻炼学生分析概括能力的好方法。

五、示范教学法

（一）示范教学法概念

示范教学法就是有目的地以教师的示范技能作为有效刺激，引起学生相应行动，并通过模仿示范有成效地掌握必要技能。示范教学是教学的一种基本方法。

（二）示范教学法内容

示范教学法包括语音示范法、动作示范法和书写示范法等几个方面。

①语音示范主要通过语言和声音进行，如外语的语音教学、语文的朗读教

学和音乐的唱歌教学等。

②动作示范主要通过各种动作进行，如体育的各种示范动作、戏曲表演的各种身形示范、自然科学的各种实验操作示范等。

③书写示范主要通过书写方法和格式进行，如写字的方法，符号和公式的书写要求，解题的步骤、实验报告的格式，等等。

除此以外，其他如教师的言行、教学态度、思想方法和工作方法等都具有示范性，都能深刻地影响学生，应该经常注意。①

(三)应注意的问题

不是任何教学内容在任何时候都可以采用示范教学法。一般来讲，该方法主要适用于学习技能的初期，特别是有经验的教师在示范教学中不刻板地重复例证，不过死地规定技能，而是很注意灵活变通、合理操作，使学生不满足于现成方法的模仿，激发他们创造性地学习。也就是说，教师在示范教学中要配合其他教学方法使学生在模仿学习中尽可能应用分析、比较、抽象、概括、推理和探索新情境等心智操作，以克服示范教学法的保守性。

六、演示教学法

教师借助某种道具或多媒体，以简单、明了的演示方法把生活中一些具体事例展示给学生，把一些抽象的知识和原理简明化、形象化，帮助学生加深对知识、原理的认识和理解。

(一)演示教学法概念

演示教学法是教师以教科书或讲义为主要教学材料，以实物、模型等直观教学媒体为主要教学手段，直观地通过口头语言向学生传授知识与技能的一种教学方法。

(二)演示教学法作用

可根据知识、原理的难易情况，采用先讲解后演示，或先演示后讲解的方

---

① 李雄杰.职业教育理实一体化课程研究[M].北京：北京师范大学出版社，2011：152.

法。但是，不管采用哪种教学方法，目的都是增加学生的感性认识，活跃课堂气氛，调动学生的学习积极性，活跃学生的思维，提高知识传授和思维训练的效果，提高教学质量。

(三)应注意的问题

①根据学生的具体情况运用演示教学法。学生具有很大的可塑性，只要抓住了学生的年龄特点，因材施教，把一些理论性较强的原理以适于文娱活动的形式表演出来，同样能激起学生的学习热情，提高教学效果。

②控制演示时间，难度不宜太大。演示不宜过于复杂，难度也不宜太大，否则学生理解不了，也就不会产生学习的积极性，自然也达不到预期的教学目的。

③演示内容要贴近生活。在案例教学中，演示教学法可以充分发挥教师和学生的主观能动性，使课堂不再那么沉闷、枯燥，也可以使学生的主体地位得到充分体现。因此，演示内容一定要贴近生活，教师的演示才能引起学生的共鸣。

七、情境教学法

(一)情境教学法概念

情境教学法由我国著名儿童教育家李吉林创建①，是指在教学过程中，教师有目的地引入或创设具有一定情绪色彩的、以形象为主体的生动具体的场景，引起学生一定的态度体验，从而帮助学生理解教材，使学生的心理机能得到发展的教学方法。情境教学的核心在于激发学生的情感。

(二)情境教学法理论依据

1.情感和认知活动相互作用的原理

情境教学法要求创设的情境要使学生感到轻松愉快、心平气和、耳目一

---

① 李吉林.李吉林文集(卷1)：情境教学实验与研究[M].北京：人民教育出版社，2007.

新，以促进学生心理活动的展开和深入。欢快活泼的课堂气氛是取得优良教学效果的重要条件，学生情感的高涨和欢欣鼓舞是知识内化和深化之时。

2. 认识的直观原理

情境教学法具有使学生身临其境或如临其境的优点。即通过给学生展示鲜明具体的形象（包括直接和间接形象），一则使学生从形象地感知达到抽象地、理性地顿悟；二则激发学生的学习情绪和学习兴趣，使学习活动成为学生主动的、自觉的行为。应该指明的是，情境教学法的一个本质特征是激发学生的情感，以此推动学生认知活动的进行。

3. 思维科学的相似原理

相似原理反映了事物之间的同一性，是普遍性原理，也是情境教学的理论基础。形象是情境的主体，情境教学中的模拟要以范文中的形象和教学需要的形象为对象，情境中的形象也应和学生的知识经验相一致。情境教学法要在教学过程中收入或创设许多生动的场景，为学生提供更多的感知对象，使学生大脑中的相似块（知识单元）增加。这有助于学生灵感的产生，也培养了学生相似性思维的能力。

4. 有意识心理活动与无意识心理活动相统一

情境教学的最终目的在于诱发和利用无意识心理提供的认识潜能。所谓无意识心理，就是人们所未意识到的心理活动的总和，是主体对客体的不自觉的认识与内部体验的统一，是人脑不可缺少的反映形式。研究表明，无意识心理的上述两个功能直接作用于人的认知过程：首先它是人们认识客观现实的必要形式；其次它又是促使人们有效地进行学习或创造性工作的一种能力。

5. 智力因素与非智力因素统一

在教学这种特定情境中的人际交往，由教师与学生的双向活动构成，其中师生间存在着两条交织在一起的信息交流回路——知识信息交流回路和情感信息交流回路。知识回路中的信息是教学内容，信息载体是教学形式；情感回路中的信息是师生情绪情感的变化，其载体是师生的表情（包括言语表情、面部表情、动作表情等）。无论哪一条回路发生故障，都必然影响到教学活动的质量，只有当两条回路都畅通无阻时，教学才能取得理想的效果。

第二节　高职"双证书"教育行动导向教学法

为适应信息社会、知识经济对现代人的要求，培养学生综合职业能力，行动导向教学应运而生。行动导向教学以培养学生的关键能力和职业能力为目标，自20世纪80年代产生以来，日益为世界各国职业教育人士接受和推崇。这里主要介绍角色扮演法、头脑风暴法、项目教学法、案例教学法、参与式教学法。

一、行动导向教学法概述

（一）行动导向教学法概念

行动导向教学法，英语国家称之为 action oriented，它源于德国的"双元制"教学，是世界职业教育教学论中出现的一种新思潮。

所谓行动导向，是指学习是个体的行动，学生是学习的行动者，教师是学习行动的组织者、引导者、咨询者，为了行动来学习并通过行动来学习，从而达到手脑统一。[①] 行动导向教学法，是指教师不再按照传统的学科体系来传授教学内容，而是按照职业工作过程来确定学习领域，设置学习情境，组织教学。[②] 行动导向是指"由师生共同确定的行动产品来引导教学组织过程，学生通过主动和全面的学习，达到脑力劳动和体力劳动的统一"。因此严格地来说，"行动导向教学实质上是指在整个教学过程中，创造一种学与教、学生与教师互动的交往情境，把教与学的过程视为一种社会的交往情境，从而产生一种行为理论的假设"。[③]

（二）行动导向教学法内涵

行动导向教学本身并不是一种教学方法，当课堂教学中所使用的方法具备

---

①　陈启琛.浅淡行动导向教学法的催化作用[J].中国职业技术教育，2005(12)：34-35.

②　赵轶.探析德国职业教育教学改革中的行动导向法[J].山西财政税务专科学校学报，2007(1)：74-77.

③　汪静.德国"行动导向"职业教育教学法研究[D].天津：天津大学，2007.

行动导向的特征时，才能称其为行动导向的课堂教学。它指的是一种完整的创新的职业教育教学体系，是对传统的教育理念的根本变革。行动导向教学法是学生综合能力培养的有效模式。

行动导向教学法体现以学生为本的教学理念，这种教学模式以教会学生学会学习为目的，使职业教育从注重教法转变为注重学法，将学生学习与学生发展结合起来。采用师生互动，小组互动，以学为本，因学施教的教学准则。因为"学"在人一生的活动中占主体地位，"教"对人的成长和发展起着辅助和促进作用。学不仅仅让学生学习知识，而且要让学生"学会学习""学会做事""学会生存""学会与他人交往"。因而行动引导教学是要求学生在学习过程中不只用脑，而且是脑、心、手共同参与学习，通过行动的引导让学生在活动中提高学习兴趣，培养创新思维，形成关键能力。

（三）行动导向教学法目的

行动导向教学的目的在于促进学习者职业能力的发展，核心在于把行动过程与学习过程相统一。职业行动培养的目标就是学生综合职业能力的提升。以专业能力、方法能力、社会能力整合后形成的行动能力为评价标准。"专业能力是指从事专业工作所需要的技能与相应的知识，是学生毕业后胜任专业工作，走向社会赖以生存的核心本领。方法能力是指具备从事职业工作中所需要的工作方法和学习方法，包括制订工作计划、工作过程和产品质量的自我控制和管理以及工作评价。社会能力是指在工作中和学习中的积极性、独立性和与他人交往的能力，以及组织表达和社会参与的能力。"[1]

教育部职教中心研究所姜大源教授认为："实施行动导向的教学，要求开发过程导向课程，构建行动学习情境，完成教师角色转变，实施个性化教学形式，建立一体化专业室。"[2]与传统的单向灌输式教学方法相比，行动导向教学法的实现关键在于转变现有师资的教学观念，提高教师适应行动导向教学法所需要的各种能力，实现教师角色转换。[3]

① 袁江.关于行动导向的教学观[J].职业技术教育，2005(4)：1.
② 姜大源.信心、决心、恒心——与职校生谈成长观[J].职业技术教育，2003(16)：21.
③ 易洁.行动导向教学理念下高职教师的角色转换[J].中国电力教育，2010(24)：46.

二、角色扮演法

角色扮演教学法是以能力培养为目标，以互动与创新教学、全真模拟教学为特征的一种教学方法。是教师引导学生参与教学活动，让学生扮演各种角色，进入角色情景，去处理多种问题和矛盾，以此加深对专业理论知识理解的有效方法。

(一)角色扮演由来

角色扮演由美国教授 Kelly 于 1995 年提出。角色扮演法是一种设定某种情境与题材，以某种任务的完成为主要目标让学生扮演自己原来没有体验过的角色或旁观者，通过行为模仿或行为替代，将注意力专注于活动的进行过程，让学生在真实的模拟情景中，体验某种行为的具体实践，以感受所扮演角色的心态和行为，把学到的理论知识应用到实际工作中，以帮助学生了解自己，改进提高，掌握知识的一种教学方法。

角色扮演理论是以米德的角色扮演理论和班杜拉的社会学习理论为基础发展而来的。

1.角色理论

米德通过对自我的研究发现，自我是通过学习、扮演其他人的角色发展而来的，是他人对自己看法的总和，是各种角色的总和，代表对具有一定社会地位的人所期望的行为。角色扮演法是在与他人交往和实际社会生活中，一个人所表现出来的一系列特定行为。在不同场合，人们所扮演的角色是不同的，人们根据社会环境的变化，适当地调整自己所扮演的角色，每个人所扮演的角色是在人际互动中实现的。

2.社会学习理论

美国心理学家班杜拉的社会学习理论也是角色扮演用于塑造人的行为的理论基础。社会学习理论认为人的社会行为是通过观察学习获得的。在观察学习中，具有决定性影响的是环境，如社会文化关系、榜样等客观条件。只要控制这些条件，就可促使儿童的社会行为向社会预期的方向发展。他在实践中证明，在观察学习中，人们不需要什么奖励或强化，甚至也不需要参加社会实践，只要通过对榜样的观察，就能学到新的行为。

(二)角色扮演法原则

1.情境性原则

情境性指运用具体的场景或提供学习资料以激起学生的学习兴趣，提高学习效率的一种教学方法。学生的角色扮演离不开情境的支持。

2.共同性原则

每个学生都有表演的欲望，让学生共同参与的效果好于个别参与。学生的共同参与，体现了教育的公平性。

3.趣味性原则

角色扮演是为了激起学生的兴趣，变被动为主动学习，所以选择的角色应该是学生感兴趣的，并且是学生所向往的职业。

4.适当介入原则

教师可适当调节活动中出现的问题或适当参与角色表演，有了教师的适当参与，学生的积极性更高，课堂气氛更活跃，拉近了师生的关系。①

(三)角色扮演法适用范围

角色扮演法适用于某些可操作的能力素质教学，如谈判技巧教学、酒店管理教学、餐饮服务教学、护理教学等。在培训的情境下，给学生角色实践的机会，使学生在真实的模拟情境中，体验某种行为的具体实践，帮助他们了解自己，改进提高。

---

① 李雄杰.职业教育理实一体化课程研究[M].北京：北京师范大学出版社，2011：166.

三、头脑风暴法

(一)头脑风暴法内涵

头脑风暴法的创始人是英国心理学家奥斯本,所以头脑风暴法又叫奥斯本震脑法。它是当今最负盛名、最实用的一种集体式创造性解决问题的方法。通常是将对解决某一问题有兴趣的同学集合在一起,在完全不受约束的条件下,敞开思路,畅所欲言。由教师对需要讨论的问题进行大致描述后,要求学生交流各自的想法,教师不对其正确性进行任何评价,并提出备选行动解决方案。

在所有的备选方案尚未介绍完毕之前,不允许对所交流的任一备选方案进行批评,每一位同学都可保留意见。由一位成员将提出的所有备选方案都记在一张活动挂板上,鼓励全班同学尽可能创新和激进。什么样的想法都可以提出来,提出的见解越多越好。另外,还可以在吸收其他班同学建议的基础上,提出更多的补充性想法。当所有的备选方案都被提出后,其他同学从正反两个方面对每个备选方案进行讨论,并按优劣对备选方案进行排序。

在职教实践中,可通过头脑风暴法,讨论和收集解决实际问题的意见和建议(总称为建议集合)。通过集体讨论,集思广益,促使学生对某一教学课题产生自己的意见,并通过同学间的相互激励引发连锁反应,从而获得大量的构想。经过组合和改进,达到创造性解决问题的目的。

(二)头脑风暴法应用四原则

1.不可以批评别人的创意,也不要自谦

对别的同学提出的想法都不能批评、不得阻拦。即使自己认为是幼稚的甚至是荒谬的设想,也不可予以驳斥。如果妄加评议,许多人就会变得更拘谨。他们未发表的意见或许非常好,或许可以激发别人的好意见。

2.创意的数量是首要目标

意见越多,产生好意见的可能性越大。各种设想,不论大小,甚至最荒诞的设想,记录人员也要认真完整地记录。

3.鼓励综合与修改

鼓励综合各种见解或在他人见解的基础上进行发挥，取长补短，探索改进的办法。除得出自己的意见外，鼓励学生对他人已经提出的设想进行补充、改造和综合。

4.创造性是关键因素

鼓励畅所欲言，任意思考。课堂提倡在自由气氛中尽情思考，任意想象，尽量发挥，主意越新、越怪越好，因为它能激发出有创意的观念。

(三)头脑风暴法适用范围

头脑风暴法是用来产生各种各样的主意和设想的，产生的意见和设想可以是问题(目标)、方法、答案与标准等，但并不只限于寻求解答。

头脑风暴法最主要的作用是引发许多与某一特殊需求或问题有关的设想，因此头脑风暴法的问题必须是开放性的。如：如何增强团体认同感？如何使组织有效运转？

四、案例教学法

(一)案例教学法概念

案例教学法是一种以案例为基础的教学法。通过一个个具体案例的思考，去启发学生的创造潜能。其真正重视的是求出答案的过程。

(二)案例教学与传统教学的区别

在案例分析中可以体现学生的职业行为能力，培养学生决策能力和决策选择结论的能力，将整个决策过程的思维用语言进行完整的表述。两者的区别如表7-1所示。

表 7-1　案例教学与传统教学的区别

效果	案例教学	传统教学
教学目的	培养能力	传授知识
教学载体	案例	课本
教学方式	启发式	讲授式
沟通渠道	多向流动	单向流动
学习积极性	高	低
学习效果	第一手知识	第二手知识
教学效果	能力培养效果高，学习系统知识效率低	能力培养效果低，学习系统知识效率高

(三)案例教学法实施步骤

1.学生自行准备

一般在正式开始集中讨论前一至两周，教师把案例材料给学生；学生阅读案例材料，查阅指定的资料和读物，搜集必要的信息，并积极地思索，初步形成关于案例中的问题原因分析和解决方案。教师可以在这个阶段给学生列一些思考题，让学生有针对性地开展准备工作。

2.小组讨论准备

教师将学生划分为几个小组，各个学习小组的讨论地点应该彼此分开。小组应以他们自己有效的方式组织活动，教师不应该进行干涉。

3.小组集中讨论

各个小组派出自己的代表，发表本小组对于案例的分析和处理意见。发言时间一般控制在30分钟以内，发言完毕之后发言人要接受其他小组成员的询问并做出解释，本小组的其他成员可以代替发言人回答问题。此时教师充当组织者和主持人的角色。

4.总结阶段

在小组集中讨论完成后，教师应该留出一定的时间让学生自己进行思考和总结。这种总结可以是总结规律和经验，也可以是获取这种知识和经验的方式。教师还可以让学生做出书面总结，这样学生的体会才更加深刻，对案例所反映出来的各种问题有一个更加深刻的理解。

五、项目教学法

项目教学法是在教师的指导下，将一个相对独立的项目交由学生自己处理。信息的收集、方案的设计、项目的实施及最终评价，都由学生自己负责。学生通过该项目的进行，了解并把握整个过程及每个环节中的基本要求。项目教学法是一种几乎能够满足行动导向教学所有要求的教学方法。

（一）项目教学法由来

2003 年 7 月德国联邦职教所制定了以行动为导向的项目教学法，它把整个学习过程分解为一个个具体的工程或事件，设计出一个个项目教学方案，按行动回路设计教学思路。该方法不仅能传授给学生理论知识和操作技能，更重要的是能培养学生的职业能力。

（二）项目教学法特点

项目教学法最显著的特点是"以项目为主线、教师为主导、学生为主体"，改变了以往"教师讲、学生听"的被动教学模式，创造了学生主动参与、自主协作、探索创新的新型教学模式。项目教学法对学生自我管理学习能力要求较强，否则实施起来较难。

1.目标指向的多重性

对学生，通过转变学习方式，在主动积极的学习环境中，激发好奇心和创造力，培养分析和解决实际问题的能力。对教师，通过对学生指导，转变教育观念和教学方式，从单纯的知识传递者变为学生学习的促进者、组织者。对学校，建立全新的课程理念，提升学校的办学思想和办学目标，通过项目教学法的实施，探索组织形式、活动内容、管理特点、考核评价、支撑条件等更新，逐步完善和重新融合学校课程体系。

2.培训周期短见效快

项目教学法通常是在一个较短的时期、较有限的空间范围内进行的,并且教学效果可测评性好。

3.注重理论和实践的统一

项目的完成,要求学生从原理开始入手,结合原理分析项目,制定工作流程。

4.跨学科教学

为完成一个项目,可能需要掌握多门课程的知识。

(三)项目教学法实施步骤

1.确定项目任务

教师提出一个或几个项目任务设想,然后和学生一起讨论,最终明确完成项目的目标和任务。

2.相关知识的学习

教师讲解完成任务所需的相关知识点,学生查找相关资料。

3.制订工作计划

由学生进行集体讨论并制订完成任务的工作计划和工作步骤,教师或工程技术人员审核,提出修改意见;学生对方案进行修改、完善,修改完善的方案同样要经过教师审核并认可。

4.实施计划

学生确定各自工作小组分工以及小组成员合作形式之后,按照正确工作步骤和程序工作,教师根据各小组的项目运行情况进行指导。

5.成果检查评估

学生先对自己的产品进行自我检查评估，并将个人或小组的成果进行展示。教师组织全体学生进行参观讨论，师生共同讨论、评判项目工作中出现的问题和学生在工作中解决问题的方法的行为特征，学生归纳总结学习成果。[1]

六、参与式教学法

(一)参与式教学法概念

参与式教学是近年来国外所倡导的，为课堂教学提供一种全新教学理念和方法的课堂教学形式。参与不是一般意义上的出席，它是指参与者投入时间、精力与注意力，参与到解决问题或意在发展高级思维技能活动时所表现出的一种主观意愿。参与式教学旨在师生互为依存，共同发展。它强调学生是教学的主体，学生在参与的过程中将学会与其他同学合作，学会尊重、学会聆听。参与式教学一般有两种主要形式：一是正规地参与教学；二是在传统的教学过程中加入参与式教学法的元素。[2]

参与式教学要求学生在教学活动中使参与形成一种习惯，形成一种常态，参与具有主体、合作、反思、发展、开放等方面的特性。

(二)参与式教学法原理

参与式教学法的理论依据主要是心理学的内在激励与外在激励的关系以及弗鲁姆的期望理论。参与式教学法能够加强学生的内在激励。学生的内在激励来自学习的趣味、意义和挑战性，学生能克服困难，从中获得乐趣和满足。在参与式教学法中，来自教师的表扬和鼓励，也使外在的激励加强。在这种内在激励和外在激励得到加强的情况下，学生的学习效率会得到显著提高。弗鲁姆的期望理论认为，每个人都是决策者，人们往往会在各种可供选择的行为方案中选择最有利的行为。但是，每个人在智力和认识备选方案的能力上是有限

---

[1] 李雄杰.职业教育理实一体化课程研究[M].北京：北京师范大学出版社，2011：178.

[2] 蔺永诚，刘箴.参与式教学法——高校课堂教学中值得推行的教学方法[J].长沙铁道学院学报(社会科学版)，2009(1)：105-106.

的，因此，只能在备选方案的有利性和自己认识能力的有限性的范围内进行选择。参与式教学法有利于学生自我设计，根据自己兴趣拓宽知识面，提高自己独立思考和解决实际问题的能力。

(三)参与式教学模式构建

"商务礼仪"课程是指人们在商务场适用的礼仪规范和交往艺术，是一门综合性很强的行为科学。因此课程教学目标决定了这是一门知识讲授与实践训练相结合的课程。然而大多数高职院校"商务礼仪"课程忽视了其实践性，教学方式大多是按照课本进行传统的备课、讲授，课堂教学强调知识系统性，淡化知识实用性。因此可尝试把参与式教学元素引入到传统的教学中，构建起参与式"商务礼仪"课程教学模式。

1.和谐的课堂文化营造

教师要站在学生立场，全面、深刻地了解学生，为学生创造参与式教学的机会，让参与成为智慧的催化剂，诱发学生的求知欲，从而让学生达到乐学的境界。教师言语要具有启发性、幽默感，适时通过题外话活跃气氛。课堂上好的题外话能让学生保持轻松、愉快的学习气氛，并能缓解精神上的紧张和疲劳。教师还可以通过课堂讨论参与、案例分析、角色扮演、示范与指导练习、相互观摩等多种多样的形式来营造和谐课堂文化氛围，从过去基于知识传授、能力培养的单一形式转变为改变学生思维方式和基于平等供需关系的开放性形式。

2.准确的教学目标设计

根据"商务礼仪"课程实用性强的特点，教师应提前布置学习任务。课前教师围绕"参与人如何参与"进行教学内容的目标设计，以问题为载体，让学生就相关问题进行预习、理解、搜集资料和合作探究。如在讲到名片礼仪时，教师可先介绍名片使用的禁忌，让学生利用课余时间查阅资料，动手自制名片。"练在讲之前"，鼓励学生自学名片制作规格、名片要素、名片用途、名片交换、名片存放等内容。课堂源于自学，让学生在自学中感受课堂的活力与魅力，对名片使用禁忌会有更多认识。因此设计符合学生的心理需求和认知需求的教学目标，可以使学生更好地进行探索和创造。

3.有效的教学活动设置

参与式教学须充分调动学生的积极性和创造性，教师要在课堂有限的时间里，把教室当成"创室"，根据学生的不同层次，设计不同目标内容。在教学过程中须明确课堂讨论目的、捕捉讨论的时机，提出富有趣味和挑战性的问题；在设置问题时注重体现梯度化和层次化，力求小梯度、多台阶、多反复、层层深入。例如教师可根据教学内容和教学目标，设置一些不雅的仪态、语言、服饰和表演，或设置一些不规范的社交情景，让学生来表演，引发学生思考；教师把握教学的张力，延缓评价的时间。这样师生在教学中的行动和思维都能积极起来，成为课堂教学的艺术家和创客。

4.恰当的学生学习评价

教师在了解参与式教学的最终效果时，应从是否激发学生的学习兴趣和提高学习效果进行评判，切忌简单地用"对"和"错"进行评判。比如站姿、走姿、坐姿和蹲姿等训练，不是简单地通过播放视频，而是通过教师示范。在每个学生逐一的实际模仿练习中，不能仅由教师单向对学生传授，简单地用"可以"或"不可以"进行评判，而应将学生本人、同学和教师三者间的评价结合起来，适时用"你觉得怎样做才能做得更好"来引导学生，在示范和模仿中共同纠正不良的举止姿态。

由此可见，营造和谐的课堂文化是参与式教学的前提，设计准确的教学目标是参与式教学的方向，有效的教学活动设置是参与式教学的关键，恰当的学生学习评价是参与式教学的升华。①

第三节 高职"双证书"教育混合式教学法

单一教学方式很难调动学生学习积极性。《国家教育事业发展"十三五"规划纲要》指出：全力推动信息技术与教育教学深度融合，鼓励教师利用信息技

---

① 易洁.参与式教学法在高职《商务礼仪》课程教学中的应用[J].职业时空，2016(4)：84-85.

术提升教学水平、创新教学模式，利用翻转课堂、混合式教学等多种方式用好优质数字资源。深入推进"网络学习空间人人通"，形成线上线下有机结合的网络化泛在学习新模式。

一、信息技术与高校教学模式创新

信息化是当今世界经济和社会发展的大趋势，以网络技术和多媒体技术为核心的信息技术是高等教育教学模式创新的主要手段。信息技术的快速发展，促进了高校教学变革和教学模式的创新。构成基于信息技术教学模式的教师、学生、学习内容和学习平台四要素，并不是简单、孤立地拼凑在一起，而是彼此相互联系。

(一)信息技术具有教育潜能

信息技术具有强大的教育潜能，具体体现在：一是信息技术创造了虚拟世界，扩展了人类生存空间；二是信息技术建构了全球知识库，使知识的来源与途径突破了以课本为中心和以教师为中心的单一模式；三是信息技术编织了全球大脑，改变了师生的关系和学习方式；四是信息技术构造了地球村，突破时间、空间限制，实现了全球课堂和国际课堂。

(二)信息技术促进高校教学模式创新

当前一些技术创新的教学模式在高校内得到广泛应用：一是基于资源检索与利用的教学模式；二是基于网络课程的教学模式；三是基于社会性学习软件的教学模式；四是基于手机移动学习的教学模式。

(三)信息技术与高校教学模式整合方法

一是提高教师的信息化认识，推动创新教育模式改革；二是深化教育信息化建设，充分发挥信息化技术的作用；三是应用信息化技术，创新教学方法；四是建立创新型教师队伍；五是实现资源共享。

二、混合式教学法

混合式教学法是指综合运用不同的学习理论、不同的技术和手段以及不同的应用方式来实施教学的一种策略。当前主要是指面对面的课堂学习和在线学习这两种典型教学形式的有机融合。

线上线下多平台的混合式教学方法是指教师借助学校提供的网络教学平台，将课程的教学大纲、教案、知识点和技能点的学习微视频及多媒体课件等教学相关资料发布到教学平台。学生根据教学安排，随时学习，遇到难点可通过观看微视频自主学习。这个完整的教学过程共分为课前预习阶段、课堂讲授阶段、课下讨论阶段。课前预习阶段主要包括课前视频观看、问题讨论；课堂讲授阶段主要包括教师解析、小组讨论、实践训练、过关测试、知识竞赛、拓展训练等；课下讨论阶段主要包括课后作业、难点讨论、考核反馈等内容。混合式教学强调的是在恰当的时间应用合适的技术达到最好的教学目标，目的在于推动教师熟悉面向知识分类和目标导向的教学方法，提高教学设计能力，将以网络教学平台为主要技术手段的多种信息技术融入日常教学活动中，从而规范教学行为，提高教学有效性。

三、微课设计与制作

微课是利用视频呈现碎片化的教学素材封装的结构化数字资源，它记录了教师在课堂内外教育教学过程中围绕某个知识重点、难点、疑点、教学环节、实践环节而展开的精彩教与学互动的全过程。

(一)微课概述

1.微课的定义

微课，指微型视频课程，又称微课程。是以短小的教学视频为主要载体，针对某个学科知识点(如重点、难点、疑点、考点等)或教学环节(如学习活动、主题、实验、任务等)而设计开发的一种情景化、支持多种学习方式的新型在线网络视频课程。[①] 教师在课前将教学资料通过软件录制好并随时可将视频播放给学生看，每个微视频均具备完整的知识点，时间在 10 分钟左右。

2.微课的组成

微课属于网络教育的一部分，是传统与现代教学手段的优势互补，也是微

---

① 胡铁生. 微课的内涵理解与教学设计方法[J]. 广东教育(综合版), 2014(4)：33-34.

时代多种教学方式和信息技术的有机结合。微课围绕微视频，整合微教案、微课件、微练习、微反思、微点评、微反馈等六个与教学知识点或教学环节相配套的教学设计①，形成"6+1"的资源构成与应用环境。

3.微课的特点

微课以阐释某个知识点为目标，其文件总体大小只有几兆或几十兆，学习者可以借助各种移动终端设备开展学习。这样可以最大限度地利用零碎时间进行个性化、自主性的学习与互动，让学习者"10分钟完成一次学习，600秒经历一次思考"，提高了学习者学习的灵活性。微课的特点体现在"精"，即精细、精炼、精心。微课具有教学时间短、教学内容少、资源容量较小、资源使用方便、资源主题突出等特点。② 在高职院校的教学中引入微课，学生可根据自己的喜好，快速获取某节课中的知识点、重难点和教师的讲解，扩大了高职课程教学的范围。

(二)高职礼仪微课程设计

以高职礼仪课程教学中言谈礼仪为例，从教学内容设计、教学过程设计、教学 PPT 设计等三个方面，介绍高职礼仪微课的设计过程。

1.教学内容设计

礼仪是指人们在社会交往活动中形成的约定俗成、共同遵守的各种行为规范及其实施程序。要在最短的时间体现最真的课堂，礼仪微课的选题须具有针对性。首先，确定教学目标。在仔细分析教学内容，确定选题的基础上，根据教学目标梳理出课程的重点、难点等知识和技能点；针对这些点进行课程设计，做到主题突出、内容具体、相对完整。以交谈礼仪为例，在对教学内容进行分析后得出以下教学目标，梳理出交谈礼仪的教学重点和难点，掌握交谈的内容和交谈的技巧，如表 7-2 所示。其次，收集可视化教学材料。根据微课主题通过网络或光盘查找或设计出媒体类型多样化的适合教学内容的媒体素材，包括相关知识的图片、声音、文字、视频，甚至动画等多种信息。如果实在找

---

① 周建松.以课堂建设为抓手 推动高职教学创新[J].中国大学教学，2014(12)：76.
② 胡铁生.中小学微课建设与应用难点问题透析[J].中小学信息技术教育，2013(4)：16.

不到，也可自行设计，因为好的教学媒体能大幅度提高微课质量。

表7-2 交谈礼仪教学目标

教学内容	知识目标	能力目标
交谈礼仪	了解言谈的基本原则，掌握交谈的内容及言谈技巧	不同的社交目标、对象和特定的语言环境，恰到好处地运用语言，传情达意，取得令人满意的社交效果

2.教学过程设计

教学过程设计本着基于某一个"知识点"进行组织，同时又要以最佳的传递方式进行呈现的基本原则。微课的教学过程要清晰，须合理规划好教学内容媒体信息的可视化呈现方式。课题导入要快速，能够吸引学生，内容讲授线索要清晰，总结收尾要快捷。[①] 微课的传递方式可依据教学需要从解题型、讨论型、启发型、演示型、答疑型、教学故事型、实验型、讲授型等多种类型中进行选取。

同样，以社交礼仪为例来说明微课教学过程设计：第一阶段为情景导入，通过节选一段影视视频，采用教学故事型，快速引入本次微课的具体内容，强调交谈礼仪微课的重点和难点，时长1.5分钟。第二阶段先通过播放动画短片，采用启发型，引起学生思考，在交谈过程中以何为"有所为和有所不为"，引入本堂微课教学的第一个重点——交谈的内容（即说什么）。从交谈的宜选话题和交谈的忌讳话题展开讲解，时长约4分钟。第三阶段以为什么"见什么人说什么话，到什么山上唱什么歌"，引入本堂微课的第二个教学重点——交谈的技巧（即怎么说）。教师从"语言准确流畅、委婉表达、礼貌用语、幽默风趣"四个方面讲解此内容，时长约3分钟。第四阶段简单小结本堂微课的内容要点，为巩固本节课内容并学以致用，布置1~2个作业题让学生进行拓展练习，时长55秒。

---

① 金燕.基于微课的翻转课堂教学模式实践研究——以《计算机应用基础》课程为例[J].职教论坛，2014(23)：57.

3. 教学 PPT 设计

根据收集到的教学内容撰写教学设计，并制成 PPT。课件设计要求简洁，重点突出，做到字少图多。PPT 只显示核心内容，图片、声音、动画、视频等媒体信息用于替换其他内容。页面颜色、字体、背景要保持一致，前后幻灯片之间的内容联系要注意逻辑顺序，以体现教师授课的思维逻辑，由浅入深，循序渐进。围绕课程内容，清晰设置导航菜单或学习路径。微课的首页或封面，可以包含微课的标题、作者和制作单位、学科、章节及教材名；知识小点写在中间页顶端，把主题内容放在中间，教师头像放置在右下角或左下角；尾页可加入感谢语。

(三)提高微课质量的几点策略

把收集好的教学材料和媒体素材制作成 PPT 后，打开视频录制软件 Camtasia Studio(简称 CS)，调整好话筒和音量，开始录制微课。为了让制作出来的微课受到更多学生欢迎，在社交礼仪微课制作过程中力求从以下几个方面进行完善。

①短视频更吸引人。一般礼仪微课可控制在 6 分钟左右，长时间易分散学生的注意力。

②教师头像可增加课程的效果。教师可在 PPT 页面右下角或左下角预留出空白，置入教师头像。在不影响观看课件内容的基础上，有教师头像的微课更具现场感和亲切感，学生自主学习能力随之增强。

③主讲教师语速快可提高礼仪微课程的吸引力。语速很关键，快语速常常更有激情。

④教师要善于模拟与学生一对一的教学情境。教师在录制微课时如能面对镜头，学生会以为教师在给自己做单独辅导，易产生亲切感。

把微课应用于高职礼仪教学，其价值不仅在于为学生学习礼仪课程提供了新的途径，还在于把教师从技术的束缚中解脱出来，从而聚焦于课程及教学的设计和实施上[①]，有助于教师的专业发展。与过去数字化教学资源制作与开发

---

① 汪晓东. 微课的外在特点与核心特征[J]. 中小学信息技术教育，2014(1)：37.

相比,社交微课的制作技术门槛较低(尤其是借助于录屏软件或手机制作的微课),投入成本不高,易在学科教师间很快普及,且教师间可通过微课分享教学成果。同时社交微课的制作是一个自主实践与反思的过程,通过制作微课教师可进行知识管理,既支撑教师专业发展的学习环境,又进一步推动了教学的改革。微课这种在线(网络)课程,为教师变革传统课程提供了契机,但微课本身不会带来新的教学模式的必然变革,还需要更多的一线教师在课堂上进行实践和探索。①

四、优化路径培育"金课"

2020年初疫情防控战役打响后,高职学院面对特殊时期教育部"停课不停学"的教学要求,以网课育"金课",多措并举确保云端课堂教学效果,确保线上课堂同质等效,凸显"内容为王+形式多样"的线上线下混合式教学新形态。

(一)构建多维在线教学模式

1.构建"学银在线(超星平台)+N"在线教学模式

以多元化应用为框架,组织全体教师以"学银在线(超星平台)"为主建设课程,并依据学情、课程内容自主选取钉钉、腾讯课堂等多种直播平台构建形式多样的云课堂。

2.探索线上线下教学融合有效途径

以在线直播为主,采用项目驱动、答疑、探究、前沿技术探讨等方式探索传统教学与线上教学模式融合有效途径,及时反馈教学效果,有效弥补传统讲授型教学的不足。

3.深化校企合作积极创新

不定期分享线上教学优秀案例,邀请芒果TV、金鹰卡通等传媒专家参与线上教学研讨会,引导中、青年教师开发特色模块、赛课融合模块、商业项目融

---

① 易洁.微课在高职礼仪课程教学中的应用探析[J].职教通讯,2016(27):48.

合模块等,推进模块化课程教学改革。

(二)全员参战多举措落实教学效果

按照"教师是关键,管理是保障,学生是中心"的原则,多举措落实教学效果。

1.开展教师培训,加强沟通研讨

高职学院积极发布线上教学各种攻略及学习培训资源,邀请资深信息化专家对教师们进行在线培训,开展多种网上教学形式研讨,交流上课进度,研讨教学困惑,分享教学心得。

2.规范课程教学标准,强化教学流程

各专业教研室制定不同专业、不同课程和不同软件的授课攻略,组织教学预演,掌控直播课堂。通过案例式、"翻转课堂"等教学方式,做到线上指导不中断、线下反馈精准改进。充分依托平台大数据掌握学生的学习效果,确保线上教学质量。

3.建立管理与监督机制

构建"教务+学工+督导"三管齐下的监督评测机制,通过每日线上课程计划报备、直播课堂抽查、教学情况检查、学生到课情况统计、督导在线指导、在线教学日志检查等方式,实现实时监督与评测,确保线上教学有序运行。

4.引导学生线下主动学习

通过"学委群"、平台课程群、班级微信群、QQ 群等方式引导学生做好疫情防控期间个人学习安排,通过发布预习材料、直播授课、线上互动、强化实训练习及考核等渠道引导学生有序进行线上学习。学生定期向二级学院教科办和辅导员反馈线上教学情况,包括线上课堂到课、教师授课、学习效果等方面,便于教师及时调整教学方法与内容,通过动态纠偏实现教学效果最优。

疫情阻挡了春天的脚步,却阻挡不了云课堂的温暖。高职学院以抗疫期间在线课程建设为契机,推动全体教师更新观念。从传统"面对面"的课堂教学向"端对端"的线上教学转变,推动课程模块化,培育在线金课,全面提升社会服务能力与人才培养质量。

　　总之，信息技术改变着中国高等教育的教学模式，同时信息技术也给高等教育带来了契机与挑战。2020 年初突如其来的疫情成为教育信息化 2.0 的重要推手，倒逼教师必须进行教学能力改革。"互联网+智能+技术"的在线教学模式已经成为世界高等教育的重要发展方向。在高校应对危机在线教育教学的实践中，教师的信息化教学素养空前提高；同时教育形态改变，原先的大学是有"围墙"的，在线教学不仅打破了物理上的围墙，还在一定程度上打破了心理上的围墙，即从满堂灌的"单声道"到互动式的"双声道"转变，形成了时时、处处、人人皆可学的新的教育形态，从过去注重教师"教了什么"到更加注重学生"学到了什么"，引导学生探究式与个性化学习，从单纯的知识传递向知识、能力、素质的全面培养转变。

第八章 高职"双证书"演进创新

国家职业资格目录实施后，大部分高职专业对应的职业资格证书都已经取消，"双证书"缺一而行。鉴于职业资格证书有形指挥棒的缺失，高职专业教育质量保障制度应做出相应改进。2019 年 2 月"职教 20 条"正式颁布和实施，吹响"1+X"证书制度试点工作的号角。

第一节 职业资格清单外高职专业教育

十八大以来，顺应中央供给侧改革布局，按照国务院"放管服"相关要求，结合国内职业资格现状，国家先后分 7 批次取消了 434 项职业资格，削减率高达 70%。2017 年 5 月，李克强总理在国务院常务会议上提出设立国家职业资格目录，要求各地区、各部门未经批准，不得在清单目录之外自行设置国家职业资格。① 从人才市场、政府治理、高职教育来看，国家职业资格目录清单管理有着不同以往的现实背景。

---

① 付聪.李克强：今后未经批准不得在清单目录之外自行设置国家职业资格[J].中国应急管理，2017
（5）：18.

一、国家职业资格目录清单管理背景探究

（一）人才市场：降低就业门槛，激发创业活力

职业是利用专门的知识和技能为社会创造物质或者精神财富，并获得合理报酬的一种活动。[①] 职业资格是指从事某一职业所必须具备的学识、技术和能力的基本要求。[②] 职业资格又分为执业资格、从业资格，其中执业资格是政府对社会通用性强、责任较大，并关系到公共利益的专业实行准入的控制；从业资格是从事某一专业学识、技术和能力的起点标准。[③]

近现代社会之前，社会经济发展缓慢，劳动分工较为单一，职业种类不多；随着经济不断发展，社会经济活动日益复杂，职业分工越来越细，逐渐需要通过职业资格促进人们对于某一类职业从业者的了解与认知，避免消费者与从业者之间存在的信息不对称，以构建两者之间较为和谐的关系，并维护整个社会的公共利益。比如医生执业资格的认证能够提高医生的职业道德和基本技能，使得医生在从业过程中注意某些流行疾病可能带来的社会疫情隐患，加以早期防控，避免疫病泛滥。

从国外职业资格的发展来看，从近现代社会开始，它经历了设置期、发展期、泛滥期等不同过程。设置期是职业资格的起步阶段；发展期是职业资格历经社会反对，到逐渐被社会认可的阶段；泛滥期是在总的职业数量中要求获得职业资格的比例不断攀升。比如美国 20 世纪末期，一个州要求获得职业资格的职业种类高达 800 多个，占职业总数的 30% 左右。

国内职业资格的发展，从 1986 年颁布《中华人民共和国注册会计师条例》建立第一个专业执业资格制度开始，到 1993 年提出的"实行学历文凭和职业资格两种证书制度"，至 2013 年前后，需要职业资格许可的职业种类有 1100 项左右。

不可否认，职业资格认证、许可的实施，对于提高职工素养、规范劳动程序、确保消费者利益以及增强社会公共利益等，都有着较为积极的作用。但是

---

① 程社明.你的船你的海：职业生涯规划[M].北京：新华出版社，2007：29.

② 肖鹏程.我国职业资格证书制度演变对职业教育的影响[D].上海：上海师范大学，2015.

③ 杨伟东.职业许可的变革[J].国家行政学院学报，2016(3)：24.

近年来职业资格呈泛滥之态，对人才市场形成了极大的扰乱作用。部分社会通用性不强、专业性弱、技能要求低的职业，比如美甲、养花等职业岗位，在职业资格许可的浪潮下，从业者也纷纷被要求具备相应的从业资格，如不能持证上岗，就只能另谋他业。这样既不利于创业者创业，同时无形之中树立的行业壁垒，也使得这一类行业的竞争性减弱，垄断性增加，服务质量降低，服务价格居高不下。在当前高校毕业生等群体就业紧张的情况下，无益于促进就业，增进社会稳定。与之相对应的是在创业活动中，如医生、律师需要职业执业资格才能开设诊所、律所。

因此，从人才市场健康发展来看，削减不必要的职业资格，形成精简的国家职业资格目录，实行清单管理，最为直接的效果是能够促进人才市场的良性发展，起到降低就业门槛、激发创业活力的作用。

(二)政府治理：明确权责边界，避免腐败寻租

职业资格证书制度，最早可以追溯到早期的传统学徒制度。中世纪，随着欧洲行会制度盛行，行业中通过职业资格证书制度，对从业者的知识、技能进行统一的考核，以确保行业的健康发展。现代实行的国家职业资格证书制度是职业资格证书发展到一定阶段的产物，以1988年英国政府推出的英国国家职业资格(NVQs)为标志。

政府为了避免市场失灵，基于公共利益，实行国家职业资格证书制度，某种程度上能够提高职业资格的认可度与含金量，推动某一类职业及其所在的行业健康发展。比如律师职业资格、教师职业资格、医师职业资格等。但是国家职业资格证书制度认证、许可的职业范围扩大化，甚至泛滥化，则是政府权责边界不清的一种外在体现，甚至会导致腐败寻租行为的出现。

在国家职业资格证书制度实施过程中，所谓政府权责边界不清，主要包括两个方面：一是政府与市场的边界不清晰。本来职业资格证书制度的实施，应该是由市场中行业、企业所形成的协会自行组织并实施认证、许可的一种市场化行为。如果某一个行业高度发展，必然会要求对从业者的知识、技能进行必要的认定，从而确保这一行业健康、稳定、快速发展。甚至行业中的领军型企业，为了企业长远的发展，也会要求求职者具备相应的资格。如微软认证的系统工程师等，就是行业、企业发展到一定阶段，基于自身长远利益考虑，进而形成的能够获得人才市场普遍认可的一种职业资格认证制度。政府只有在行业、企业的职业资格认证许可涉及重大的公共利益时，才应当将社会化的职业资格证书制度转变为国家职业资格证书制度。但如果国家职业资格认证制度涉及范围广，则会破坏政府与市场之间的边界，造成市场中行业、企业发展出现紊乱，比如前文提到的美甲、养花等国家职业资格证书制度的实施。二是边界不清的问题完全出现在政府内部，即某一个国家职业资格证书制度的实施，由于当前职业出现跨行业发展，有可能产生政府部门内部多个机构都可以主导，从而出现求职者在报考职业资格证书时，要在不同的政府机构分别报考。

在国家规范职业资格证书制度之前，一些媒体就指出，职业资格证书泛滥的背后，无非是某些政府部门基于利益的驱使，将职业资格证书作为部门的创收之道。政府部门在设立某类职业资格证书之后，培训、考证、发证、审证、证后继续教育甚至买证等形成了一个完整的证书链条，以发证部门为核心，相关的行业组织与企业团体，结成一个稳定的寻租团体，使得职业资格成为滋生腐败的土壤。[1]

从国家层面对职业资格证书制度进行"瘦身"，并向社会公示国家职业资格证书制度的目录等内容，则能明确政府权责边界，避免公职人员腐败寻租，促进政府廉洁，增强政府治理能力。

(三)高职教育：深化职教改革，提升培养质量

职业资格证书制度对高职教育有着明显影响。一方面，高职教育以职业资格证书制度作为外部支撑，当前高职教育还处于日益获得社会认可的过程中，高职教育实行的学历证书加职业资格证书"双证书"教育模式，对于增强学生就业能力、提高社会对高职教育质量的认可度，有着积极的价值与意义。另一方面，职业资格证书制度在高职教育内部起着指导指引作用，高职教育实行的校企合作、工学结合办学模式，其最终体现的是高职学生通过被企业认可的职业资格证书考试，获得相应的职业从业资格，成为进入行业、企业从事某一岗位工作的通行证。

从某种程度上看，高职教育的教学内容，只要围绕着职业资格证书认证考试范畴展开教学，即可确保高职教育的质量，并获得社会的认可，推动高职学

---

[1] 钱凤伟.评论"莫名其妙"职业资格成为滋生腐败土壤[N].沈阳日报，2014-10-09.

生顺利在行业、企业就业。但在国家职业资格证书制度实行过程中，出现的职业资格证书泛滥情况，从根本上打破了高职教育原本的教学平衡。某些政府部门基于自身利益，针对一些专业技术、技能要求不高的岗位，设置了职业资格证书。既造成了社会资源的浪费，抬高了就业创业的门槛，同时，更会造成高职教育的混乱。因为高职教育针对此类职业资格证书考试进行的教学活动，依然不可能获得社会行业、企业对其毕业生质量的认可。

因此，国家实行职业资格证书目录清单管理，削减大量不必要的职业资格证书，从根本上看，不会对高职教育造成负面影响，反而能够迫使高职教育打破对职业资格证书的"迷信"与"迷恋"，更为积极地联合行业、企业，共同拟定人才培养的职业标准，共同提升高职人才培养质量。所谓职业标准是企业或生产经营单位为提供安全、有效的产品或服务向从业者提出的要求。① 从内容以及流程上看，职业标准是职业资格证书制度实施的基础。职业标准的内容通过考试的形式，反映在职业资格证书制度之中。由学校、企业共同制定的职业标准，如牵涉到重大的公共利益等方面，则可以从行业的用人标准上升为国家的人才培养标准，并通过国家职业资格证书制度予以强化。

在国家职业资格证书清单管理之前，各类证书的泛滥，使得高职教育只能依据国家职业资格证书考证要求，调整教学。但是此类职业资格证书直接由政府部门设定，并没有仔细征求行业、企业的意见、建议，不能真实反映行业、企业用人需求与需要，其含金量有着根本性局限。实现职业资格证书清单管理之后，虽然高职教育部分专业对应的职业资格证书可能已经被取消，但是行业、企业对人才的职业标准依然存在。如果高职教育积极联合行业、企业细化职业标准，并通过工学结合模式，强化教育过程中学生职业能力素养培养，则会起到推动高职教育深化教学改革，提升高职学生人才培养质量的积极效果。②

二、职业资格目录清单外高职专业教育校企协同创新路径

十八大以来，随着国家取消434项职业资格证书，之前高职教育依据职业资格证书制度实行的学历证书加职业资格证书"双证书"育人体系，面临着外部支撑与内部指引缺失的问题。目前，进入国家职业资格清单公示目录的仅151

---

① 杨伟东.职业许可的变革[J].国家行政学院学报，2016(3)：19.

② 易洁.国家职业资格目录清单管理背景探究[J].公关管理，2020(12)：68-69.

项，职业资格目录清单外高职专业教育如何开展，质量如何保证，需要高职教育与行业企业紧密协同创新。

（一）以政策为依据，激发协同创新内驱力

高等职业教育以培养应用型技能人才为己任，行业企业通过应用型技能人才的使用促进发展。前者培养人才，后者使用人才，两者之间本身有着协同创新共促教育质量提升的天然联系。

实际上，社会人才资源的培育与使用，并不是如此简单的对应。行业企业希望所使用的是成熟型的应用型技能人才，认为自身没有义务承担应用型技能人才的培养责任。高职教育虽然希望与行业企业通过合作采用工学结合的方式，培养成熟型的应用型技能人才，但行业、企业的积极性难以调动。尤其是在国家职业资格证书制度实行清单管理之前，由于政府负责职业资格证书制度的管理，政府对行业、企业中对应岗位的工作人员，提出了职业资格证书的要求。职业资格证书的获得，代表求职者具备了相应的岗位从业能力。因此，行业、企业只要求求职者具备职业资格证书即可，相当于职业资格证书由政府背书，提供了高职人才培养质量的保障证明。而高职教育在国家职业资格证书制度的体系中，也将原本与行业、企业对接共同制定人才职业标准、共同提升人才培养质量的合作机制，转变为简单地与政府实施的国家职业资格证书制度对接，作为确保人才培养质量的保证制度。

国家职业资格证书制度的实施，并不能完全、真实地反映人才的职业素养能力，尤其是在部分政府部门不顾行业、企业需求，只从自身管理方便，甚至是部门利益角度，不合理设置职业资格证书门槛的情况下，国家职业资格证书制度与应用型技能人才职业素养能力之间的不对等就成为一种必然。

十八大以来，国家从人才市场供给侧改革大局出发，基于政府部门"放管服"相关要求，削减了大批国家职业资格证书种类。从某种程度上看，高职教育与行业企业之间，基于职业资格证书的人才培养质量认定出现了真空与盲区。实质上，从国内外高等职业教育的发展来看，职业资格证书所依托的是行业企业与高职教育共同制定并认可的人才职业标准。职业资格证书考试的范畴与内容，都应该是以人才职业标准为依据。国家职业资格证书清单管理的实施，对于清单外的高职专业教育而言，应该以此项政策为依据，成为激发高职教育与行业企业协同创新制定人才职业标准的内驱力，既促进高职教育发展，更为行业企业提供合格、优秀的应用型技能人才。

（二）以组织为纽带，形成协同创新共同体

协同创新是以知识增值为中心点，为实现重大科技创新而将企业、政府、大学或研究机构这样的知识生产机构以及中介、用户进行大跨度的整合的创新组织模式。① 在国家职业资格证书制度实施清单管理之后，部分行业、企业相关岗位对应的职业资格证书被削减，部分高职专业教育实行的"双证书"，也面临不能获得职业资格证书的局面；行业企业与高职教育基于应用型技能人才培养和协同创新制定人才职业标准的需要，应该以校企合作委员会这一组织为纽带。

校企合作委员会是指为了发展与促进学校与企业、集团及相关行业的政府主管部门的科技交流与合作，调动学校与企业各方面的资源形成合力、发挥各自专长和影响，达到互利互惠谋取双赢的目的，通过合作办学、联合攻关、各类专业技术及管理人员培训等形式，实现学校服务地方经济的目标，增强学校、企业双方核心竞争力，促进学校和企业的共同发展的非营利组织。② 高职院校与行业企业形成的校企合作委员会，其最为基本、核心的职责与作用在于制定并修订应用型技能人才的职业标准。

职业标准作为反映从业人员工作要求的指标，包括知识要求、技术能力、职业道德等内容，其中技术能力是核心内容。同时，职业标准分为国际标准、国家标准、行业标准等几类，需要注意的是，国家职业标准在某种程度上与国家职业资格考试的内容与范畴相一致。

高职院校与行业企业协同创新组建的校企合作委员会，在制定并修订职业标准的过程中，应该遵循监测、合作、转化、反馈等工作步骤，以确保职业标准能够准确作用于高职教育应用型技术人才培养。监测是指校企合作委员会共同对行业内与某一专业对应的就业岗位所需要的工作人员数量、质量等信息内容进行捕捉，进而为专业设置与专业教学提供服务；合作是指校企双方共同对捕捉的信息内容进行归类、分析、整理，将行业企业的职业标准通过合作转变为高职教育的教学标准；转化是指在校企合作委员会的主导作用下形成的教学标

① 王婷婷.基于协同创新的高职项目课程改革研究[D].广州：广东技术师范学院，2013.
② 夏亚莉.校企合作委员会——高等工程教育校企合作的新尝试[D].上海：华东师范大学，2008.

准，通过教师的努力，实质上转化为高职学生的职业能力；反馈是指在当前职业工作环境、内容日益变化的情况下，在高职教育依据职业标准转变而成的教学标准教学实施过程中，校企合作委员会将依据职业变动情况与教学实施情况，实时对职业标准进行修订，以确保其符合职场工作要求，并能够切实贯彻落实到高职教育的全过程之中。

（三）以教改为突破，释放协同创新作用力

国家职业资格证书制度实行清单管理之后，高职院校与行业企业联合成立校企合作委员会，以职业标准的制定为起点，共同致力于应用型技能人才培养质量的提升，以高职教育改革为突破，切实释放协同创新的作用力。

一段时间以来，高职教育的内容，被誉为中职教育的"发酵馒头"，或者是本科教育的"压缩饼干"。高职教育由于没有与行业企业深度结合，有效实施协同创新，教育质量较低，社会对其认可度不高。对于国家职业资格清单外高职专业的教育教学改革，高职教育和行业企业以教改为突破，主要体现在以下方面。

首先，协同创办高职教育专业。当前高职教育专业的设置，某些高职院校要么固守原有的几个专业，不能顺应市场的变化开设新的专业；要么紧跟社会人才岗位新变化，不顾自身专业教学实力，盲目开设新专业。从高等职业教育的本质来看，高职教育的办学要有较为深厚的行业背景，要以相关行业龙头企业为依托，为专业教学提供应有的行业支撑。高职教育和行业企业的协同创新首先应该体现在专业的设置上，应共同根据行业的发展变化，依托各自的优势资源，创办设立专业，为专业教学提供扎实的资源支撑。

其次，协同调整高职教育内容。高职教育的内容，应该以职业标准为范畴选取，但缺乏行业企业协同的高职教育，其教学内容的确定具有极大的随意性。某些高职院校简单地通过调研，依据以往的教学经验，简单地设置课程教学模块，既不顾及教学课程是否为岗位能力切实需要，也不顾及不同课程模块之间是否关联，甚至在不同课程之间出现重复内容。高职教育应该与行业企业共同以基于职业标准转变而成的课程标准，切实做好教育内容的设计，确保教学内容能够转化为学生职业能力。

最后，协同指导高职教育实训。重课堂教学，轻实践实训，是当前高职教育的一个普遍问题。在关于国家职业资格证书制度的实施探讨中，部分专家学

者也指出职业资格证书考试主要采用笔试的方式，不能显示学生的实践能力。因此，在实施国家职业资格清单管理之后，高职教育与行业企业应该协同创新，共同指导高职教育实训；通过实训场地共建、实训设备共管、实训过程共抓、实训成果共享等方式，增加实训课程在专业课程体系中的比重，提高学生的职业操作技能。①

三、基于职业标准的高职文秘专业校企协同创新研究

近年来，随着国家进一步规范职业资格证书制度，一大批职业资格证书被取消，文秘职业资格证书也在其列。职业资格证书作为高职教育学历证书加资格证书"双证书"育人机制的重要构成部分，对高职文秘专业教学而言，在取消职业资格证书之后，要进一步基于职业标准，加强专业校企教学协同创新，才能稳步提升专业人才培养质量。

(一)校企协同研判职业标准

此次国家在规范职业资格证书制度的过程中，取消了文秘执业资格。虽然，对于高职文秘专业教学会带来一定程度的影响，但是，从根本上看，这对于高职文秘专业办学没有本质影响。

按照国家职业资格证书制度相关规定，职业资格分为从业资格与执业资格两类。从业资格是从事某一职业的能力、技术、学识标准，而执业资格是从事某一职业的能力、技术、学识必备标准。简单而言，前者是从业者的水平证明，后者是从业者的准入条件。此次取消的是文秘执业资格，也就是说放宽了社会各界求职者从事文秘工作的条件，任何希望从事文秘工作的人，无须经过执业资格考试，获得资格证书，也可以应聘文秘岗位。

从文秘人才的供需分析，一些企业在招聘文秘职员时，也不一定将文秘执业资格作为必备条件。因为，一来会无形之中抬高求职门槛，导致符合条件的应聘人员减少；二来企业更为注重的是应聘人员的个人职业能力与素养。

由此可见，文秘执业资格的取消，资格门槛的消失，导致符合要求的从业者增多，进而加大文秘专业学生求职压力。更深层次的影响在于，其对高职文

---

① 易洁.论职业资格清单外高职专业教育校企协同机制的创新[J].创新创业理论研究与实践，2020
（8）：101-103.

秘专业的教学提出了更高要求,强调高职文秘专业应该更为注重专业人才的职业能力培养,促使专业学生获得更高等级的从业资格,增强专业学生就业竞争能力。

文秘从业资格证书制度的背后,是《秘书国家职业标准》。该标准将秘书职业分为五、四、三、二等4个等级,每个等级对应相应的职业能力要求,并依次递进,难度随等级增加。

当前,不少高职文秘专业教学依据《秘书国家职业标准》展开教学活动,但在《秘书国家职业标准》之外,某些行业、企业引入世界500强企业的秘书管理经验,制定了涵盖秘书业务培训、考核并将考核结果与职务升迁挂钩配套的秘书认证体系。[①] 从增强高职文秘专业学生职业能力、提升学生就业竞争力来看,高职文秘专业应该在《秘书国家职业标准》的基础上,积极依托对应行业以及行业中的大型企业,共同研判某一个行业中文秘职业标准的变化,并积极将行业、企业前沿的文秘职业标准,转化到文秘专业教学之中,进而提升专业学生今后对口就业的竞争能力。

(二)校企协同拟定教学标准

高职文秘专业教学在校企共同研判职业标准之后,还要做好校企协同拟定教学标准的工作,将职业标准的各项要求嵌入到文秘专业实际教学之中,才能切实推动高职文秘专业教学质量的提升,提高高职文秘专业学生职业能力。

从某种程度上看,职业标准与教学标准是两个较为独立的系统。职业标准以职业活动为导向,以职业技能为核心,直接指向相应岗位的能力要求、知识要求、道德要求,主要用于职业教育培训和职业资格鉴定。[②] 教学标准以就业为导向,以能力为本位,直接指向岗位知识结构和职业道德要求在课程与教学中的体现,主要用于专业建设和专业教学,面向在校学生。[③] 高职文秘专业校企教学协同创新的核心就在于将文秘行业职业标准转化为文秘专业教学标准。

高职文秘专业校企协同拟定教学标准,可以通过共同设置校企专业教学指

① 王玉霞.秘书职业标准与秘书专业教育[J].秘书,2008(2):12-15.

② 张福堂.专业教学标准与国家职业标准对接分析[J].职教通讯,2012(34):23-26.

③ 李政.职业标准与职业教育专业教学标准联动开发的协同学分析[J].教育与职业,2015(32):13-17.

导委员会的形式进行，注重厘清职业标准内容与教学标准内容的对应关系。职业标准中职业名称、职业定义、职业等级、职业条件、职业能力、文化程度、培训需求、鉴定要求等内容，与教学标准中专业名称、能力范围、学习年限、职业范围、培养目标、入学要求、教师资格、教育评价等内容存在对应关系。职业标准中基础知识、职业道德等基本要求内容，与教学标准的人才规格、教学安排、课程体系等等存在对应关系；职业标准中职业功能、工作内容、技能要求、相关知识等，与教学标准中核心课程标准、专业化方向课程标准等存在对应关系；职业标准中理论知识比重、技能教学比重等比重表内容，与教学标准中专业课程、实训课程、课程结构等内容对应。

高职文秘专业校企协同拟定教学标准，除开对应关系之外，还应该注意秘书职业标准与文秘教学标准的对应，实际上也是一种秘书技能要求与文秘教学目标、文秘教学过程、文秘教辅系统的关联。文秘教学目标是在职业标准的基础上对人才培养的一种预期展望，是秘书职业标准在文秘专业教学中的一种目标诉求。文秘教学过程是实现或者达到职业标准的一种路径选择，涵盖了课程结构、课程标准、教学计划、教育评价等内容。文秘教辅系统主要是指围绕职业标准的实现，对于师资队伍、实训设备、教学环境等提出的具体要求。

高职文秘专业校企协同拟定教学标准，应该在内容对应与过程对应的基础上，由文秘专业校企教学指导委员会制定出科学、合理、可实现的教学标准细则，促使职业标准真正落实到文秘专业人才培养之中。

(三)校企协同共育师资队伍

高职文秘专业校企教学协同创新的关键在于要有一支既懂得职业标准，具备职业能力，又熟悉高职教育，能够很好地将职业标准切实转化为教学标准的"双师型"师资队伍。

长期以来高职文秘专业师资队伍建设存在一定的问题。首先，高职文秘专业教师的选聘多数注重教师的学历、职称水平，强调高学历、高职称，对文秘专业教师秘书工作经历与工作能力没有较多要求；其次，高职文秘专业在行业、企业外聘秘书兼职教师，一方面外聘教师因工作繁忙，无法兼顾教学工作；另一方面高职院校开出的薪酬，无法达到吸引高水平外聘兼职教师的目的。

高职文秘专业校企协同共育师资队伍。首先，高职院校与行业企业应该联合加强对高职文秘专业专职教师的培养，通过选派专职教师到行业、企业秘书岗位定岗培训,增强专职教师的秘书职业能力。为此,高职院校可以通过以下方式培养文秘专职教师队伍。一是要求高职文秘专业教师利用寒暑假等较为集中的时间,到行业、企业文秘岗位接受秘书顶岗实训。二是在专职教师从教之前以及从教时,采用进修方式,选派文秘专业教师进行一年以上全方位的在职培训。在对高职文秘专业教师顶岗实训的考核奖励方面,既可以要求高职文秘专业教师在职称评聘中必须具备较长时间的顶岗实训经历,又可以采用专业教师在顶岗实训期间享受高职院校、行业企业双薪待遇的办法,增强专业教师顶岗培训的紧迫感与吸引力。

其次,高职文秘专业与行业企业应该联合加强文秘专业外聘教师培训与管理。高职文秘专业外聘教师应先通过增加薪酬待遇的方法,吸引高水平外聘教师,对于确实具备较高职业能力素养的文秘专业外聘教师,高职院校可以在其从业资格等级基础上,参照专职教师职称等级,给予上浮一个等级薪酬待遇。同时高职院校要积极通过与行业企业的协调,确定文秘专业外聘教师教学时间,采用集中时间段授课方式,方便文秘专业外聘教师合理安排工作时间与教学时间。

(四)校企协同加强实训指导

不论是职业标准中的学识水平与职业能力,还是教学标准中的基础课程与实训课程,对于高职文秘专业学生而言,职业能力都是其核心素质。在高职文秘专业学生职业能力培养过程中,实训指导都起着极为重要的作用。

高职文秘专业的实训指导是通过校企双方共同建设实训场所,共同设定实训内容,共同考核实训成效,直接作用于专业学生秘书岗位工作能力的一个重要教学环节。以往在高职文秘专业教学中,受师资队伍能力、实训场所等主客观因素限制,多存在重专业基础课程、轻实训实习课程的问题。校企协同加强实训指导,主要应做好以下方面工作。

首先,共同做好实训场地建设。实训场地既可以是在高职院校内,通过模拟方式设置教学场所,也可以是在行业中挑选某一企业,作为校外实训基地。校内实训主要在日常教学中使用,校外实训基地主要用于学生综合性实训。在吸引企业参与实训场地建设方面,高职院校可以通过购买并与企业共享实训设备的方式,增强企业对实训场地建设的积极性。

其次,共同做好实训内容设置。高职文秘专业教师与行业企业秘书职员,应该基于《秘书国家职业标准》中有关秘书职业等级划分的内容，以及参考秘书职业工作具体过程中任务的难易程度，做好实训内容的分层设置工作，引导高职文秘专业学生从易到难、从低到高掌握秘书岗位工作要领。具体而言，可以分为基础实训、提高实训、综合实训三个层级，合理设置实训事项。

然后，共同改进实训教学方法。高职文秘专业实训教学，既不同于传统行业中师傅说徒弟做的模式，也不同于普通教学中教师讲学生听的模式。其实训有着自身的规律特点，校企参与实训指导的教师，要在工学结合的基础上，采用任务导向的教学方法，强调学生通过秘书角色的模拟，在虚拟或者现实的情境中，按照秘书职业岗位工作要求、工作流程，独立自主地通过思考与行动完成工作任务。

最后，共同提升实训考核水平。以往高职文秘专业的实训考核局限在院校内，其考核多采用学生自评、学生互评以及教师点评的方式进行，没有引入外部评价主体，评价科学性难以保障。校企共同提升文秘专业实训考核水平，将增加企业评价主体，引入企业指导教师评价与企业领导干部评价等内容，通过合理设置评价指标，科学配置评价权重，共同提升文秘专业学生实训考核水平。①

第二节 "1+X"证书制度理论基础

我国经济的持续发展，职业教育功不可没。职业教育已为各行业累计培养输送2亿多名高素质劳动者，但由于缺乏清晰合理的分类标准，职业教育一直被视为普通教育的衍生品和附属品。在一些人心中，职业教育低人一等。针对这些问题，国家各项改革举措不断出台：分类招生考试、"1+X"证书制度试点、国家学分银行……党的十八大以来，特别是"职教20条"的正式颁布和实施，吹响了"1+X"证书制度试点工作的号角。

一、"1+X"证书制度的内涵

"职教20条"明确提出：从2019年开始，在职业院校、应用型本科高校启

---

① 易洁.基于职业标准的高职文秘专业校企教学协同创新探究[J].中国现代教育装备，2020(1)：103-105.

动"学历证书+若干职业技能等级证书"制度试点(以下称"1+X"证书制度试点)工作。① 要深入推进"1+X"证书制度工作,首先要厘清"1"与"X"的关系和深刻理解"1+X"的内涵,明确"1"与"X"的具体内容及两者的相互关系。

(一)"1"与"X"的功能及关系

1."1"和"X"各自的功能

"1"与"X"隶属于不同的社会系统,具有不同的社会属性。"1"是指学历证书,属于学历教育系统,全面反映学校人才培养质量,在国家人力资源开发中起着不可或缺的基础性作用。在职业教育中,学历证书分为中等职业教育学历证书、高等职业教育学历证书和应用型本科学院的学历证书。它是文化程度及职业能力水平的标志,也是从业的基本条件之一。"X"是指一个或多个职业技能等级证书,职业技能等级证书是毕业生、社会成员职业技能水平的凭证,职业技能等级证书分为初级、中级、高级,反映职业活动和个人职业生涯发展所需要的综合能力。学历证书与职业技能等级证书各自证明的内容不同,各自承担证明学生素养的不同方面,如文化理论知识、人文素养、技术技能、职业能力等。

2."1"与"X"的关系

首先,两者不能互相替代。"1"与"X"的发证主体不同,评价标准和规范也不同;但两者的标准建设都是基于学科专业或职业技能等级证书对应的相关行业领域的岗位(群)的典型工作任务所需能力要求来开发的②。有专家提出专业"X证书"不是指学生具备某些人文通用素质的证明凭证,而是专指学生具备专业技术技能、职业能力的证明凭证。专业"X证书",不能用英语等级证书或计算机等级证书替代,更不能用"1"学历证书替代。③ 其次,两者有内在的天然

---

① 《国务院关于印发国家职业教育改革实施方案的通知》[EB/OL].中华人民共和国中央人民政府门户网.(2019-02-13)[2021-03-21].http://www.gov.cn/zhengce/content/2019-02/13/content_5365341.htm.

② 黄娥."1+X"证书制度体系构建的困境与出路——基于利益相关者视角[J].成人教育,2020(4):43.

③ 杨堆元.职业教育"1+X证书"制度实施的探讨[J].职业技术教育,2019(29):15.

联系。"1+X"证书制度将"1"和"X"融为一体,学习成果均给予相应学分,学分通过认定、积累,最终可以相互转换,实现"书证融通","1"与"X"之间存在"纵向多层递进,横向多元复合"的关系。

(1)纵向多层递进

"职教20条"指出:"推进资历框架建设,探索实现学历证书与职业技能等级证书互通衔接。"有学者认为:资历框架打破了普通教育、继续教育、职业教育等各类教育形式之间的隔阂,认可人们通过正式学习、非正式学习获得学习成果,认可在职场、工作场、生活场的学习和工作业绩;通过质量保证机制,实现学习成果的相互认可和多维转换。[①] "1+X"证书制度是建立在国家资历框架基础上的制度设计,"X"证书可通过学习成果的认定、积累,转换成学历教育学分,实现"X"学分和"1"中的相关课程,甚至本科及以上学历教育阶段课程的学分互换,从而实现学历证书的纵向提升。同时,职业技能等级证书分为初、中、高三个等级,职业院校学生和社会人员可根据自身知识储备和能力水平现状考不同等级的证书,并不断学习,由低到高实现职业技能等级水平的纵向提升。[②]

(2)横向多元复合

"X"是若干技能等级证书的组合,职业教育既可以选择能提升学历证书的职业技能等级证书,也可以选择能拓展学历证书内容的职业技能等级证书,甚至可以选择与学历证书内容不相关的证书,以实现不同专业知识和能力的横向多元融合,达到对原有知识和能力的超越,促使学习者以新的思维解决新技术、新职业、新岗位所面临的问题。

(二)"1+X"证书制度

"1+X"证书制度是我国职业教育现代化的重大改革举措和制度创新。"1+X"证书制度是指职业院校学生在获得学历证书的同时,获得多个职业技能等级证书,使得学历证书和职业技能等级证书有机衔接(书证融通),体现了职业教育的特质。根据形势发展,实施技能等级制度已经成为技能人才评价改革方式、完善技能人才评价体系的重要举措。"1+X"可进一步发挥好学历证书作

---

① 吴南中,夏海鹰."资历框架"的制度功能及其运行体系[J].高教探索,2017(11):14.

② 钱娴.双证书制度比较视角下"1+X"证书制度内涵研究[J].成人教育,2020(4):52-53.

用，鼓励学生在获得学历证书的同时，积极取得多类职业技能等级证书，增强就业创业本领，加强职业教育培养的人才在企业的适应性、吻合度，缓解结构性就业矛盾。

二、"1+X"证书制度与"双证书"制度的关系

(一)两者的联系

"双证书"制度和"1+X"制度都是学校职业教育的培养模式和评价制度，办学方式都是产教融合、校企合作，学校都需要积极利用企业等外部力量"双元"协同育人。

1.属于学业证书制度

我国的学业证书制度随着时代的发展而不断创新。从"1+X"证书制度与"双证书"制度的构成看，两者都是"学历证书+职业培训证书"的一种组合形式，不同的是职业培训证书的性质和内容。职业技能等级证书是指劳动者应用职业技能解决实际问题、完成工作任务的能力水平。"职教20条"规定，职业技能等级证书由国家人力资源和社会保障部、教育行政部统筹规划与监督，由行业协会、龙头企业、大型企业、机构等联合第三方评价组织，通过对社会和市场调研，对接职业标准，组织开发制定职业能力标准，负责证书培训、考核与颁发。职业资格证书是对劳动者从事某一职业时所必须具备的一定知识、技术和能力要求，它是劳动就业制度的一项重要内容，也是一种特殊形式的国家考试制度。它是指按照国家的职业标准或任职资格条件，通过政府认定的考核鉴定机构，对劳动者的技能水平或职业资格进行客观公正、科学规范的评价和鉴定，对合格者授予相应的国家职业资格证书。它包括职业资格(技能职业资格)与专业技术人员职业资格。职业资格分为从业资格(水平评价类资格)与执业资格(行政许可类资格)两类。

2.属于经济社会发展的产物

两者都是各自适应当时的社会发展需要的选择。"双证书"制度实施的确改变了职业院校管理者的职业教育理念，促进了学生实践操作能力的显著提升。后来由于两种证书所归属的管理部门不同、要求不同，专业教学标准与职

业技能标准难以沟通，"双证书"制度的实施面临重重困难。此外，除了人社部门开发的国家职业资格证书外，市场上出现大量不同主体开发的职业资格证书，整个市场乱象丛生，严重影响和干扰了职业院校人才培养工作。2007年人社部对职业资格证书展开清理，这对"双证书"制度的实施又造成了新的问题，许多专业面临无证可考的尴尬境地，学校为完成"双证书"制度任务，不得不从市面上选择与专业相关但含金量并不高的证书。"双证书"制度的落地遇到重重考验，随着大数据、云计算、物联网技术的发展，社会逐步迈入智能化时代。时代的进步、技术的发展催生许多新的职业，也改变了原有的就业岗位。企业生产组织方式的改变，加速了职业更替和岗位复合。市场对劳动者的需求不再是单一技能型人才需求，而是能适应综合性岗位，跨专业、跨岗位的复合型人才需求。与经济社会发展最为密切的职业教育，亟须转变人才培养模式以适应智能化时代的发展。"1+X"证书制度在此时代背景下应运而生，使学历证书和劳动证书相互沟通，学历证书与职业技能等级证书相互衔接并加强横向多元复合的关系，引导学习者在取得学历证书的基础上，考取不同的职业技能等级证书，拓宽就业创业渠道。

3. 基础作用与"迭代更新"

"双证书"制度与"1+X"证书制度是在不同时代背景下的职业教育制度设计，两者在培养目标与指向上具有一致性。"双证书"制度为"1+X"证书制度提供了实践的基础，但"1+X"制度在概念、定位、"X"证书开发建设主体、运行机制、管理模式等方面都发生了根本变化。"1+X"证书制度不仅仅是"双证书"制度的延续，也是职业技能等级证书对于职业资格证书的突破，更是对"双证书"制度的迭代更新。①

---

① 戴孝林,周军,陈亮,等.1+X证书制度与双证书制度的比较研究[J].扬州职业大学学报,2020（3）：49.

(二)两者的区别

1. 概念与内容不同

职业技能培训方面,"X"是指若干职业技能培训证书,而"双证书"的另一组成是职业资格证书。职业技能等级证书与职业资格证书发证机构不同,就两种证书制度而言,其内涵也不同。

2. 对职业教育产生的效果不同

我国自1993年首次提出开始推行学历证书和职业资格证书两种证书并重制度(即"双证书"教育制度)以来,至今已有二十多年的历史。这个制度的有效实施改变了原先单一学历教育不足的问题,既有利于高职院校准确定位,办出高职教育特色,也有利于推动高等职业教育改革,提高人才培养的质量,还有利于提高学生职业技能和创业能力,增强毕业生在人才市场的竞争力。尽管如此,"双证书"教育在培养过程中的实然效果和应然目标之间还有较大差距。随着时代的发展,新经济形态的兴起,新职业与新岗位不断涌现,国家"放管服"教育改革不断深入,"1+X"证书制度的出现,为解决"双证书"制度下的职业教育人才培养与产业结构相脱节的问题提供了可行性的方案。通过建构"纵向多层递进、横向多元复合"的职业教育体系框架,可以为学习者提供更为多元的选择,为其个性化成长提供更多的支持。

3. 服务的职业性质不同

就目前来说,在"1+X"证书制度处于试点、尚未普及的情况下,职业院校所开展的职业资格证书教育和职业培训活动仍具有普遍意义。也就是说,"双证书"制度和"1+X"证书制度都是符合职业教育法所规定的实行学历证书、培训证书和职业资格证书制度的范围。当前,我国职业资格证书分为行政许可类和非行政许可类。行政许可具有法律强制性,由政府部门直接负责考核发证管理等工作,从业人员必须取得相应职业资格证书才能上岗就业。经过几轮的"放管服"改革,新版的《中华人民共和国职业分类大典》将职业分为1481项,国家职业资格目录清单中,仅仅列入140项,准入类39项。因此,开设有类似专业的职业院校仍遵守"双证书"制度的教育教学要求,职业资格证书仍然发挥其他证书所不能替代的价值。开设非行政许可准入类职业的专业，则应向"1+X"证书制度转型，同时还必须加强同专业相关的职业技能等级证书标准开发和培训教育，继续宣传和鼓励专业学生在获得学历证书的同时，积极参加技能培训，以便取得多类职业技能等级证书，提升就业创业本领。①

三、"1+X"证书制度在职业教育创新发展中的地位和作用

(一)"1+X"证书制度是落实教育"放管服"工作的要求

教育领域的改革离不开"放管服"，政府要转变行政职能，简政放权，做好政策引导、规则指导、监测督导的工作。"1+X"证书制度体现了职业教育的重要特征，承载了"放管服"工作要求。职业技能等级证书由国家行政部门负责把关和背书，由职业培训评价组织联合行业组织、龙头企业、优质院校共同开发。它不仅是企业的技术标准或行业企业标准，还是职业院校实施职业教育或培训的专业教学标准。职业技能标准的等级由职业学院和学生各自选择，同时可为企业人员或其他社会学习者服务。它不同于国务院其他部门颁发的或市场上流行的社会化证书，能独立承担技术或技能评价功能，还可纳入个人"学分银行"进行账户管理。

(二)"1+X"证书制度为校企合作、产教合作提供了有效载体

高职院校的校企合作在现实中"单相思"，究其原因，是因为企业深度参与职业教育的载体还不够丰富，企业发展与职业教育还缺乏同频共振。② 职业技能等级证书是由本行(专)业具有影响力的培训组织，联合有关行业领域龙头企业、院校专家共同开发制定的职业能力标准。职业技能等级证书的开发与使用，使得龙头企业深度参与到职业教育共同治理中来，增强了企业校企合作的主动性、自觉性，为企业提升话语权，企业和学校共同发展提供了有效的制度载体。

① 戴孝林，周军，陈亮，等.1+X证书制度与双证书制度的比较研究[J].扬州职业大学学报，2020(3)：50.

② 徐凤，李进.1+X证书制度在职业教育创新发展中的价值及试行路径研究[J].中国职业技术教育，2019(27)：10.

(三)"1+X"证书制度有利于人才成长,打通终身学习通道

技术技能人才的终身学习和可持续发展是提升经济发展水平、促进社会和谐的重要保证。"1+X"证书制度试点工作中,社会组织有效参与职业教育,有利于复合型技术技能人才的培养,通过"书证融通"与"学分成果认定、积累和转换",实现学历教育与职业技能培养的互认和衔接。高职院校不仅要培养在校生成功进入职场的能力,还要通过高质量的培训,提高在职者的职业能力,畅通人才成长通道。学习者可以根据自身的成长和发展需要将学习成果进行认定、积累和转换,获得学历证书和更高级别的职业技能证书,打通终身学习的通道。

第三节 三位一体的高职"1+X"证书制度试行路径

国内职业教育界"1+X"证书制度实行之前,职教界进行了长期的理论与实践探索,开展了一些"双证书"制度探索,比如双证教育、双证书制、双证融通、课证融合等,可视为"1+X"证书制度的雏形。"1+X"证书制度处于试行阶段,相关制度还在完善中。该制度要顺利实行和推广,涉及多方面的社会问题,是一项需要教育界和全社会共同关注的事业,需要政府部门、培训评价组织、高职院校等主体通力合作。

一、政府:定好框架,完善保障

从2019年4月至2020年12月,教育部职业技术教育中心研究所重点围绕服务国家需要、市场需求、学生就业能力提升三个方面,分四批公示职业教育培训评价组织和职业技能等级证书名单,共有458个职业技能等级证书拟参与"1+X"证书制度试点工作。资历框架建设作为一项基础性的公共制度创新,政府在建设过程中居于主体地位和领导核心;在遵循现实国情和发展状态的基础上,自觉落实政府职责,资历框架才能成为终身学习体系构建的基石。当前政府通过从政策上明确方向,从组织上自觉担当领导职责,从经费上提供保障,促进资历框架和"1+X"证书制度试点工作迅速推进。

(一)提升职业技能等级证书的社会认同感

1.建立"学分银行"制度

教育部结合实施"1+X"证书制度试点,加快推进职业教育国家"学分银行"制度,探索建立职业教育个人学习账户,对学历证书和职业技能等级证书所体现的学习成果进行认定、积累和转换,促进书证融通,制定符合国情的国家资历框架。

2.职业技能等级实现社会化认定

人社部门负责从社会征集遴选社会培训评价组织,入选单位将获得资质开展职业技能评价。四类单位可申请成为社会培训评价组织:行业组织(包括行业联合会、行业协会等);技工院校,职业院校,设有应用学科的本科院校;经省人力资源和社会保障部门备案已面向内部职工开展自主评价的企业;设有代表性培训职业(工种)、社会影响力较强、培训人数较多的社会培训机构,其中对已设立职业技能鉴定所的可优先考虑。

(二)逐步完善职业技能等级证书的管理制度

职业技能等级的认定单位须经人社部备案,且评价活动要全程接受人社部门监管,发放的职业技能等级证书可以在人社部全国职业技能等级证书联网查询系统查询。技能人才评价权给市场主体并不意味着人社部撒手不管,而是退出直接经办。《关于在院校实施"学历证书+若干职业技能等级证书"制度试点方案》要求"培训评价组织作为职业技能等级证书及标准的建设主体,对证书质量、声誉负总责,主要职责包括标准开发、教材和学习资源开发、考核站点建设、考核颁证等,并协助试点院校实施证书培训"。[①] 培训评价组织是面向社会公开招募遴选的,能够承担相应法律责任、具有独立法人地位的机构。[②] 培训

[①] 教育部等四部门印发《关于在院校实施"学历证书+若干职业技能等级证书"制度试点方案》的通知 [EB/OL].(2019-04-10)[2021-04-30].http://www.moe.gov.cn/srcsite/A07/moe_953/201904/t20190415_378129.html

[②] 唐以志.1+X证书制度:新时代职业教育制度设计的创新[J].中国职业技术教育,2019(16):6.

评价组织是集标准开发、教育培训指导、评价评估于一体的社会服务机构。

(三)充分发挥省级行政部门作用

各省人社厅要做好职业技能等级认定从制度建设到组织实施的工作，出台《职业院校职业技能等级认定流程》《社会培训评价组织职业技能等级认定工作流程》，公布职业技能等级认定职业院校和职业技能等级社会培训评价组织名单。省级人社部门通过现场督查、同行监督和社会监督，采取"双随机、一公开"和"互联网+"等方式，加强对职业技能等级认定工作的监督管理。省级教育行政部门职责体现在以下五个方面：一是组织做好区域内试点院校的申报和备案工作；二是指导院校内职业技能等级证书培训和考核工作；三是制定本地区试点工作的激励措施；四是配合省级有关职能部门研究确定证书培训考核收费管理有关政策；五是协调和解决试点工作中出现的新情况、新问题。

(四)完善技能等级证书体系

实施"1+X"证书制度，首先要有丰富的职业技能等级证书供职业院校的学生选择。2017 年以来，国家取消了一大批质量不高的职业资格证书，现在保留的 140 种可以作为"1+X"选择的证书。但显然这些还远远不够，还要开发大量的针对专项技能的等级证书。技能证书开发要及时跟上产业的发展变化，把产业的最新技术随时体现到技能等级证书中来，最终传递到职业院校的人才培养中。政府在技能开发中应更多地发挥组织者、指导者、审核者和管理者的作用，把大量的开发工作转移到有开发实力的龙头企业。

二、培训评价组织：依托行业，制定标准

"职教 20 条"要求"培训评价组织应对接职业标准，与国际先进标准接轨，按有关规定开发职业技能等级标准，负责实施职业技能考核、评价和证书发放"。这说明职业技能等级证书"X"的开发主体与职业资格证书不同，不是政府机关，也不是行业协会或其他机构，而是"职业教育培训评价组织"。那么怎样才能成为培训评价组织？"职教 20 条"指出："以社会化机制公开招募并择优遴选培训评价组织，优先从制订过国家职业标准并完成标准教材编写，具有专家、师资团队、资金实力和 5 年以上优秀培训业绩的机构中选择。"《关于在院校实施"学历证书+若干职业技能等级证书"制度试点方案》（以下简称《试点方

案》)对培训评价组织的定位、功能及责任进行了清晰地描述。它指出："培训评价组织作为职业技能等级证书及标准的建设主体，对证书质量、声誉负总责，主要职责包括标准开发、教材和学习资源开发、考核站点建设、考核颁证等，并协助试点院校实施证书培训。"《试点方案》所描述的培训评价组织的四大职能，涵盖了职业技能等级标准制订、教学资源开发、教学与培训指导、考核与发证的全过程。社会培训评价组织对劳动者开展职业技能等级认定内容包括职业能力、工作业绩、职业道德和工匠精神。

试点工作的首要任务就是与培训评价组织开展紧密的合作，这是解决职业教育与经济社会发展联系不紧密、企业参与职业教育热情度不高、复合型人才培养模式和评价模式内生动力不足以及技术技能型人才通道不畅等问题的重要抓手。试点学校要努力与社会评价组织达成共识，形成共赢。一方面对已公告的 4 个批次 458 项职业技术等级证书及标准内涵进行调研分析，结合本校相关专业进行引入合作的可行性方面的论证。另一方面与培训评价组织开展合作，明确各方职责，凝聚有关行业领域龙头企业、院校专家共同致力于标准开发、教材和学习资源建设、师资培训等方面的工作。培训评价组织需要有一个扶植培育和不断完善的过程。根据《试点方案》，按照在已成熟的品牌中遴选一批、在成长中的品牌中培育一批、在有关评价证书缺失的领域中规划准备一批的原则，面向实施职业技能水平评价相关工作的社会评价组织，以社会化机制公开招募并择优遴选参与试点。

概括而言职业培训评价组织的主要职能有以下几点。

①深入推进企业技能人才自主评价，开展培训评价组织职业技能等级认定试点。

②积极开展专项职业能力培训，加强考核命题工作，促进培训与考核的相互衔接。

③与职业院校共同对职业技能等级证书标准进行开发并持续完善。

④与职业院校共同对培训资源(教材、案例库、习题库)开发与完善。

⑤与职业院校共同开展高质量师资培训。

⑥组织职业技能等级证书考核与发放。

⑦与省级协调机构开展职业技能等级证书考核费用标准的核定以及执行。

⑧严格执行职业技能等级证书的考核颁证规定。

三、学校：积极试点，推动教改

"1+X"证书制度是落实国家职业教育深化改革的重要举措，是提高学生职业技能的重要抓手，是促进高职学院内涵建设的重要内容。职业院校的人才培养，除部分准入类职业资格继续由政府进行技能评价并颁发职业资格证书外，其他职业由政府评价发证改为社会相关机构进行职业技能认定、颁发技能等级证书。

《试点方案》指出，职业院校是实施主体，承载着"1+X"证书制度试点的具体任务。试点院校党委要加强对试点工作的领导，按有关规定加大资源统筹调配力度。主要做好以下几个方面的工作。

（一）加强试点工作管理

高职院校要认真落实教育部、省教育厅关于做好第一批、第二批、第三批"1+X"证书制度试点工作的有关文件精神，积极申报证书试点项目。获得试点资格后，高职院校要加强对试点工作的组织领导，明确试点工作统筹管理的部门和负责人，制定试点工作有关事项的管理流程。职业学校要以校企双主体二级学院为平台，成立"1+X"证书制度试点工作专门机构，制定《"1+X"证书制度试点工作方案》，出台《"1+X"证书制度试点工作管理办法》；在完善试点工作管理机制基础上，不断优化整合培训资源，强化考评师资培训，改善培训条件设施，积极对接工业和信息化部教育与考试中心等培训评价组织，扎实推进"1+X"证书试点工作。

（二）科学选择试点证书

高职院校应立足自身办学特色与当地产业结构，在确保人才培养质量审慎选择职业技能等级证书的试行领域的基础上，按照学生自愿参与的原则，根据本校师资配置、实训条件等现有建设基础，结合对培训评价组织抽查监测的结果，证书及其标准行业企业认可度，考核颁证规范程度，以及证书考核成本等因素，科学确定拟参与试点的专业和职业技能等级证书。为稳妥推进试点工作，学院可建立项目负责人负责制，并建立"教务处牵头、各学院主抓、专业组落实、全员参与"的运行机制，明确工作任务，压实工作责任。

(三)扎实推进"书证融通"

职业学校在专业指导委员会的指导下,按照职业技能证书等级标准和要求,及时调整人才培养方案,优化专业课程体系和教学内容,融入证书考核标准与认证内容,使之更加适应证书所要求的技能、素养培养目标。通过与评价组织合作的方式,共同开发教学方案、培训方案和组考方案;通过校企合作方式共建书证融合课程和专业教学资源。试点院校应在确保人才培养质量的基础上,将证书标准融入人才培养方案和课程体系。前期试点成效显著的院校或专业,要充分总结试点工作经验,联合行业龙头企业、培训评价组织,共同开展课证融通课程与资源建设,加强教师队伍建设和教学改革。学校参与试点专业的课证融通情况将纳入人才培养方案抽查的考核指标。为杜绝学生"上课学一套,下课学一套",试点专业通过引入职业等级标准作为专业标准,并构建相对应的专业课程体系进行,将证书培训内容及要求有机融入专业人才培养方案,融入课堂教学,切实保证学生职业技能有效提升。

实施"1+X"证书制度,"1"和"X"不是简单地叠加,也不是在学历教育之外实施职业技能等级培训,而是书证的融通。职业学校结合"1+X"证书试点工作,积极探索专业人才培养改革。为在此基础上实施好"1+X"证书制度,需要对学历教育的内容进行重构。一方面重构学历教育的培养目标,坚持以学生为中心,尽可能地满足学生个性化发展需求,以"X"的开放性对接学生发展的多样性,积极引导鼓励学生规划好自己的成长计划和职业生涯,争取更多的人生出彩的机会。另一方面要求试点专业要以专业建设为切入点,加快试点专业人才培养方案修订。从已颁布的职业技能等级标准看,以中级证书为例,完成职业能力目标培养需要100~160个标准课时,试点专业要在分析现有教学内容基础上,确定已经纳入教学和将来能够在教学中完成的职业技能等级标准内容,然后将标准内容转化为1~2门专业(核心)课程纳入专业课程体系,或转化为若干教学模块纳入部分专业(核心)课程教学内容,融入专业人才培养方案和课程体系。[①] 将"X"作为人才培养方案的核心内容,在校内建立和完善学分银行制度,融入课程体系和育人全过程,深化教师、教材、教法"三教"改革,调整

---

① 高峻岭.如何有效推进1+X证书制度试点工作[N].中国教育报,2020-05-05.

课程体系，使教学内容精准对接证书要求；培养目标从"同一型"向"多元型"转变，课程结构从"单进程"向"多进程"转变，课程内容从"单向度"向"多向度"转变，课程实施从"基于教"向"基于学"转变，管理机制从"刚性化"向"弹性化"转变，同时为将来对接国家学分银行创造条件。

（四）加大试点教师培养力度

高职院校可依托试点工作与企业共建"双师型"师资培训基地，开展书证融通课程建设能力、职业技能、教学能力培训，确保课程融合能取得实效，真正提升人才培养质量。高职院校根据参与试点学生规模确定师资培训体量，积极参与培训评价组织按照规定开展的师资培训。试点院校在统筹考虑、确定教师薪酬时，应向承担职业技能等级证书考核与教学任务的教师倾斜，建立健全激励机制。为切实做好"1+X"证书制度试点工作，职业学校要定期召开试点工作推进会，研究试点工作运行机制、试点工作任务和试点工作要求。

（五）做好"1+X"职业技能等级证书配套教材建设

"1+X"证书制度是国家职业教育制度设计的重大创新，是我国职业教育面向新时代、实现创新发展的重要举措，也是推动人才培养模式改革的重要制度设计。高职院校要联合职业教育培训评价组织、行业专家，高标准、严要求出版相关领域"1+X"职业技能等级证书配套系列教材。按图8-1所示的建设思路，引入活页式、工作手册式新型教材设计理念，助力"三教"改革实施。

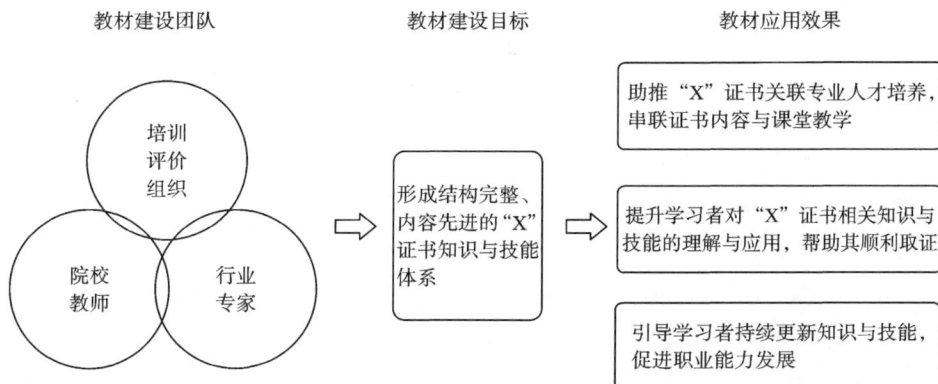

图8-1　"1+X"职业技能等级证书配套教材建设思路

参考文献

[1] 刘爱青.职业教育推进"双证书"衔接政策的执行问题研究[D].上海：同济大学，2006.

[2] 已颁标准目录[Z].原国家职业资格工作网.(2006-05-11)[2020-10-10].http://www.osta.org.cn/upload/2006-05-11/29355.xls.

[3] 范心忆.中等职业教育"双证融通"内涵反思[J].职教论坛，2013(13)：63.

[4] 龚雯.职业教育"双证书"课程开发论[M].北京：北京师范大学出版社，2011.

[5] Parkin F. Marxism and Class Theory：A Bourgeois Critique[M]. New York：Columbia University Press，1979：44-45.

[6] Kleiner M M, Kruegor A B. The Prevalence and Effects of Occupational Licensing[J]. British Journal of Industrial Relations，2010(12)：24.

[7] 肖鹏程.我国职业资格证书制度演变对职业教育的影响研究[D].上海：上海师范大学，2015.

[8] 陈宇.我国职业资格证书制度的回顾与前瞻[J].教育与职业.2004(1)：18.

[9] 刘岩艳.我国职业资格证书制度的发展与建议[J].中国职工教育，2014(16)：15.

[10] 易洁.三位一体的高职"双证书"制度构建对策分析[J].职业技术教育，2015(14)：31.

[11] 顾明远.教育大辞典[H].上海：上海教育出版社，1998.

[12] 董步学.从"国际教育标准分类"理解我国"高等职业教育"内涵[J].职业教育研究，2005(5)：6.

[13] United Nations Educational, Scientific and Cultural Organization. International Standard Classification of Education（ISCED）1997，151EX/8，Annex Ⅱ，Original：English，March 1997.

[14] 刘彦文.高等职业教育原理与教学研究[M].北京：中国轻工业出版社，2009.

［15］中华人民共和国劳动和社会保障部.高技能人才培养体系建设"十一五"规划纲要
（2006 年—2010 年）［EB/OL］.（2007‐04‐25）［2022‐02‐21］.http://www.gov.cn/
zwgk/2007‐04/25/content_595574.htm.

［16］易洁.高职院校实施"双证书"教育的理性反思［D］.长沙：中南大学,2011.

［17］辞海编辑委员会.辞海［Z］.上海：上海辞书出版社,1989.

［18］劳动和社会保障部培训就业司,中国就业培训技术指导中心.职业指导应用基础［M］.
北京：中国劳动社会保障出版社,1999：57.

［19］史志鹏.新职业提供更多人生出彩机会［N］.人民日报社海外版,2021‐04‐12.

［20］新浪财经.人社部等三部门正式发布 18 个新职业　调饮师等在内［EB/OL］.（2021‐03
‐14）［2021‐04‐25］.https://finance.sina.com.cn/wm/2021‐03‐24/doc‐
ikkntiam7538764.shtml.

［21］曹正义,孙玉华.职业资格证书制度的政策研究［J］.职教论坛,2007(9)：49.

［22］王会莉.双证融通在我国高等职业院校的实施［D］.上海：华东师范大学,2006.

［23］吴雪萍.基础与应用：高等职业教育政策研究［M］.杭州：浙江教育出版社,2007.

［24］中华人民共和国教育部.教育部关于以就业为导向深化高等职业教育改革的若干意见
（已废止）［EB/OL］.（2004‐04‐06）［2009‐06‐31］.http://www.moe.gov.cn/srcsite/
A07/s7055/200404/t20040406_79654.html.

［25］王淑文.澳大利亚职业教育的特点及启示［J］.职业技术教育,2006(26)：98.

［26］崔永华,张旭翔.论职业教育的"跨界"属性［J］.教育发展研究,2010(17)：43.

［27］李强.社会分层十讲(第二版)［M］.北京：社会科学文献出版社,2011.

［28］高景芳,高默嵩.职业许可的法经济学解释［J］.石家庄学院学报,2014(14)：51.

［29］王万山.市场规制理论研究述评［J］.江苏社会科学,2004(6)：113.

［30］蒋春洋.制度分析视角下我国高等职业教育发展研究［D］.长春：东北师范大学,2013.

［31］王琛.基于利益相关者视角农业转移人口市民化研究［D］.北京：中共中央党校,2014.

［32］徐明祥,王艳梅.开放大学：学术还是应用［J］.开放教育研究,2018(6)：40.

［33］高奇.关于职业资格证书制度和劳动预备制度的若干思考［J］.中国职业技术教育,
2001(10)：37.

［34］黄亚妮.高职教育校企合作模式的国际比较［J］.高教探索,2004(4)：70.

［35］Clarke,Linda,et al.Politico‐Economic Aspects of Vocational Education：The Federal
Republic of Germany and Great Britain Compared［J］.Zeitschrift Fur Padagogik,1994(3)：
374-375.

［36］徐文辉.德国高等职业教育管理的经验与启示［D］.沈阳：东北大学,2008.

［37］The European Centre for the Development of Vocational Training.The Material and Social

Standing of Yong People During Transition from School to Work in the Federal Republic of Germany[M]. Berlin Press, 1990: 78.

[38] Lehmann W. "I'm still scrubbing the floors": Experiencing youth apprenticeships in Canada and Germany[J]. Work, Employment and Society, 2005(1), 107–129.

[39] 姜大源, 吴全全. 当代德国职业教育主流教学思想研究: 理论、实践与创新[M]. 北京: 清华大学出版社, 2007.

[40] CEDEFOP(2014). On the way to 2020: Data for vocational education and training policies [M]. County statistical overviews, Update 2013. Luxembourg : Publications Office of the European Union. Retrieved form http://www. cedefop. europa. eu/EN/Files/3066_en. pdf.

[41] Helsby G, Knight P, Saunders M. Preparing students for the New Work Order: the Case of Advanced General National Vocational Qualification [J]. British Educational Research Journal, 1998(1): 73.

[42] 刘元. 英国职业教育的评估体系及其对我国的启示[J]. 河北职业技术学院学报, 2007 (2): 4.

[43] 杨善江. 国际视野下职业教育校企合作中的政府角色[J]. 教育与职业, 2013 (14): 11–14.

[44] 吴建新. 职业教育校企合作长效机制研究[M]. 北京: 科学出版社, 2016.

[45] 郝志强, 米靖. 澳大利亚促进职业教育校企合作的管理机制探析[J]. 职教通讯, 2011 (9): 49–55.

[46] 吴畏. 中国教育管理精览(六)——成人教育管理卷·职业教育管理卷[M]. 北京: 警官教育出版社, 1997.

[47] 乐传永. 发达国家职业教育发展趋势及其启示[J]. 中国成人教育, 2001(7): 57.

[48] 易洁. 论职业资格清单外高职专业教育校企协同机制的创新[J]. 创新创业理论研究与实践, 2020(8): 101–103.

[49] 王寿斌, 闫志刚. 就业准入制度: 为职教赢得发展空间[J]. 教育与职业, 2011 (10): 45.

[50] 易洁. 比较视域中的高职"双证书"教育管理体制创新[J]. 创新与创业教育, 2013 (1): 35.

[51] 周继瑶, 甄凯玉. 高职教育"双证书"互通制度研究[J]. 教育与职业, 2006(5): 4.

[52] 李雄杰. 高职理论实践一体化课程规划与设计[J]. 高等工程教育研究, 2010(2): 88 –92.

[53] 李雄杰. 职业教育理实一体化课程研究[M]. 北京: 北京师范大学出版社, 2011: 16.

[54] 借鉴德国双元制经验促进我国职业技术教育改革的研究与实验课题组. 面向未来的探

索——双元制职业教育在中国的实践[M].北京：经济科学出版社，1998.

[55] 联合国教科文组织国际教育发展委员会.学会生存——教育世界的今天和明天[M].北京：教育科学出版社，1996.

[56] Idriss C M. Challenge and Change in German Vocational System since 1990[J]. Oxford Review of Education，2002(4)：30.

[57] 王根顺，付娟.德国"双元制"职业教育课程模式的特点及启示[J].湖北职业技术学院学报，2010(1)：15.

[58] 吴全全.终身教育导向的德国"双证"一体化模式分析[J].中国职业技术教育，2005(17)：57.

[59] 吴雪萍，马博.澳大利亚资格框架改革探究[J].比较教育研究，2011(8)：17.

[60] 覃薇.英国职业资格证书制度研究[D].成都：四川师范大学，2009.

[61] 易洁.西方典型"双证"模式及其对我国职业教育发展的启示[J].成人教育，2015(7)：92-94.

[62] 傅新民."高职教育培养高技能人才"释义[J].职业技术教育，2006(34)：21.

[63] 易洁.高职院校实施"双证书"制度的现状调查与诊断分析[J].遵义师范学院学报，2015(3)：126.

[64] 张丽.校企对接、工学结合，零距离培养旅游管理人才——以鞍山师范学院高职学院旅游管理专业为个案[J].西南农业大学学报(社会科学版)，2011(4)：210.

[65] 麻丽华.对高等职业教育课程体系改革的若干认识与思考[J].职教探索与研究，2009(2)：30-32.

[66] 邵欣.澳大利亚MESGS课程包开发模式给我国高职教育课程包建设的启示[J].天津职业院校联合学报，2013(12)：77.

[67] 易洁.高职院校推进"双证书"制度实施的对策研究[J].职业，2015(4)：28.

[68] 孙志强.德国职业教育对我国职业教育师资培养的启示[C].2016海大职教探索——职教改革与内涵发展.2016(7)：38-42.

[69] 翟法礼.德国高等职业教育发展模式概述[J].山东英才学院学报，2006(2)：18-20.

[70] 李思.德国企业《实训教师资格条例》发展探析[J].职业技术教育，2019(21)：69.

[71] 方华.德国职业师资培养及启示[J].人力资源管理，2011(11)：136.

[72] 朱利军.借鉴德国经验探索"双师型"教师队伍建设路径[J].职业技术，2021(5)：105.

[73] 中华人民共和国教育部.《普通高等学校辅导员队伍建设规定》[EB/OL].(2017-09-29)[2019-11-25].http://www.moe.gov.cn/srcsite/A02/s5911/moe_621/201709/t20170929_315781.html.

[74] 王周锁.柔性管理在高校教育管理工作中的探讨与实践[J].新教育时代电子杂志(教

师版)，2015(21)：322.

[75] 韩厦，何朋，张明铭. 中小企业人力资源柔性化管理模式探讨[J]，商场现代化，2013(8)：140.

[76] 陈晓. 刚性管理与柔性管理的辩证思考[J]. 企业活力，2008(4)：92.

[77] 刘蒙壮，谭珍媛. 谈柔性管理在大学教学管理中的应用[J]. 教育探索，2011(6)：107.

[78] 郑勇. 论柔性管理在现代学校管理中的应用[J]. 教育探索，2004(5)：29.

[79] 易洁. 高职院校学期课表集约化管理存在的问题及对策[J]. 机械职业教育，2017(12)：54-55.

[80] 易洁. 柔性管理在大学教学管理中的应用[J]. 宁波教育学院学报，2018(5)：1-3.

[81] 徐国庆. 职业教育课程论[M]. 上海：华东师范大学出版社，2008.

[82] 代湘荣. 论高职院校“双证”教材建设[J]. 武汉交通职业学院学报，2008(4)：43.

[83] 李湘军. 关于高校教材的选用问题与对策研究[J]. 文教资料，2010(12)：160.

[84] 易洁. 加强院级教材编写立项建设与管理的思考[J]. 文教资料，2017(8)：13.

[85] 苑秀芹. 高校教材管理现状与对策[J]. 出版广角，2014(8)：14.

[86] 徐涵. 德国中等职业教育教材建设与管理及启示[J]. 比较教育研究，2018(4)：103-105.

[87] 傅松涛，蒋洪甫. 英国 BTEC 课程模式的内容及其实施效果[J]. 中国职业技术教育，2007(3)：27.

[88] 加利·哈格雷夫. 从国家层面谈澳大利亚职教体系改革的最新动态——在第二届中澳职业教育论坛暨中澳职业院校合作洽淡会上的主题发言[J]. 中国职业技术教育，2005(27)：8.

[89] 张志军. 德国双元制职业教育的教材[J]. 中国职业技术教育，1995(8)：42.

[90] 易洁. 高职教材选用存在的问题及对策[J]. 教育与职业，2015(6)：147.

[91] 易洁. 高职院校教材建设的探索与实践——以校级教材为例[J]. 河北职业教育，2020(2)：85.

[92] 郭存亮，季堪楼. 高等职业教育教材建设去“功利化”对策研究[J]. 机械职业教育，2015(8)：40.

[93] 田丽，董博，董红卫. 构建河北高职院校多元化社会服务模式研究[J]. 湖北函授大学学报，2014(1)：7.

[94] 林振昺. 基于工作过程的中职立体化教材开发与管理研究[D]. 福州：福建工程学院，2018：8.

[95] 叶昕，孙鹏，宋东哲. 修订《大学数学》纸介质与数字化资源教材的几点体会[J]. 吉林广播电视大学学报，2020(6)：100.

[96] 三木雄信.A4纸工作法[M].天津:天津教育出版社,2009:25-47.

[97] 吴振东.试论"活页教材+活页笔记+功能插页"三位一体自主思维模式的构建[J].新课程研究,2018(9):63.

[98] 李雄杰.职业教育理实一体化课程研究[M].北京:北京师范大学出版社,2011.

[99] 易洁.高职数学教学中运用课堂提问技巧的几个问题[J].湖南大众传媒职业技术学院学报,2007(5):106-108.

[100] 李吉林.李吉林文集(卷1):情境教学实验与研究[M].北京:人民教育出版社,2007.

[101] 陈启琛.浅谈行动导向教学法的催化作用[J].中国职业技术教育,2005(12):8.

[102] 赵铁.探析德国职业教育教学改革中的行动导向法[J].山西财政税务专科学校学报,2007(1):5.

[103] 汪静.德国"行动导向"职业教育教学法研究[D].天津:天津大学,2007.

[104] 袁江.关于行动导向的教学观[J].职业技术教育,2005(4):1.

[105] 姜大源.信心、决心、恒心——与职校生谈成长观[J].职业技术教育,2003(16):21.

[106] 易洁.行动导向教学理念下高职教师的角色转换[J].中国电力教育,2010(24):46.

[107] 蔺永诚,刘箴.参与式教学法——高校课堂教学中值得推行的教学方法[J].长沙铁道学院学报(社会科学版),2009(1):105-106.

[108] 易洁.参与式教学法在高职《商务礼仪》课程教学中的应用[J].职业时空,2016(4):84-85.

[109] 胡铁生.微课的内涵理解与教学设计方法[J].广东教育(综合版),2014(4):33-34.

[110] 周建松.以课堂建设为抓手 推动高职教学创新[J].中国大学教学,2014(12):75-77.

[111] 胡铁生.中小学微课建设与应用难点问题透析[J].中小学信息技术教育,2013(4):16.

[112] 金燕.基于微课的翻转课堂教学模式实践研究——以《计算机应用基础》课程为例[J].职教论坛,2014(23):57.

[113] 汪晓东.微课的外在特点与核心特征[J].中小学信息技术教育,2014(1):36-38.

[114] 易洁.微课在高职礼仪课程教学中的应用探析[J].职教通讯,2016(27):47-48.

[115] 付聪.李克强:今后未经批准不得在清单目录之外自行设置国家职业资格[J].中国应急管理,2017(5):18.

[116] 程社明.你的船你的海:职业生涯规划[M].北京:新华出版社,2007.

[117] 杨伟东.职业许可的变革[J].国家行政学院学报,2016(3):19-34.

[118] 钱凤伟.评论"莫名其妙"职业资格成为滋生腐败土壤[N].沈阳日报,2014-10-09.

[119] 易洁.国家职业资格目录清单管理背景探究[J].公共管理,2020(12):68-69.

[120] 王婷婷. 基于协同创新的高职项目课程改革研究[D]. 广州：广东技术师范学院，2013.

[121] 夏亚莉. 校企合作委员会——高等工程教育校企合作的新尝试[D]. 上海：华东师范大学，2008.

[122] 王玉霞. 秘书职业标准与秘书专业教育[J]. 秘书，2008(2)：12-15.

[123] 张福堂. 专业教学标准与国家职业标准对接分析[J]. 职教通讯，2012(34)：23-26.

[124] 李政. 职业标准与职业教育专业教学标准联动开发的协同学分析[J]. 教育与职业，2015(32)：13-17.

[125] 易洁. 基于职业标准的高职文秘专业校企教学协同创新探究[J]. 中国现代教育装备，2020(1)：103-105.

[126] 《国务院关于印发国家职业教育改革实施方案的通知》[EB/OL]. 中华人民共和国中央人民政府门户网.（2019-02-13）[2021-03-21]. http://www. gov. cn/zhengce/content/2019-02/13/content_5365341. htm

[127] 黄娥. "1+X"证书制度体系构建的困境与出路——基于利益相关者视角[J]. 成人教育，2020(4)：43.

[128] 杨堆元. 职业教育"1+X证书"制度实施的探讨[J]. 职业技术教育，2019(29)：15.

[129] 吴南中，夏海鹰. "资历框架"的制度功能及其运行体系[J]. 高教探索，2017(11)：14.

[130] 钱娴. 双证书制度比较视角下"1+X"证书制度内涵研究[J]. 成人教育，2020(4)：52-53.

[131] 戴孝林，周军，陈亮，等. 1+X证书制度与双证书制度的比较研究[J]. 扬州职业大学学报，2020(3)：49-50.

[132] 徐凤，李进. 1+X证书制度在职业教育创新发展中的价值及试行路径研究[J]. 中国职业技术教育，2019(27)：10.

[133] 教育部等四部门印发《关于在院校实施"学历证书+若干职业技能等级证书"制度实施方案》的通知[EB/OL].（2019-04-10）[2021-04-30]. http://www. moe. gov. cn/srcsite/A07/moe_953/201904/t20190415_378129. html

[134] 唐以志. 1+X证书制度：新时代职业教育制度设计的创新[J]. 中国职业技术教育，2019(16)：5-11.

[135] 高峻岭. 如何有效推进1+X证书制度试点工作[N]. 中国教育报，2020-05-05.

附录 高职院校"双证书"制度实施情况学生调查问卷

亲爱的同学：

你好！我们正在进行一项调查研究，旨在考察、了解高职院校"双证书"制度实施的普遍现状。为此我们组织了这次问卷调查，请你仔细阅读每一个问题，然后根据你的实际情况，从各题选项中选出最符合自己实际情况的选项，并在相应的选项上打"√"。此问卷仅供课题研究使用，不涉及具体单位或个人评价，非常感谢你的参与！

学校名称		专业	

1.你所在学校对"双证书"制度是否重视？

A.是　　　　　　B.否

2.你认为你所在学校是重视学历教育还是重视职业资格证书教育？

A.学历教育　　　B.职业资格证书教育

3.你是从什么时候开始了解你的专业技能要求的？

A.入学　　　　　B.第二学年　　　　C.第三学年

4.你的专业是否有合适的职业资格证书？

A.是　　　　　　B.否

5.你考取证书的依据是什么？

A.选择与专业相关的

B.选择符合自己兴趣的

C.选择当前热门的

D. 其他_____

6. 促使你考证的基本原因是什么？（可多选）

A. 空闲时间较多

B. 与自身专业相关

C. 考试及培训费用在承受范围之内

D. 觉得自己有能力考取

E. 对未来就业有所帮助

7. 你认为证书能否反映自身的真实能力水平？

A. 能，考证注重提高自身的能力

B. 也许能，某些技能对以后工作有帮助

C. 不清楚，只要考到证书就行

D. 不能，应试而考，没真正学到多少技能

8. 你所在学校是否开设与职业资格技能考试相对应的课程？

A. 是　　　　　　　　B. 否

9. 你对当前学校开设的理论课和实践课的比例是否满意？

A. 是　　　　　　　　B. 否

10. 你所在学校现有的条件能否满足技能训练的需要？

A. 能　　　　　　　　B. 不能

11. 现今你所学的专业教材是否适宜职业技能考核培训？

A. 是　　　　　　　　B. 否

12. 如果为了考证让你选择参加相关培训，你愿意花费的培训费是多少？

A. 200 元以下　　　B. 200～500 元

C. 501～1000 元　　D. 1000 元以下

13. 你认为职业资格培训的质量如何？

A. 较好　　　　　　B. 一般　　　　　　C. 较差

14. 你考取的职业资格证书等级是？

A. 初级　　　　　　B. 中级　　　　　　C. 高级

15. 你是考了几次通过职业资格考试的？

A. 一次　　　　　　B. 两次　　　　　　C. 多次

16. 你认为当前职业资格考证费用是否合理？（包括考试费用、培训费用）

A. 合理　　　　　　B. 不合理

17. 你认为当前国家、学校对持证上岗的宣传力度是否足够?

A. 尚可　　　　　B. 有待提高　　　C. 很不够

18. 你在校学习期间是否到校外基地实践过?

A. 是　　　　　　B. 否

19. 你所了解的职业资格培训是学校办的,还是鉴定机构办的?

A. 学校　　　　　B. 鉴定机构

20. 作为一名学生你对进一步完善"双证书"制度有效实施的建议。

再次感谢你填写本问卷,祝你学习进步!

　　　　　　《高职院校实施"双证书"制度的问题诊断与对策研究》课题组
　　　　　　　　　　　　　　　　　　　2019 年 11 月 25 日

图书在版编目(CIP)数据

高职"双证书"互融互通研究／易洁著. —长沙：
中南大学出版社，2023.3
ISBN 978-7-5487-4644-7

Ⅰ. ①高… Ⅱ. ①易… Ⅲ. ①高等职业教育－人才培
养－研究－中国 Ⅳ. ①G718.5

中国版本图书馆 CIP 数据核字(2021)第 176958 号

高职"双证书"互融互通研究

易洁 著

□出 版 人	吴湘华	
□责任编辑	雷 浩	
□责任印制	唐 曦	
□出版发行	中南大学出版社	
	社址：长沙市麓山南路	邮编：410083
	发行科电话：0731-88876770	传真：0731-88710482
□印 装	长沙创峰印务有限公司	

□开 本	710 mm×1000 mm 1/16	□印张 14.5	□字数 249 千字	
□版 次	2023 年 3 月第 1 版	□印次 2023 年 3 月第 1 次印刷		
□书 号	ISBN 978-7-5487-4644-7			
□定 价	68.00 元			